中国教育学会教师培训者联盟
2020 年度实践案例集

上海市师资培训中心◎主编

华东师范大学出版社
·上海·

图书在版编目（CIP）数据

中国教育学会教师培训者联盟 2020 年度实践案例集/
上海市师资培训中心主编. —上海：华东师范大学出版
社，2021
  ISBN 978 - 7 - 5760 - 1667 - 3

  Ⅰ.①中… Ⅱ.①上… Ⅲ.①中小学—教师培训—案
例—汇编—中国—2020 Ⅳ.①G635.12

  中国版本图书馆 CIP 数据核字（2021）第 131909 号

中国教育学会教师培训者联盟 2020 年度实践案例集

主　　编　上海市师资培训中心
责任编辑　彭呈军
项目编辑　张艺捷
特约审读　袁子微
责任校对　刘伟敏　时东明
装帧设计　卢晓红

出版发行　**华东师范大学出版社**
社　　址　上海市中山北路 3663 号　邮编 200062
网　　址　www.ecnupress.com.cn
电　　话　021 - 60821666　行政传真 021 - 62572105
客服电话　021 - 62865537　门市（邮购）电话 021 - 62869887
地　　址　上海市中山北路 3663 号华东师范大学校内先锋路口
网　　店　http://hdsdcbs.tmall.com/

印 刷 者　上海展强印刷有限公司
开　　本　787×1092　16 开
印　　张　24.75
字　　数　349 千字
版　　次　2021 年 8 月第 1 版
印　　次　2021 年 8 月第 1 次
书　　号　ISBN 978 - 7 - 5760 - 1667 - 3
定　　价　82.00 元

出 版 人　王　焰

（如发现本版图书有印订质量问题，请寄回本社客服中心调换或电话 021 - 62865537 联系）

序

信息技术的快速更迭、学习的跨界性和终身性、时间的碎片化等时代特点促使教师专业化发展成为国际教师教育的发展方向。我国教师群体之庞大规模与稳定质量,在世界范围内都备受瞩目,很大程度上得益于有序、系统的教师培训工作。近年来,在强大的政策与充足的经费支持下,我国教师培训呈现出大规模与常态化的特点,然而,当前教师培训仍存在不少问题:尽管培训经费充足,但相当部分教师视培训为负担而非福利;尽管课程供给充裕,但其精品化程度与国际知名项目或企业培训相差甚远;尽管培训的实践性与应用性被反复强调,但专家拼盘式的培训比比皆是,等等。随着教师专业发展面临的挑战日益升级,人们对教师培训品质的期望也不断提升,教师培训中的这些顽疾不断拷问着教师培训的价值和意义。

教师培训者是教师培训中整合资源、实施任务、承担管理的核心主体,不仅需要对政策有宏观把握,更需要有专业的素养与实践的智慧,还需要有研究的意识与前瞻的视野。当前教师培训诸多问题的存在有多重原因,某种程度上培训者与管理者队伍缺乏专业化建设也是其中的影响因素。教师培训困境的改善与解决,不仅需要国家政策导向和财政经费支持,更仰赖各位教师培训者的专业化发展与合力。

"培训专业化"是加强教师培训内涵建设的当务之急,培训者亟须专业发展和自我更新。然而,面向教师培训者的支持比较薄弱、不够聚焦已成为教育界的共识。正是出于助力中国教师培训者专业成长的初衷,在教育部领导和中国教育学会的支持下,2016 年 11 月,由华东师范大学联合多家单位发起成立了"中国教育学会教师培训者联盟"(以下简称"联盟")。"联盟"的成立,成功地为教师培训者的专业发展搭建了可以分享经验、相互学习的学术平台,使我国教师培训者凝聚为学习共同体,共同探索教师培训的系统解决方案以及教师培训者的专业发展路径,让教师培训者在自身专业成长的过程中,创造出更能促进教师专业发展的培训模式、培训内容、培训机制。"联盟"自成立以来,受到了全国各地教师培训从业者的高度关注,目前已经有 131 家单位主动加入"联盟"成为会员单位,共同致力于推动中小学教师培训的专业化发展。

为了发挥"联盟"的专业引领作用,"联盟"建立了年会制度,组织专题研讨,分享教师培训领域中的研究进展与实践成果;开展专题研究,融合国际国内的最新研究与实践;启动实践案例征集活动,构建优质教师培训实践资源库。本次结集出版的实践案例来源于"联盟"2020 年年会组织的"实践案例征集活动"。活动中共征集到 63 个案例,经过专家多轮评议,最终 20 个案例入选《中国教育学会教师培训者联盟 2020 年度实践案例集》。这些实践案例在实施过程中取得良好成效,具有可操作性、可迁移性和可推广性。积淀培训成果,荟萃实践智慧,提升专业水准,推动培训发展。我们衷心地希望借助"实践案例征集活动"便于更多培训界同行能够回顾、总结、提炼、反思实践研究经验。此外,充分利用"联盟"这个平台,开展更多维的对话互动,激发更深度的思维碰撞,进一步提升教师培训服务的内涵与品质,推动当地教师队伍的专业成长与整体发展。

希望我们教师培训者不忘初心、砥砺前行,始终保持对教师培训与发展领域的研究热情与实践智慧。有了各位的协同合作,我们更有信心和动力继续推进"联盟"的稳步发展,使其成为教师培训者的专业加油站和共同家园,我们也将更有理由相信和期待大家有更多精彩的互动、交流和成长,进一步描绘教师培训专业化发展的未来蓝图!

闫寒冰

目录

案例一

基于区域性教师专业共同体建设的研修转型与创新
——海淀区中小学骨干教师"众筹型工作坊"实践研究

北京市海淀区教师进修学校

主题类别：教师培训模式创新

关 键 词：骨干教师、众筹工作坊、专业
研修

背景与问题

<table>
<tr><td>一</td><td>基于骨干教师的重要作用</td></tr>
</table>

新一轮课程改革提出了发展学生核心素养的要求，也为教师的专业提升指明
了方向。骨干教师在教师队伍建设中起到学科教育教学方向的引领作用，在区域
教育发展中承担着"教师领导"的责任与使命，骨干教师的素养与能力直接影响区
域教育的水平。所以，做好骨干教师研修是区域教师培训工作的重中之重。《海
淀区"十三五"时期幼儿园、中小学、职业高中教师培训工作指导意见》中指出，要
加大骨干教师培训培养力度，发挥骨干教师的引领和示范作用，以便更好地服务
于教师的工作实践与专业发展。

<table>
<tr><td>二</td><td>基于骨干教师调研与研修实践</td></tr>
</table>

海淀区一向重视骨干教师的研修工作，建立了系统规范的研修机制和课程
体系，助力骨干教师的成长。2016 年 6 月，海淀区骨干项目组面向全区 176 所
学校的 4 332 名中小学骨干教师的调研显示，骨干教师的研修内容切合教学实
际，能够解决一线教学的问题，有较高的满意度。但是对于研修方式和研修成
果的延续提出了有待解决的问题：专家讲授式的研修，培训形式单一；专业学习
方面，学习途径单一；骨干教师缺少合作伙伴，缺少同伴之间的协同发展；研修

的成果在后续的教学中不能持续应用等。如何解决以上问题,以提升骨干教师的研修质量和效果,海淀区骨干教师研修项目组开展了相关的研究和探索工作。

三　众筹工作坊的提出

为改变研修模式的单一,被动输入的问题,结合骨干教师具有丰富教育教学经验的优势,自 2016 年 9 月开始,海淀区开始尝试创新研修模式,积极推进教师"众筹工作坊"研修。"众筹"原指企业或有创意的个人以互联网平台为载体,面向社会公众,聚合社会资本、智力等资源的融资模式。这种大众参与、积小流成江海的模式在很多行业与领域得到普遍推广。当前,"众筹"的理念也被引入教育行业,特别是在教育培训与教师研修领域。"众筹型工作坊"研修,旨在充分激活骨干教师这个关键群体的内驱力,盘活骨干教师资源,帮助骨干教师突破发展瓶颈,打通专业再造的路径,从而有效解决骨干教师专业发展和教学中的现实问题,为区域骨干教师整体研修质量提升提供专业的支持。海淀区在骨干教师的研修中,采用了"众筹学习"的研修方式,在提升研修质量的同时,形成优质的研修资源,从而实现实践问题的解决和促进学习共同体成员的专业发展,最终带动区域教师的成长。

问题解决思路

为帮助骨干教师突破发展瓶颈,打通专业再造的路径,整体推进骨干研修设计和实施的专业化,促进区域骨干队伍建设,引领教师专业发展,我们以项目研究为载体,开展实践研究,梳理出问题解决的路径,如图 1-1 所示:

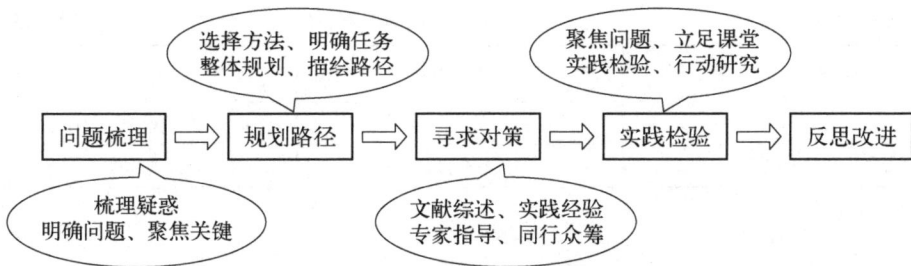

图 1-1 问题解决过程模型

<table>
<tr><td></td><td>选择方法、明确任务
整体规划、描绘路径</td><td></td><td>聚焦问题、立足课堂
实践检验、行动研究</td></tr>
<tr><td>问题梳理</td><td>规划路径</td><td>寻求对策</td><td>实践检验</td><td>反思改进</td></tr>
<tr><td>梳理疑惑
明确问题、聚焦关键</td><td></td><td>文献综述、实践经验
专家指导、同行众筹</td><td></td></tr>
</table>

一　第一阶段　开展需求调研　诊断核心问题

为有针对性地开展研修实践,项目组设计了调研工具,面向全区中小学骨干教师开展调研。通过定量和定性数据的收集,深入了解海淀区中小学骨干教师的整体情况和需求问题。调研内容主要包括海淀区中小学骨干教师的专业发展现状、研修需求及基本信息三大部分。本次调研对象面向全区中小学骨干教师,涉及海淀区 176 所学校,得到有效数据 4 332 份。

(一)骨干教师队伍现状

1. 队伍现状调研数据

A. 教龄情况

表 1-1　中小学骨干教师教龄情况

教　　龄	小　　学	中　　学
6 年以下	5.09%	4.31%
6—10 年	15.80%	14.40%
11—15 年	20.62%	21.46%
16—20 年	18.69%	24.77%
21—25 年	20.44%	21.42%

教　龄	小　学	中　学
26—30 年	15.04％	10.75％
30 年以上	4.32％	2.89％

B. 职务情况

表 1-2　中小学骨干教师职务情况

职 务 情 况	小　学	中　学
教研组长	42.50％	31.25％
备课组长	5.02％	35.62％
年级组长	18.37％	12.88％
教学主任或副主任	14.09％	6.40％
其他	20.02％	13.85％

C. 荣誉称号情况

表 1-3　中小学骨干教师荣誉称号情况

荣 誉 称 号	小　学	中　学
区级学科骨干	47.32％	50.07％
区级学科带头人	34.67％	31.55％
市级学科骨干	4.86％	7.06％
市级学科带头人	0.77％	1.71％

D. 教科研工作

表 1-4　中小学骨干教师主持课题情况

主 持 课 题	小　学	中　学
1—2 项	65.74％	62.53％
3—4 项	18.33％	23.78％
5 项及以上	3.69％	3.41％
无	12.24％	10.28％

表 1-5　中小学骨干教师发表文章情况

发 表 文 章	小　学	中　学
1—2篇	47.10%	48.93%
3—4篇	16.57%	17.10%
5篇及以上	7.74%	8.34%
无	28.59%	25.63%

2. 队伍现状分析

参与调研的群体中,中学骨干教师2 111人,小学骨干教师2 221人。由分析得到的基本结论:海淀区中小学骨干教师学科专业基础良好,具有较强的学习能力,教学经验和实践智慧丰富,发挥了应有的示范和引领作用。整体上已经具备了一定的研究能力,但部分骨干教师参与的深度与广度还有待提升。

(二)骨干教师研修需求

通过本次调研发现海淀区骨干教师的研修需求,为以下三点:

1. 分层实施,研修方式还可更加灵活多样

本次调研显示,骨干教师之间存在比较显著的学段差异和个体差异,这说明分层实施研修的科学性和必要性。希望能够根据实际情况,采用灵活多样的方式:分类型、分学段、分专题实施研修,以满足不同层次骨干教师的专业发展需求。

2. 实践导向,研修内容需聚焦教育教学实际问题

通过分析后发现,骨干教师对于研修内容的需求,希望研修能够聚焦教学设计、教学实施和教学评价中的真实问题,从而整体提升教学能力。整体来看,骨干教师希望研修内容能够聚焦真实教学问题的解决,并最终指向学生核心素养的发展。

3. 研究驱动,提升专业学习和反思研究水平

调研数据表明,在专业学习方面,骨干教师迫切需要改变以往学习途径单一的方式,并且希望进行理论与实践相结合的专业学习;在反思研究方面,专业研究成为首要的需求,其次为实践反思,而这两个过程都需要专家的引领。

（三）骨干教师研修面临的困难

骨干教师在研修过程中遇到的困难主要表现在：培训者缺乏有效调动教师参与的策略与方法，研修形式单一，骨干教师参与研修的积极性不高；部分培训组织者处于强势地位，忽略了教师的兴趣和需要，而研修的主体——教师，兴趣不被关注，需求无处表达，只能处于被动接受的弱势地位。

另外，区级研修缺乏长期性，骨干教师在研修过程中缺少归属感、荣誉感，普遍希望能组建学习共同体。一方面实现研修资源和智慧的共享；另一方面以团队来促进个体的发展。还希望能有展示机会和交流平台，宣传和推广研修的成果，从而在学校和区域更好地发挥引领示范作用。

二　　第二阶段　试点先行　开发模型

在充分调研的基础上，项目组以课改新要求为纲领，在继承以往经验与优良做法的同时，积极持续探索"众筹学习"理念下的骨干教师研修新范式，为梳理总结工作坊研修的路径和实施策略，选择部分学科作为试点班进行研究。（部分试点培训班如表 1 - 6 所示），以期在实证研究的基础上，提升研修实效。

表 1 - 6　中小学骨干教师研修试点工作情况

时　　间	研修试点	任务成果
2016 年 7 月	高中语文整本书阅读	工作坊研修模式创新
2017 年 6 月—2018 年 12 月	教研员引导力参与式工作坊研修	焦点讨论法、体验先行的培训设计、四种引导策略

通过"教研员引导力参与式工作坊"三阶段集中研修，借鉴美国资深教育培训师布鲁斯团队体验先行引导力工作坊实践经验，通过"体验—理论—活动—回顾与反思"这一结构化培训设计工具，达成行动框架。工作坊的体验学习，能有效提升培训者自身的专业能力，为创新骨干教师研修模式打下了良好的基础。

基于试点班研修中的实践和反思,项目组细致梳理了工作坊研修的设计思路、实施策略以及技术路线等。

(一) 设计理念

成人最好的学习成长方式是在情境中"参与式"的团体协作学习,而"建构教师专业学习共同体"被认为是实现深度学习的关键,也是推进学校深度变革与持续改善的有效举措。因此,工作坊倡导协作、自主的研修形式;促使参与者积极调动已有的知识经验,在引导者的适度帮助下,在同伴交流中体验并形成自己的观点,最终促进学员自身经验的建构。

(二) 设计思路

把学员传统的听、看和理解变成表达、体验、操作以及团队互动。以活动任务为线索,进行问题预设。为学员提供必要的支持和帮助,包括相关理论和必要工具等。通过即时问题呈现和作品互评,了解学员学习过程,促进学员建构生成。

(三) 技术路线图

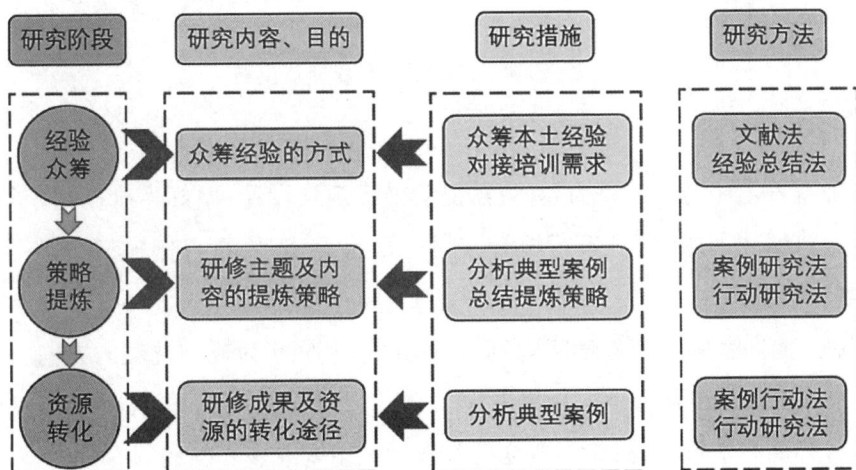

图 1-2 众筹工作坊研修技术路线图

在充分挖掘众筹型工作坊研修的内涵、提炼特征的基础上,采取文献研究与行动研究相结合的方式,经过五年多的实践研究,梳理总结出如下研修模型(见图1-3)。

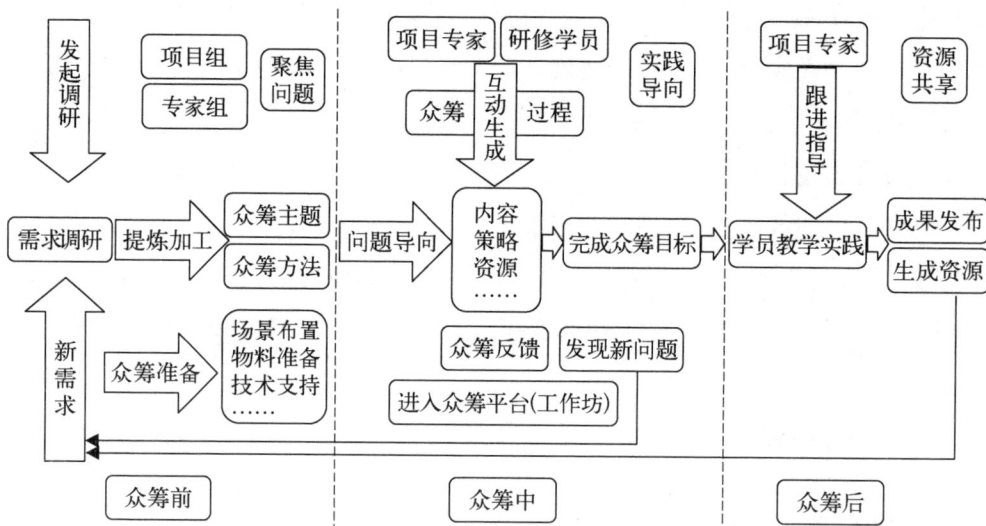

图1-3   教师"众筹型"工作坊研修模型

(一) 众筹发起

教师众筹工作坊以结果为导向,需提前做好规划设计,做好多维度需求征集,确定众筹目标和主题课程,进行统筹安排。众筹前,需要重点落实三个环节:主题、策略和资源。

主题:面向教师征集教学问题后与专家团队共同研讨确定选题的方向。通过向骨干教师征集问题或困惑,借助专家团队的力量,进行概括提炼,深度分析,准确把握教师的教学难题,最终形成众筹工作坊的主题或核心问题。

策略:针对研究的主题,筹集解决问题的方法或策略,通过解决问题策略的研究,激发教师参与的积极性和主动性,集聚多方智慧,实现问题解决和学习共同体的双重发展。在决策和供给等方面,实现从提供方主导转向需求方主导。

资源: 一线骨干教师不仅可以贡献更好的想法和策略,成为决策者,也可以参与和提供研修资源,成为优秀的培训者。

此外,众筹前还需要营造安全的学习场域和利于参与互动的研修环境,让老师们敢于表达、乐于分享,为开展有效的研修活动奠定基础。

(二) 众筹实施

通过工作坊构建教师学习共同体,将学习者的实践经验、智慧汇聚起来,与课程专家的理论融合,促进教师在总结提炼中实现创新,在交流展示中不断完善自我,在自信自励中持续发展,最终完成众筹目标。

1. 依托共同体,强调互动体验

以"体验众筹的愉悦、分享共研的智慧"为原则,通过制定活动评价标准,让每一位成员都能充分地表达,倾情地分享智慧,提高自身建构的水平。研修过程强调互动、参与和体验,尊重每位学习者的经验和感受,充分激发学习者的主体意识,教师不再是"听众",而成为"研讨者"和"分享者"。

2. 营造民主氛围,关注实际获得

工作坊最大价值就是不断生成创造性的资源。营造民主型、分享式的学习氛围,有利于教师在真实情境中,利用已有的知识经验进行解释,经历提出问题、分析问题和解决问题的过程。研修更关注教师的实际获得,不断筹集大家的经验,整合大家的智慧,直至找到解决问题的思路和策略。

3. 以学习者为中心,唤醒主体意识

从学习者需求出发,精心提炼研修主题,围绕问题开展专题式的研讨与交流,挖掘每个教师的宝贵经验,让教师真正参与到学习中去,做学习的主导者。

4. 搭建学习脚手架,提供学习支持

在研修活动过程中,设计操作性较强的活动任务,运用海报和墙布作为可视化的工具,通过互动研讨,提升教师共同体解决问题的策略,促进教师经验的自主建构。

(三) 众筹跟进

通过工作坊众筹,若结果满足实际需求,则对成果提炼加工,生成资源,总结策略;若不能解决问题,则重新进行众筹,直至问题解决。后期应加强反思改进,才能体现众筹工作坊的最大价值。

反思:工作坊研修注重互动生成,更强调反思。通过同伴之间的比较、评价、帮助、激励等途径来唤醒教师对自我行为的反思,通过反思唤醒成长意识,激发内驱力,逐渐形成在教学中研究、在研究中成长的工作学习方式,增强个人和团体的归属感。

改进:众筹结束并不意味专业成长的终止。为了防止教师研修后的"听听很激动,回去一动不动"的"研修回归"现象,鼓励教师将所学内容应用于教学实践,加深专业理解,解决实际困惑,提升自身经验,生成研修成果,改进教育教学理念。

总之,通过工作坊众筹的方式,骨干教师能够通过工作坊研修,带走思路、带走方法以及带走智慧,真正实现行为跟进。

四　第四阶段　反思改进　拓展应用

为保证研修质量,确保课程的逻辑性和系统性,研修结束后,学习共同体持续发挥作用,将工作坊的众筹结果用于教学实践,尝试解决教学问题。

跟进:项目组明确学员的后期需求和阶段目标后,采取跟进式指导,进一步协作、支持和配合共同体的持续研修,包括理论引领、案例筛选以及学员后期可能出现的困惑。结合教学实际,深度互动,教与研交替进行,确保学员都能够参与到后期的研究中。

辐射:众筹工作坊强化经验的推广与辐射,促进研修者运用众筹的理念和方法,解决实际问题。研修结束后,各学科会形成有价值的研修方案、研修案例等,都是很好的资源成果,项目组会积极整合和推广,带动区域内外教师专业发展。

案例：小学语文骨干教师研修

主题：《基于学业标准指导的小学习作教学内容与评价的实践研究》

环节一：众筹前

1. 需求调研，确定主题

本方案采取问卷调研和个案访谈相结合的形式，对研修主题和研修形式发起了众筹，在需求分析的基础上，提炼研修主题，规划研修课程，具体如下：

内容需求：能够有效地指导学生进行习作，希望了解各年级段习作的训练目标和评价标准，实现习作与阅读的有效衔接；学习更多能够帮助学生有效提高写作水平的策略，掌握更多指导学生习作的方法，使学生对写作更有兴趣。

形式需求：希望通过理论讲座和具体课例，掌握习作指导的方法，采用实例分析的形式，先分组讨论再集中由专家进行评价，使大家能够开阔思路，提高认识。

研修主题：基于学业标准指导的小学习作教学内容与评价的实践研究。

研修目标：通过对习作教学内容、策略的深入研究，提高习作教学实施能力，引领习作教学方向，提升解决教学问题的能力和教学资源筹集及加工的能力，增强合作交流的意识，激发专业发展的热情。

2. 场景布置　营造氛围

工作坊研修前，需物料准备，如场景布置、人员分组、展示墙报、马克笔、大白纸、即时贴等。尽可能营造安全、舒适、轻松、利于参与互动的学习环境，为有效开展研修奠定基础。

环节二：众筹中

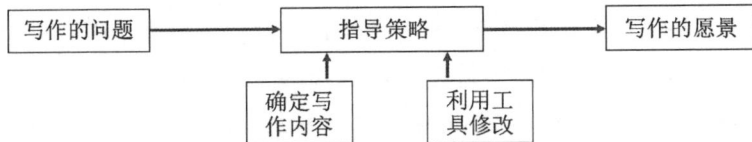

图1-4　众筹思路

众筹内容：

① 小学生的写作症结是什么？

② 小学生应该写什么？

③ 如何指导学生确定写作内容？

④ 如何利用清单和量规指导学生进行修改？

众筹实施：

（1）以"如何指导学生确定写作内容"为例，实施众筹

环节一：布置任务，各组根据学段和教材内容，展开头脑风暴，每个组完成一份习作任务设计（以画图的方式）。

环节二：小组研讨，根据个人与团队对小学生写作的认识，将重要的关键点进行整理，并梳理其中的关系。

环节三：小组展示，发表自己的观点，同组成员进行补充，并解答其他组的疑问。筹集大家对小学生写作的观点，生成自己的教学智慧。

环节四：专家点评，针对各组的发言，对好的做法进行剖析和学习，对存在的问题进行分析和建议。

环节五：专家互相讲座（微型），针对主题和目前教师的困惑及问题，专家进行互动讲座。补充小学生写作的相关理论，提升指导小学生写作的能力。

（2）以"解决记叙文写作中的筛选问题"为例，实施众筹

五年级学生在写记叙文时主要出现的问题是"筛选"困难，主要包括"选材"困难和安排"详略"困难两方面的问题，通过互动研讨和反思改进，提炼"筛选"的策略。

问题一：学生不知道如何选材？常常出现选材不准、选材不当、选材不精的问题。导致作文出现不够切题、不新颖、不具独特性或虚情假意等问题。

策略一：开发使用学习单。首先发挥老师的主导作用，在习作前设计好选材单，让学生在自己的日记或生活中选取比较切题的材料，教师进行筛选后，选取一些值得借鉴的选材在课堂中放手让学生交流。

问题二：习作时在一件事的众多环节中，结构安排不合理、不得当。

策略二：习作前利用表格或者通过写提纲梳理环节，确定自己详写部分和略写部分。然后抓住镜头，将自己应该详写的部分放大，引导学生通过细节描写将文章重点部分写生动。

环节三：众筹后

研修前学员带一篇习作分析与教学策略走进工作坊，研修中通过工作坊的众筹，不断提升自己的认识，利用筹集的策略和经验，使自己的习作分析更加完善。研修结束完成习作分析与展示分享，实现成果提升和转化。回到学校后，实践自己的习作方案，并对实践效果进行反思和不断改进。

经验与创新

经过 5 年多的探索与实践，多轮次的行动研究，众筹工作坊项目实现了六项研修创新。

一　　建构学科研修共同体

众筹工作坊模式使区域骨干教师研修更具有时效性，突出同伴互助、共同发展的特点，建立了学科研修共同体。研修共同体，不仅仅是建立班级群，更多的是在平时的研讨中，实现了资源共享、智慧生成，促进了团队共同发展。每个学科建立 10—20 个不等的学科共同体协作组。

二　　建构众筹型工作坊模型

以"体验众筹的愉悦，分享共研的智慧"为原则，强调学习者的互动、参与和体验,尊重每位学习者的经验和感受,充分激发学习者的主体参与意识,教师不再是"听众",而成为"研讨者"和"分享者"。建构了"众筹前—众筹中—众筹后"的三阶段的实施路径,梳理出了众筹工作坊的内容、资源和策略。

三　建立教学问题解决模型

众筹工作坊研修,立足实际,采用以问题为导向的逆向设计路径,提升教师研修体验和获得感。提出了"问题""原因""策略""实践""反思"五个要素,概括了各要素的内涵,呈现了各要素之间的关系。

四　梳理工作坊实施原则

经过项目组5年的研究和实践,归纳总结出众筹型工作坊的实施原则,概括为实践、民主、合作、生成。在选题方面,主题宜小不宜大,由于在实践中内化理论,耗时比较多,所以主题小切口比较合适,否则难以达成研修目标。工作坊研修以实效为本,不追求固定的形式,只要适合和满足教师的发展需求就是好的研修。

五　创新个性化研修模式

为满足不同骨干教师的发展,研修中尊重个体经验、采取民主、合作的研修方式,让更多教师参与进来。以问题和任务为驱动,通过逆向设计的思路,倒推规划研修的路径,从而将教师的经验、智慧汇聚起来,与专家观点相碰撞、最终达成共识。在提升研修质量的同时,形成优质的研修资源,解决了实践问题,促进了学习共同体的专业发展,这种"众筹"理念下的研修,不仅满足了骨干教师个性化发展,还实现了研修模式创新。

| 六 | 激活专业发展内驱力 |

骨干教师本身就是重要的资源,他们具有丰富的教学经验和教学资源,需要自我展示的平台。教师众筹工作坊研修,是自主交流的过程,也是自我展示的过程,骨干教师的经验得到尊重,研修成果得到认可,激发了研修热情,会进一步贡献自己的智慧,分享自己的观点。教师众筹工作坊充分挖掘了骨干教师的潜力,调动了骨干教师工作的积极性。

思考与展望

"教师众筹型工作坊研修"实现了教师需求的精准对接,有效激活了教师的内驱力,生成了优质的研修资源。针对后期工作,思考如下:

| 一 | 提升培训者的双专业发展能力 |

"众筹型工作坊"的任务驱动,"研讨与分享"的研修方式,会在研讨的过程中互相激发,思想碰撞,从而会生成更多的问题,促进教师更加深入广泛的思考,特别是研讨与互动的开放性和问题的生成性,对于培训专家提出了更高的要求和更大的挑战。需要他们既是学科领域的领衔人,又具有很强工作力的引导者,但二者集一身的专家非常少,给工作坊开展工作带来了困难。因此培训者作为研修的组织者和实施者,不仅要拓宽自身的学科视野,更要提高工作坊中的引导力,体现学科专家和引导专家的双重身份,对于学员的分享与交流,能及时点评反馈,提炼有价值的思路与观点,进一步提升研修品质。

二　加强研修后的持续跟进工作

目前开展的"众筹型工作坊"的骨干教师研修,教师可获得解决问题的策略、方法、资源等。但是,学员如何将众筹的结果用于教学实践,区域层面如何给予学员后期的跟进指导,如何为教师的持续发展赋能,需要进一步的思考与探讨。

三　丰富骨干教师研修的形式

"众筹型工作坊"确实能够解决研修中的一些弊端和问题,实现智慧共享,但每次参加研修的人员不宜超过 40 人,一些学科人数较多,若全部都使用"众筹型工作坊"的研修方式,会给组织和实施带来很大的困难。在骨干教师研修中,要结合研修的实际需求,创设多样化的研修方式,如课例研修、导师制研修、浸润式研修、线上线下的混合式研修等。对接不同的研修需求、解决不同的问题,采用灵活多样化的研修方式,助力骨干教师的持续发展。

四　拓宽骨干教师研修的空间

为了防止教师培训后的"听听很激动,回去后一动不动"的"研修回归"现象,可以将骨干教师研修项目和学校校本研修结合起来,将骨干研修"众筹"的思路和方法应用于学校的校本研修,由骨干教师引领本校教师,聚焦学校教学中的问题,采用"众筹"的方式,开展校本研修活动,聚焦教学中的"真问题",开展研讨和分享问题解决的思路,切实提升学校的教育教学质量,为骨干教师的发展持续赋能。

案例实践情况

一 项目介绍

根据《海淀区"十三五"时期幼儿园、中小学、职业高中教师培训工作指导意见》文件的要求,区级骨干教师(含学科带头人),每三年需修满 40 学时,经区继续教育办公室认定,完成三年的研修任务。

海淀区教师进修学校作为区级骨干教师研修的课程设计和实施部门,在三年一周期中,要对全区 4 000 余名区级骨干教师实施研修培养。项目组在研究和实践中对骨干教师"众筹型"工作坊研修模式进一步梳理,为骨干教师的研修质量提升做出有益的尝试。2016 年 9 月至 2020 年 6 月,全区 3 591 名骨干教师参与了总计40 学时的研修。研修过程始终以问题为驱动,关注教育教学问题,通过提问、对话、合作、实践、反思等多种方式实现深度参与,研修效果明显,各学科详细数据如下:

表 1-7　众筹型工作坊实践研修统计表

项　　目	海淀区众筹型工作坊实践研修
研修主题 (部分)	小学语文:学科核心素养视域下的单元整体教学实践研究 小学数学:基于核心素养的单元整体教学和评价能力提升 中学英语:指向学生核心素养培育的骨干教师领导力提升 中学物理:基于深度学习的单元整体教学设计
群体特点	学科专业很强,教学经验丰富,教学研究能力强
参加人数	小学 11 个学科,共 1 476 人, 中学 15 个学科,1 881 人;
完成时间	2016 年 9 月—2020 年 6 月

小学共开设 11 门学科、40 个教学班、人数 1 476 人。中学共开设 15 门学科、49 个教学班、人数 1 811 人。

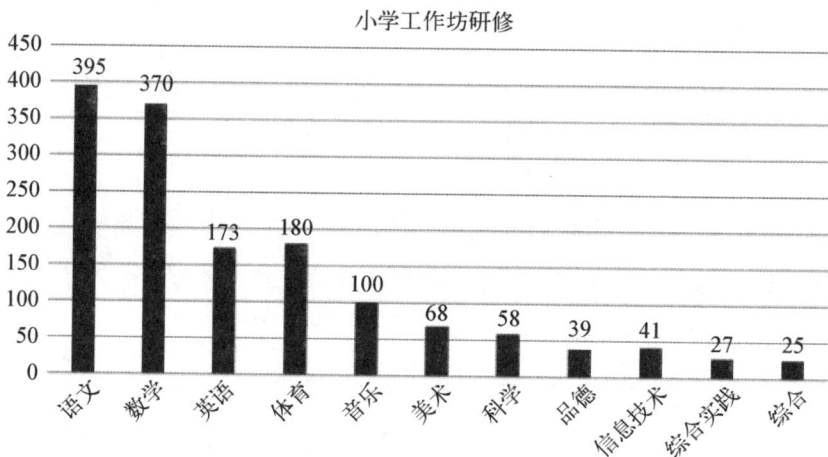

图1-5 小学各学科骨干教师研修人数统计

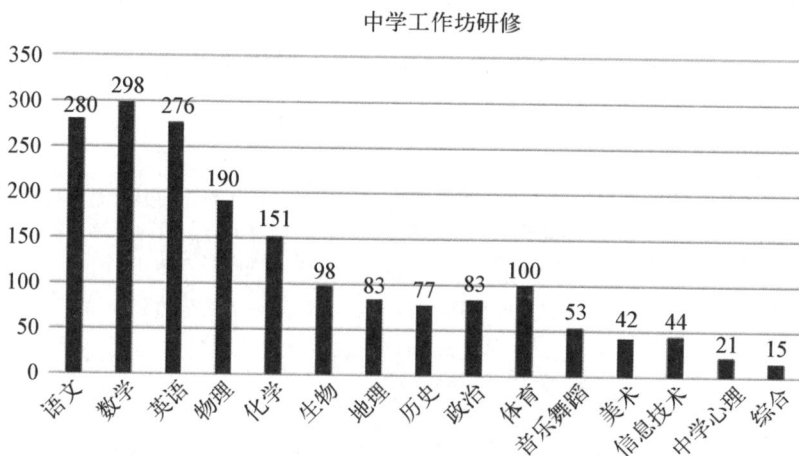

图1-6 中学各学科骨干教师研修人数统计

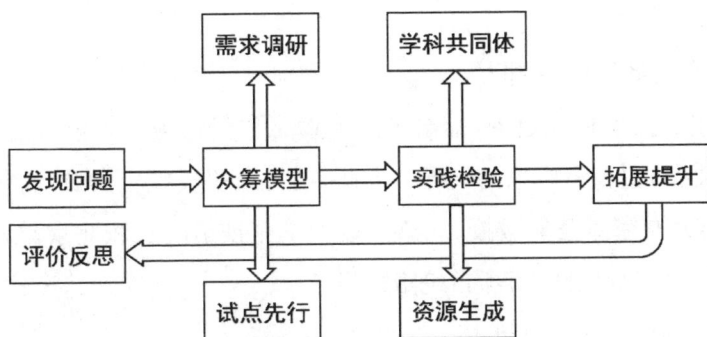

图 1-7　项目实施流程图

(一) 开发工具,需求调研

项目组为摸清全区骨干教师的发展现状和发展的需求问题,开发调研工具,设计调研问卷。调研采用线上问卷方式进行数据采集,本次调研全区中小学的骨干教师,涉及海淀区 176 所学校,得到有效样本数据 4 332 份。

(二) 数据分析,得出结论

通过定量和定性数据的收集和分析,发现海淀区中小学骨干教师的学科专业基础良好,具有较强的学习能力;骨干教师的教学经验和实践智慧丰富,发挥了应有的示范和引领作用。但是研修模式单一,被动输入学习,积极性不高,有展示交流的愿望,希望采用灵活多样的方式分层实施研修,以满足不同层次教师的需求。

(三) 基于主题,规划课程

依据骨干教师专业发展需求方面,骨干教师面临的实际情况。在研修内容上能够坚持实践导向,聚焦教育教学实际问题。改变以往学习途径单一的问题,建设理论与实践相结合的研修课程。基于以上需求,结合新课改的要求,建构了区域骨干研修的课程,包括必修、选择性必修、学科拓展等立体丰富的课程体系。

(一) 整合资源　组建团队

在项目组的探索和规划下,推出了众筹型工作研修方式。但没有实践经验,缺少理论的支撑,也没有专家的指导。为此,项目组积极整合资源,聘任美国资深培训师、引导力专家布鲁斯教授、北京开放大学张铁道院长和北京教育学院吴欣昕教授作为专家指导团队,对项目组跟进指导。

(二) 试点先行　建构模型

为探索工作研修的路径和操作流程,项目组于 2016 年 7 月开设由 20 名骨干教师组成的中学语文骨干试点班,各学科班主任也全程参与,进行实践体验,积累工作坊研修的实践经验。2016—2019 年项目组三次引进美国专家布鲁斯教授的引导力工作坊,针对教研员和培训者引导力提升需求开设专题工作坊,深度体验了 ORID 焦点讨论法的策略和技巧。基于此,提炼了工作坊实施模型和路径,为后期各学科研修奠定了基础。

(三) 基于主题　建立共同体

项目组每学期末,下发学科研修计划。学员根据主题自主报名,通过微信群、研修网等工具组建研修团队。学科班主任针对学习共同体发起调研,各学科依据研修规划,以解决问题为宗旨,在共同体的协作下,根据目标设计研修任务,规划工作坊实施方案。

(四) 方案实施　发起众筹

学科工作坊实施方案经项目组和专家论证后,进入工作坊启动阶段,包括场景布置,划分小组,根据规划开展主题研修、专家引领、学员交流、分享智慧、学习借鉴、互动生成等。

（五）反思改进　总结提升

基于每学期的实践研究,学期末项目组召开工作坊总结交流会,展示各学科的特色亮点,反思改进不足。合理规划工作坊研修的后期工作。

四　项目跟进阶段

（一）成果梳理　形成资源

各学科研修规划时,就以成果为导向,设计不同的作业和任务。研修结束后,梳理提炼研修成果,包括教学设计、研究课、试题改编、作业设计案例、经验文章等,也包含研修过程中生成的资源。为展示交流、成果推广提供了机会。

（二）搭建平台　成果展示

为骨干搭建展示平台,激发专业发展的内驱力,2019 年 3—7 月对全区中小学骨干教师进行成果征集,共征集优秀成果 1 033 份,项目组对优秀成果进行梳理和提炼,出版了骨干教师研修成果集。另外,近两年海淀进修学校承担了很多全国会议,项目组根据会议内容,遴选部分优秀骨干教师进行会议展示,激发了骨干教师的专业成长热情。

（三）拓展迁移　持续跟进

通过参加学科研修,经过共同体的团结协作,获得了很多教学策略和教学资源,解决了很多教学中的问题和困惑。但通过研修,也会产生一些新的问题。后期,结合研修中的新问题,持续跟进指导,让教师进一步在课堂中进行实践研究,直到问题得到解决。

案例开发档案

案例归属单位：北京市海淀区教师进修学校

案例开发时间：2016 年—2020 年

案例开发团队：

姓　名	工　作　单　位	学科背景/职称	主　要　贡　献
申军红	北京市海淀区教师进修学校	教育学/高级教师	项目规划与课程开发指导
田成良	北京市海淀区教师进修学校	中学物理/高级教师	项目负责人、课程开发与实施
樊　凯	北京市海淀区教师进修学校	小学英语/高级教师	项目负责人、课程开发与实施
马　萍	北京市海淀区教师进修学校	中学数学/高级教师	项目负责人、课程开发与实施
张镕涵	北京市海淀区教师进修学校	小学语文/一级教师	项目助理、课程实施
王化英	北京市海淀区教师进修学校	小学语文/高级教师	学科班主任、案例开发与实施
赵杰志	北京市海淀区教师进修学校	中学语文/高级教师	项目规划与课程开发指导
刘　锌	北京市海淀区教师进修学校	小学数学/高级教师	项目规划与课程开发指导
李海刚	北京市海淀区教师进修学校	中学化学/一级教师	项目助理、课程实施

案例二

赋能教师发展及教研能力提升：
"互联网+"助力云南迪庆教育扶智实践探索

华东师范大学开放教育学院

主题类别：教师培训项目创新

关 键 词：互联网＋、教研、教师专业
发展

背景与问题

打赢脱贫攻坚战是党中央、国务院作出的重大决策部署,也是实现全面建成小康社会目标的重要标志。习近平总书记多次强调,治贫先治愚,扶贫先扶智,教育是阻断贫困代际传递的治本之策。《教育脱贫攻坚"十三五"规划》中指出,要加大现代信息技术应用,运用"互联网＋"思维,推进"专递课堂""名师课堂""名校网络课堂"建设与应用,促进贫困地区共享优质教育资源,全面提升办学质量。

在"决战脱贫攻坚"的号角吹响之际,为深入贯彻落实教育精准扶贫攻坚工作,推动基础教育均衡、协调发展,教育部教师工作司于 2018 年遴选七家高水平高校或相关单位承担"中小学教师信息技术应用能力提升工程创新培训平台"建设任务,对口"三区三州"等中西部深度贫困地区,探索基于学校发展需求的教师信息技术应用能力提升发展模式与创新路径,助力深度贫困地区推进教育公平,提升教育质量和人才培养能力。

根据教育部教师工作司统一安排部署,华东师范大学对口支援云南省迪庆藏族自治州(以下简称"迪庆州")。项目启动后,我校组建了以原党委常务副书记任友群教授为组长,开放教育学院院长闫寒冰教授为副组长,知名中小学信息化专家、学科教研员为成员的专家团队,开始了为期三年的教育扶智工作。

为了解迪庆州学校信息化发展现状,制定契合当地需求的教师信息技术应用能力培训方案,华东师范大学开放教育学院组织项目实施团队,多次赴迪庆州开展区域信息化建设与教师专业发展情况调研,与迪庆州教育体育局、电教馆、教科

27

图2-1 专家团队与工作团队

首席专家　　一线专家　　工作团队

任支群　闫寒冰

许伟　刘作忠　厉天宝　曾格　向先贵　翟厚岚　何华琴　张新　陈隆升

杨星星　钟蓓蓓　吴昭　樊红岩　彭红超　李树培　魏菲　吴德芳　赵健

所以及迪庆州多位学校管理者、一线教师沟通交流,进行现场诊断和问卷调查,详细了解迪庆州教师专业发展以及学校信息化发展现状。通过综合分析,发现当前存在的主要问题如下:

第一,全州教师整体专业水平不高,专业理念亟待更新,专业知识和技能需要加强;

第二,全州教研体系尚未健全,州层面及学校层面教研活动开展极少,教研组织能力较低,教研活动意识、组织形式、实施方法都较为欠缺;

第三,信息化在管理、教学、教研中的应用层次较低,教师信息技术应用水平和主动学习的愿望均不高。

通过调研,项目实施团队也发现了迪庆州在学校信息化发展方面存在的一些

图 2-2　项目实施团队赴迪庆州开展调研

优势。例如学校信息化整体硬件设施配置良好,具备开展信息化的基本条件;师资队伍具备年轻化特质,信息化素养起点较高;作为"三区三州"国家教育扶贫的重要组成部分,学校信息化发展有国家相关政策支持。由此可见,尽管迪庆州教育信息化发展较为滞后,但却有着较强的后发优势。

问题解决思路

在前期充分调研、深入交流的基础上,项目实施团队与迪庆州达成并确立了"立足区域发展愿景和目标,基于教师教学实践需求和问题,三年内重点提升迪庆州三所高中 9 个学科教师教育教学能力以及信息技术应用能力,加快教师专业成长,促进学校可持续发展"的项目实施目标(后增加信息技术学科,共 10 个学科)。

基于调研发现的问题,项实施目团队进行了多轮研讨和分析,明晰了活动实施的整体思路:

第一,迪庆州教师整体专业知识水平不高,部分教师对于教改方向与个人发展存在迷茫和困惑,对于新课改的理念与精神落实不够,既需要加强相关理论和知识的补充学习,还需要提升实践转换能力,同时提升利用信息技术促进教育教学改革的认同度和意识能力。

第二,为提升培训转化成效,依据美国学者乔依斯(Bruce Joyce)和舍瓦斯(Beverly Showers)等人[1]的研究成果,培训活动设计与实施中需要综合运用理论、示范、实践、反馈与指导等策略。

第三,本项目实施周期仅三年,周期较短,而迪庆州教育整体水平和品质的提升是一个长期的过程,二者矛盾的化解需要充分发挥迪庆州自身的能量,特别要

---

[1] Joyce, B. , B. Showers. (1995). Student Achievement Through Staff Development: Fundamentals of School Renewal. 2nd ed. White Plains, N. Y. : Longman.

重视优质教研活动对推动本州教育整体发展的重要作用。如何帮助迪庆州建立较为完备、科学的教研体系与组织规范,实现教育的可持续发展,既是本项目成功实施的关键,也是本项目希望达成的目标。

鉴于此,项目实施团队综合运用"理论＋示范＋实践＋反馈＋指导"多种培训策略,创新采用"直接输血"＋"示范造血"的培训模式。一方面,关注迪庆州教师专业水平的提升,通过在线课程学习与线下集中培训,帮助迪庆州教师转变教育观念,更新专业知识,提升专业能力,为迪庆州教师专业发展输血护航;另一方面,关注迪庆州教研体系的建立和完善以及教研活动的组织和开展。通过课堂教学示范与教研组织示范,帮助迪庆州教研员和教师经历和体验有序、有效的教研活动过程,并在观摩与参与的过程中逐渐提升教研活动组织能力,实现持续造血的目的。

此外,在项目开展过程中,充分发挥信息技术的支持作用,以教师信息技术融合创新应用为切入点,以"互联网＋教研"常态化开展为突破口,通过技术与教师教学、教研的深度融合,持续优化和提升教师的专业能力,最终创新教师的知识结构与教学方式,实现可持续发展。

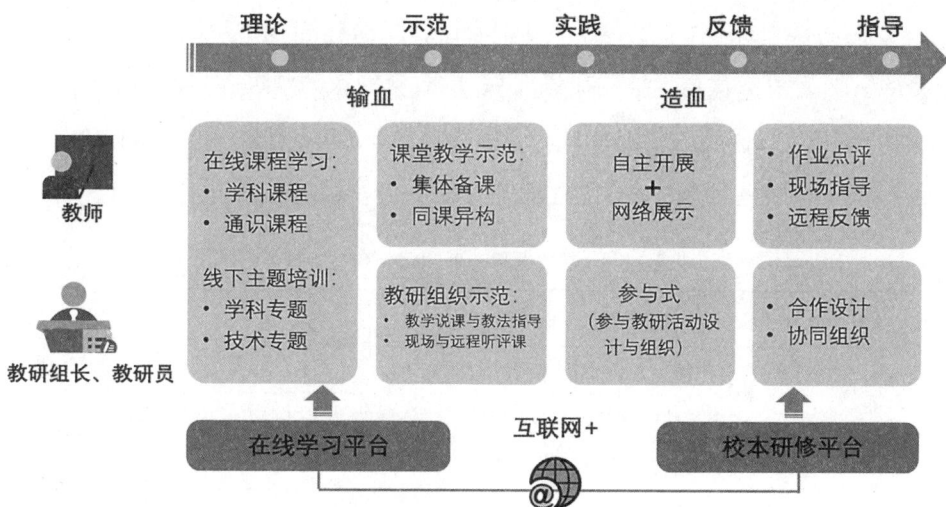

图 2-3 项目实施思路

一   "输血"行动，因地制宜补齐教师专业发展短板

1. 在线课程学习

针对迪庆州高中教师"专业理念亟待更新，专业知识和技能需要加强，信息化教学水平需要提高"的实践需求，项目实施团队连续三年为迪庆州三所高中10个学科教师提供优质在线课程。课程资源建设依据成人学习的特点，着眼于教师自主学习的目标，从内容到方法、案例到点评、技术到应用，采取模块化建构，使教师培训课程从"分离模式"向"整合模式"演进，形成系统化的培训课程体系，并且克服了传统网络课程"重经验分享，轻理论探索"的不足，促进教师理论素养和实践能力的全面提升。

为进一步提升在线课程学习的针对性和有效性，项目实施团队先从丰富的课程资源库中筛选出适用于高中教师专业发展的课程，再由迪庆州教科所各学科教研员根据实地需求进行第二轮筛选，最终每个学科每年确定3—4门课程资源：其中1—2门为学科课程，聚焦各学科本体知识、课程标准、教学设计、教学方法、核心素养等；2门为信息技术应用通识课程，旨在帮助教师掌握支持教育教学的信息技术工具，提升信息技术应用水平。课程资源共享在"智汇师"校本研修专业支持平台上，教师可通过手机 APP 随时随地登录平台，自定步调，自主学习。

表 2-1   在线课程列表(以 2020 年为例)

学 科	课 程 名 称	类 别
语文	高中语文新课标解读及教学实施建议	学科课程
	"中华传统文化专题研讨"学习任务群的设计与实施	
数学	高中函数知识链的设计与教学	
	高中数学必修与选择性必修教学实施与案例	

32

学　科	课　程　名　称	类　别
英语	词义概括与英语深层阅读教学	学科课程
	高中英语阅读教学中的词汇处理	
物理	基于科学思维培养的物理教学	
	普通高中物理新课程标准(2017年版)解读	
化学	化学教材中的探究实验设计	
	化学学习过程的诊断	
生物	生物探究教学与实践	
	生物学新课标核心素养解读与案例分析	
地理	基于核心素养的教学活动设计	
	地理教学中的信息技术应用	
历史	基于"历史解释"的教学立意与实施	
	基于"家国情怀"素养下的历史教学	
政治	高中政治高频考点分析	
信息技术	高中信息技术新课标解读及教学实施建议	
	基于新课标的信息技术教学创新	
	信息技术新课程标准必修模块解读	
	Python语言入门	
信息技术应用	云时代的个人知识管理	通识课程
	教育信息化2.0与智慧教育	

2. 线下学科培训

除了在线课程学习,项目实施团队每个学期均安排了面向学科教师的线下集中专题培训活动,以学科为单位,以课堂教学为中心,立足新课改的重点与难点,以解决教师教育教学中的真问题为主线,通过丰富多元的培训形式,着力提升教师课堂教学能力。

表 2－2　线下学科培训主题列表

时　间	学　科	专　题　讲　座
第一期 2018.10	语文	● "以学定教"的语文学习活动设计
	地理	● 信息技术支持的高中地理教学 ● 地理学科新课程理念与教学行动
第二期 2019.05	数学	● 高中数学解题教学的研究 ● 信息技术支持下的数学教学
	生物	● 例谈高三生物有效复习策略 ● 基于生物学核心素养的教学与评价
第三期 2019.10	英语	● 深度教研：沉浸式主题接力教研
	政治	● 新时代思政课教师的基本素养
第四期 2020.09	历史	● 核心素养背景下高中历史新课标新教材新思路
	物理	● 高中新课程新教材教学与实施
	化学	● 教师在教研组行动研究中成长

"以学定教"的语文学习活动设计　　地理学科新课程理念与教学行动

核心素养背景下高中历史新课标新教材新思路　　教师在教研组行动研究中成长

图 2－4　线下学科培训活动

3. 线下专题培训

结合教育教学改革热点，项目实施团队组织开展线下专题培训活动，例如华东师范大学闫寒冰教授开展体验式培训"面向核心素养的教学转型"，吉林省教育学院宋海英教授和上海市晋元高级中学特级教师王华书记分别带来主题为"基于问题解决的教师行动研究"和"新时代高考改革促进发展新思考"的专题讲座，为迪庆州教师专业发展持续性开展提供实践方法，为教师应对新高考做好充分的准备提供指导。

图 2-5　线下专题培训活动

4. 线下技术培训

为进一步提升迪庆州教师的信息技术应用水平，促进信息技术与教育教学的深度融合，项目实施团队设计开展线下技术培训活动，面向不同学科的教师，精选有针对性的技术工具和主题，如"教学 PPT 设计与制作""Word 在教学中的实用技能""如何高效制作在线调查问卷""微课程的设计与开发""移动听评课平台"
等,开展体验式培训,通过任务驱动、案例教学、讲练结合等形式,帮助参训教师切
实掌握技术、工具、平台等的操作和应用。

图2-6　线下技术培训活动

二　"造血"行动,示范引领助力校本教研提质增效

"问渠哪得清如许,为有源头活水来"。要激发教师专业发展的内驱力,促进
教育教学可持续发展,不能长期依赖外部"输血",还需提升内部"造血"功能,形
成教师专业可持续发展模式。教研活动是以促进教师专业发展为宗旨的实践性、
反思性活动,是教师自我提升的有效途径。前期调研发现,迪庆州教研体系尚未
健全,州层面和学校层面的教研活动非常少,并且存在着教研组织能力和信息化

应用水平低下,教研活动意识、形式、方法都较为欠缺的问题。针对这些问题,项目实施团队采取示范引领的方式,开展课堂教学示范和教研组织示范活动,为迪庆州教研活动的开展打造样板,引领教研工作新方向。

1. 课堂教学示范

课堂教学示范主要采取同课异构的形式。同课异构作为一种比较常见的教研活动,是以内容相同的教学素材为参照,让教师个体、群体在不同的理念、智慧背景下,进行教学设计和组织。在同课异构的研究过程中,教师不断更新教学理念,改善教学行为,并形成对教材、教学对象、教学方法的创造性的见解,为教师搭建了一个展示个性、展示自我的平台。项目实施团队依托高校优质资源,采用了异地教师与迪庆州教师同课异构的方式开展教研活动,邀请上海、江苏、山东等地优秀的中青年教师赴迪庆州开设公开课,为本地高中学科教师开展教学示范。他们扎实的基本功、活跃互动的课堂、彰显新课改理念的教学模式深深地触动了迪庆州教师。

表 2-3　同课异构活动主题列表

时　间	学　科	主　题	迪庆州授课教师
第一期 2018.10	语文	囚绿记	唐学文、和武生、何松萍 (迪庆州民族中学)
	地理	洋流及地理意义	刘俊华、康礼强、李俊杰 (迪庆州民族中学)
第二期 2019.05	数学	弦的中点问题	张海军、起现正(迪庆州香格里拉中学) 范圣逸(上海市光明中学)
	生物	高三实验专题复习课	都吉初木、李勇(迪庆州香格里拉中学) 于佳萍(上海市罗店中学)
第三期 2019.10	英语	Reading：Earthquake	赵子刚、和建芳(迪庆州藏文中学) 沈雅茜(上海大学附属学校)
	政治	人的认识从何而来	鲍国芬、许红梅(迪庆州藏文中学) 长孙大盟(上海中学东校)

时　间	学　科	主　题	迪庆州授课教师
第四期 2020.09	历史	三国两晋南北朝的政权更迭与民族交融	曹桂宾(迪庆州民族中学) 陈敬炜(迪庆州香格里拉中学) 赵鹏良(迪庆州藏文中学) 李兴群(江苏省无锡市堰桥高级中学)
	物理	带电粒子在电场中的运动	王刚(迪庆州民族中学) 杨立春(迪庆州香格里拉中学) 益西次姆(迪庆州藏文中学) 赵景宾(山东师范大学附属中学)
	化学	有机合成	杨春香(迪庆州民族中学) 冯延芳(迪庆州香格里拉中学) 曾发平(迪庆州藏文中学) 宋立坤(山东省青岛第九中学)

现场教学示范：同课异构活动（人教版高中英语必修1 Unit4 Reading：Earthquake）

同课异构活动授课教师（左起）：赵子刚、和建芳（迪庆州藏文中学）、沈雅茜（上海大学附属学校）

图 2-7　同课异构活动现场(英语学科)

2. 教研组织示范

迪庆州现场教研活动均由项目实施团队统一策划,并和迪庆州教科所共同讨论确定实施方案,包括确定活动形式、选择示范教师、安排主持教师、设定讨论题目、设计专家参与方式等。在此过程中,迪庆州教科所的教研员亲历了整个教研活动的策划与组织。

教研活动的组织充分运用了"在场"+"在线"的形式。同课异构活动结束后,现场专家对授课教师进行教学诊断,针对教学中存在的问题进行指导;异地专家则通过手机登录"智汇师"校本研修平台实时观察课堂教学,给予即时点评,且点评内容与具体的教学环节和教学实境精准对应,以弹幕的方式呈现。执教教师通过实时弹幕能够完整回顾教学现场,发现教学问题和亮点,同时结合专家们的总结性评价明确教学的不足。

教研活动受到迪庆州教师的高度认可,参训教师纷纷表示收获良多。而这样的教研组织方式能够在迪庆州顺利而高效地开展,也给本地教师带来了未来持续组织与实施的信心。

图 2-8　远程听评课平台与专家(语文学科)

图 2-9　教学说课与教法研讨(英语学科)

3. 创新人才培养示范

创新是引领发展的第一动力。教师担负着培养学生创新能力的重任,不但需要创新的理念,还需要创新的方法、流程和工具。为提升迪庆州教师"面向未来教育发展进行教育教学创新"的能力,项目实施团队组织开展"设计思维工作坊"现场示范活动。活动以"校园食堂改造"这一真实的项目开发为任务,通过活动体验、展示分享、问题研讨等方式进行设计思维实践训练,带领教师经历发现问题、集思广益、设计方案、快速原型、评估修订、演进发展的设计思维流程,

如何 发现问题	如何 集思广义	如何 设计方案	如何 快速原型	如何 评估修订	如何 演进发展
情境故事法 头脑风暴 同理心地图 观察、访谈 How Might We 问答法 ……	头脑风暴 六顶思考帽 联想法 Scamper法 九宫格法 KJ法 世界咖啡 ……	用户价值地图 设计简介 用户画像 KANO模型 ……	草图绘制 纸质模型 故事画板 物理模型 角色扮演 创建小样 ……	可用性测试 检测指南针 场景模拟 问卷调查法 访谈法 反馈图 ……	行动计划法 故事法 后续步骤规划 ……

图 2-10　"设计思维工作坊"课程框架图

帮助教师理解设计思维的核心思想,掌握应用创新思维解决复杂问题的一般流程、方法与工具。

"设计思维工作坊"让教师了解到创新是有流程、有方法、有工具的,有了这些方法和工具,创新不再遥远,变得触手可及;"思维"是可以被"设计"的,并且设计思维具有巨大的潜力,可以通过教学传授给学生,真正提升学生的创新能力。

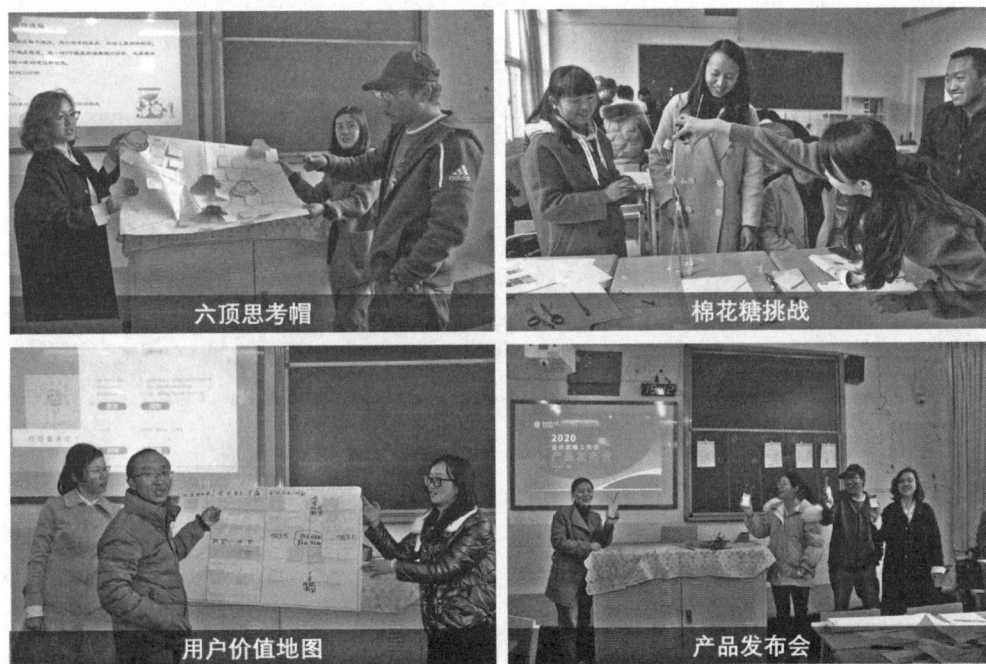

图 2-11 "设计思维工作坊"活动现场

| 三 | 应用迁移,促进信息技术与教育教学深度融合 |

为强化所学知识的深化和迁移应用,促进信息技术与教育教学融合创新发

展,项目实施团队在迪庆州教育体育局的支持下,举办"我的信息化教学微案例"征集与展示活动。围绕"技术支持的学情分析""技术支持的课堂导入""技术支持的课堂讲授""数据可视化呈现与解读""微课程的设计与制作""技术支持的展示交流"六项信息技术应用微能力,参训教师选择其中一项微能力开展教学实践,采集认证素材,制作并提交认证材料。最终经过两轮专家评审,评选出一等奖 4 名,二等奖 8 名,三等奖 26 名。这种能力聚焦、实践导向的认证方式,关联了教师的学习、实践、评估与认证,凸显了能力本位的教育理念,大大增强了教师学以致用的主动性和积极性,也提升了教师在教育教学中应用信息技术的信心。

图 2-12 "我的信息化教学微案例"征集与展示活动一等奖作品

四   "互联网+"教育,充分利用信息化促进教师专业成长

互联网与移动学习技术为"高质量的教师培训"带来了新的可能。项目实施

团队利用自主研发的"智汇师"在线学习与移动听评课平台,为迪庆州教师专业发展强基础、破瓶颈、补短板,立足课堂、助力成长,从而促进学校可持续发展。

图 2-13 "智汇师"在线学习与移动听评课平台

1. "互联网+"移动学习,促进知识输入

随着移动互联网技术的发展,教师面向网络的多维度学习需求不断提升,移动学习成为教师知识获取的重要方式。项目实施团队通过"智汇师"平台部署在线课程,推送学习资源与学习活动,帮助教师通过手机或平板,方便及时快捷地获取系统资源、参与直播、阅读等学习活动。不受时间、空间的束缚。教师在更加开放的学习环境中,根据自己的实际需求,方便灵活地安排学习。这种随时随地的移动学习方式让教师的学习有了前所未有的便捷性和可能性,有效激发了教师学习的兴趣和动机。

2. "互联网+"移动教研,关注实践输出

以往面对面的教研活动会遇到如下问题:教学任务繁重,分身乏术,无法参加教研活动;教研时间紧,难以安排讨论、交流;听课笔记本信息孤立,教师之间评课

信息不互通,未达到交流分享的真正目的;评课老师未能关注课堂重点,无法起到反思与提升的作用;听课笔记、录课视频堆积,数据无法联动……"智汇师"平台的移动听评课功能,能够很好地解决上述问题,实现智慧教研。具体表现在:第一,支持手机直播。教研活动突破时空限制,仅用一部手机即可实现课堂直播,教师通过远程观看教学,在线提交听课意见,同样能够参与听评课;第二,规范评课内容。平台支持开课教师自主设定评价要求,引导观课重点,规范评课内容,听评课者的主观评价可以通过弹幕的形式实时呈现;第三,互通评课信息。平台可以实现评课意见实时呈现,评课数据实时回收,确保所有听评课教师信息对称;第四,数据反馈沉淀。平台支持量化评分,客观反馈课堂效果,支持对比

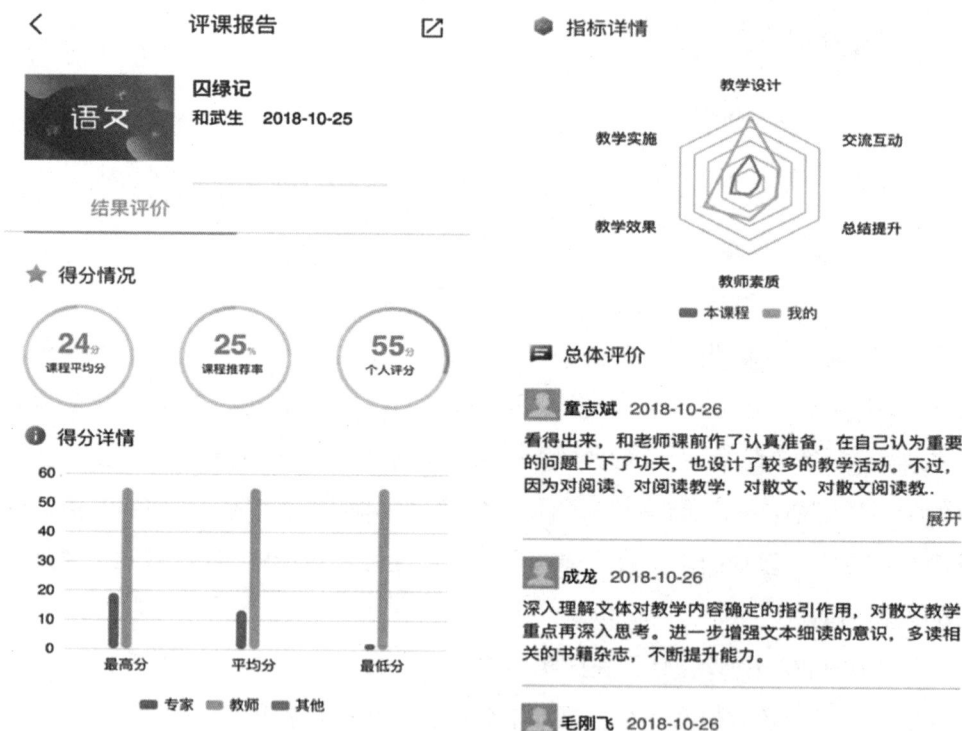

图 2-14　平台自动生成教师个人听评课报告

同学科教研组及全校得分,使教研活动从过去基于经验的模式向转向基于证据的模式。

经验与创新

| 一 | 多种方式调研跟踪,精准定位问题 |

项目启动之初,项目实施团队通过访谈、现场考察与观课、问卷调查、相关工作资料学习等方式充分了解迪庆州中小学校基本情况、发展思路和存在问题。在项目实施过程中,首先由当地教师提出问题和培训需求,再通过现场听课评课、座谈交流等方式诊断课堂教学问题,进一步明确教师能力短板,以此作为培训设计与组织的核心依据。

| 二 | 多措并举促进培训迁移,提升项目成效 |

为真正提升教师教学能力,促进当地教师专业发展的可持续性,项目实施团队一方面开展专题培训、组织在线课程学习并提供技术工具支持,进行"外部输血";另一方面通过课堂教学示范、教学实践指导和教研组织示范促进本地教学实践和教研活动开展。希望通过"理论+示范+实践+反馈+指导"阶段性的"外部输血"和"内部造血"促进培训应用,内化为持续的"内部造血",从而实现:

1. 信息技术与教育教学深度融合发展。提供线上学习课程、开展线下体验式培训,分阶段、有意识地提升教师应用信息技术优化课堂展示、深化师生互动、获得即时反馈、开展数据支持的教学等方面的能力。

2. 利用"互联网+"拓宽专业发展空间。提供自主研发的智汇师"互联网+

校本研修平台",并且从线上开课、现场＋远程评课、查看评课报告、课程反思等方面进行了全流程的示范,手把手指导教师如何利用技术平台支持教研活动的开展。

三　　发挥项目优势,整合上海优质教育资源

项目实施团队充分借助项目平台,发挥上海教育领先优势,组织上海学科领域专家和优秀教师通过现场示范课、线下交流与专项培训、远程评课指导等方式为迪庆州带来新的教育理念和教学方法;组织迪庆州管理团队深入考察借助技术手段发挥后发优势提升教学质量的上海整校推进案例,开阔教学管理团队视野,提升管理能力。此外,新冠疫情期间,为提升迪庆州教师开展在线教学的能力,以及提高当地学生了解疫情知识、加强自我防护的能力,项目实施团队通过微信、云盘等多种方式及时输送"在线教学攻略"和"战疫云课堂资源",促进了迪庆地区"停课不停学"的顺利开展。

思考与展望

一　　存在的问题

"互联网＋"时代的到来为教育精准扶贫带来了新的机遇。我校在对口云南省迪庆州"创新培训平台"建设项目实施的过程中,充分发挥了互联网与信息技术的优势,运用自主研发的移动在线学习与听评课平台,促进教师信息技术融合创新应用和教研活动的常态化开展,持续优化和提升教师的专业能力,为迪庆州教师发展和教研能力提升加油赋能,为决战决胜教育脱贫攻坚贡献力量。但是,在项目实施的过程中,当地教师存在意识、能力和精力不足等问题,例如有的老师对

信息化教学方式及资源认识不够深入,有的老师因为接受实践指导的机会较少,对技术的掌握和应用停留在表层,还有部分老师由于教学的精力有限,对教育信息化建设缺乏兴趣和动力……这些都在一定程度上降低了教育信息化在迪庆州的发展和应用。

二　未来发展设想

鉴于此,贫困地区教育信息化的发展应该进一步发挥教师的推动作用,强化信息技术与教学的深度融合。一方面要强化教师对信息化的认识,提升教师信息化职业素养。例如搭建符合当地实际需求的教师远程研修平台,定制具有民族特色的教育信息化资源,支持教师根据自己的起点自主学习,同时要完善教师信息化职业素养考核机制,激发教师自我提升的主观愿望;另一方面,要构建开放、共享的教育教学新模式,解决师资结构不合理、教师工学矛盾等实际问题,这就需要引入政府、学校、企业的力量,政府主导项目规划引领,学校提供教学资源案例,企业支持信息化平台建设,三方协同共建,架设学生和教师间无线沟通的桥梁,这样才能有效促进贫困地区教育信息化的发展,实现教育精准扶贫。

案例实践情况

应用区域:云南省迪庆藏族自治州

应用项目:中小学教师信息技术应用能力提升工程创新培训平台建设项目

应用人数:迪庆州三所高中(迪庆州民族中学、香格里拉中学、藏文中学)10个学科(语文、数学、英语、物理、化学、政治、历史、地理、生物、信息技术)教师500人

一　　项目开展情况

截至 2020 年底,项目实施团队已完成迪庆州三所高中学科教师的现场教学指导活动。每一期活动具体安排如下:

1. 第一阶段:准备阶段

部署校本研修平台内容,为迪庆州教师解决平台操作问题。

2. 第二阶段:现场实施＋远程指导

表 2－4　现场活动安排表

时　　间	内　　容	形　　式
第一天	问题诊断与指导	现场＋远程听评课
		针对听评课的交流会
第二天	专项能力提升	针对听评课问题的体验式培训
		针对听评课问题的技术应用培训
与现场活动相结合	视频讲座与指导	远程专题直播

3. 第三阶段:自主学习

每个学科每年提供 1—2 门学科课程,2 门信息技术应用通识课程,供教师开展自主学习。

二　　项目实施成效

项目通过多种方式和途径促进教师教学能力、信息技术应用能力以及团队教研组织能力的提升,覆盖迪庆州三所高中 10 个学科教师,共计 500 名。项目组参与线上线下指导的教师共计 100 余人次,赴迪庆州开展现场活动的教师 77 人次,开设讲座和体验式培训 30 场,开展同课异构 30 节,组织教研讨论 9 次,提供在线课程 57 门。活动结束后,参训教师普遍反映收获较大,内容丰富,针对性强,可以有效地运用到今后的教学实践中。

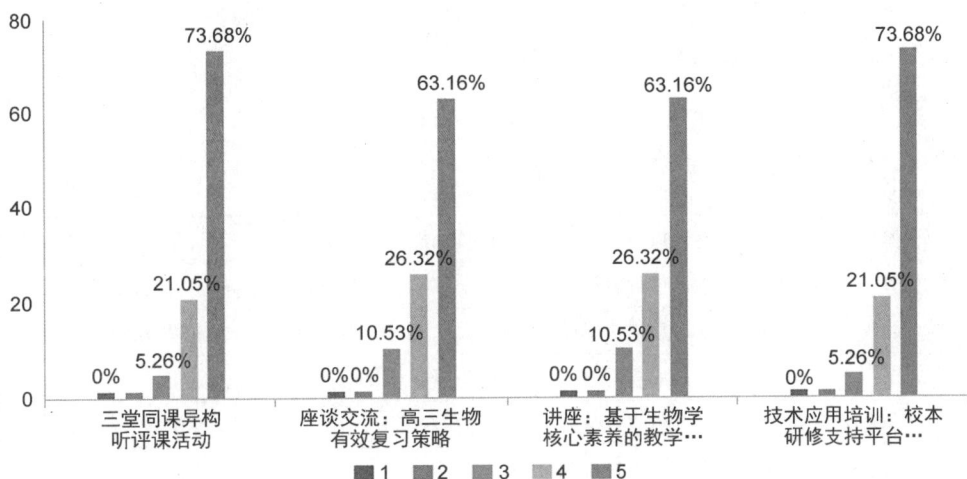

图 2-15 培训满意度调查问卷数据示例(生物学科)

参训教师反馈示例:

同课异构的对比展示、多维点评,让我更加清晰地认识数学高效课堂构建的要求、宗旨、方法,为以后课堂教学改进明确了方向。韩建宏老师的讲座从专业理论提升、教学手段改善等角度进行剖析,这为我下阶段的教学研究、自我学习指明了方向。

——香格里拉中学数学教研组组长 张玉辉

同课异构让我真切感受到了自己的不足,作为一名思想政治教育工作者,我需要做好的不仅仅是教书更重要的是育人,让学生学会在社会上立足,教会他们生存的道理,也许这才是教育的本心。

—— 迪庆州藏文中学 鲍国芬

案例开发档案

案例归属单位：华东师范大学开放教育学院（教师发展学院）

案例开发时间：2018 年—2020 年

案例开发团队：

姓　名	工 作 单 位	学科背景/职称	主 要 贡 献
闫寒冰	华东师范大学开放教育学院	教育技术/院长、教授	项目策划、实施指导
吴德芳	华东师范大学开放教育学院	课程与教学/副院长、博士	项目策划、实施指导
魏　非	华东师范大学开放教育学院	教育技术/主任、副研究员	方案设计、统筹管理
李树培	华东师范大学开放教育学院	课程与教学/副研究员	方案设计、统筹管理
彭红超	华东师范大学开放教育学院	教育技术/博士	方案撰写、项目实施
樊红岩	华东师范大学开放教育学院	教育技术/硕士	方案撰写、项目实施
杨星星	华东师范大学开放教育学院	教育心理学/硕士	项目实施与总结
钟蓓蓓	华东师范大学开放教育学院	公共管理/硕士	项目实施与总结
宫玲玲	华东师范大学开放教育学院	教育技术/硕士	项目实施与总结

案例三

基于学习共同体理念的三段式短期集中培训模式
——以东北师范大学"国培计划"示范性小学骨干班主任培训项目为例

东北师范大学教师发展学院

主题类别：教师培训项目创新

关 键 词：班级管理核心能力、主题式培
训、教师学习共同体、三段式
培训

背景与问题

一　　背景

"国培计划"——示范性紧缺领域国家级骨干教师培训小学骨干班主任教师培训项目（简称"小学班主任项目"）属于"国培计划"示范性项目中的短期集中面授培训，为期十天。自2010年"国培计划"全面实施以来，该项目已经连续举办了十年。其中，东北师范大学于2010年、2011年、2016年、2017年、2018年、2019年共承担了6期。该项目的培训对象是已入选或拟入选省级以上培训专家库的中小学骨干班主任教师，班主任工作业绩突出，获得过地市级以上表彰奖励，具有较丰富的培训经验，承担过地市级以上教师培训任务，具有中级以上职务（职称），年龄原则上不超过50岁。项目总体目标是要补齐班主任教师的能力"短板"，提高班主任教师的教育教学能力和辐射带动能力，示范引领各地加强紧缺领域教师队伍建设。可见，该项目既要促进参训学员的个人专业发展，又要发挥其在地方的专业示范与引领作用。即培训既要提升参训班主任有效开展班级管理的能力，同时又要提升其设计、实施班主任培训的能力。

尽管"国培计划"对参训学员的资质进行了规定，但在实际选派过程中，地方出于便利原则、福利原则的考虑，会选派一些不符合条件的教师参加培训。通过每年的调研数据和培训实施情况，项目组发现：1. 参训学员中有培训管理或培训教学经历、具备一定班主任培训经验的仅约占 1/5；2. 参训学员中约有 25％ 的学员不符合职称资质，其中入职 1—2 年的新班主任约占 5％；3. 参训学员中从未担任过班主任工作的学校中层领导或校长约占 5％；4. 来自乡村学校的学员约占 20％，中东西部省份的学员各约占 1/3。学员所属地域的教育水平、其个体专业发展阶段和专业身份都会影响其学习认知和学习需求。学员选派资质审查不严给项目增加了异质化风险，使得有针对性的培训需要考虑更多的影响因素。

二　问题

　　班主任工作是复杂的，具有内容广泛的特点。在实践中，很多小学班主任工作边界不清，常困身于繁杂的班主任工作，工作时间长、效率低，工作压力大，职业倦怠感强。学科教师的专业成长有比较完备的培养培训机制，而班主任工作的专业性和重要性尚未获得与之匹配的认识与关注，班主任的专业成长从根本上缺乏制度性的支持。班主任培训又大都是零散地提供一些课程，缺乏重点，逻辑结构不清，不仅未能帮助班主任走出困境，还导致了班主任实践工作的混乱，无益于班主任的专业发展。班主任需要提高对班主任工作专业性的认识和理解，明确班主任核心工作的范畴，以及班主任核心能力如何得到培养和提升。很多小学骨干班主任虽然自身具有一定优势能力，他们也非常关注专业反思和理论提升，但在核心能力方面却存在明显短板。为使他们不但获得核心能力的整体提升，并在此基础上提升其培训能力、发挥其示范引领辐射作用，基于小学班主任核心能力提升的主题式培训显得十分必要。

　　因此，该项目要解决：一、小学班主任的班级管理核心能力有哪些？二、如何基于班级管理核心能力设计培训项目？三、如何设计满足学员差异化学习需求的培训内容，在经费有限的条件下为学员提供尽可能个性化和针对性的培训课程？四、如何为学员的可持续学习与发展建立一个系统化的支持体系，促进他们从心动到行动,使短期培训长效化,让十天的"国培计划"深深渗入学员的常态化研修体系?

问题解决思路

一　班级管理核心能力研究

　　班主任工作是复杂的,具有内容广泛的特点。在实践中,不少班主任工作边界不清,常困身于繁杂的班主任工作内容,工作时间长、效率低,工作压力大,职业倦怠感强。班主任工作的专业性和重要性尚未获得与之匹配的认识与关注,班主任的专业成长从根本上缺乏制度性的支持。班主任短期集中培训大都是零散地提供一些课程,缺乏重点,逻辑结构不清,不仅未能帮助班主任走出困境,还导致了班主任实践工作的混乱,无益于班主任的持续专业发展。班主任需要提高对班主任工作专业性的认识和理解,明确班主任核心工作的范畴,以及促进班级管理核心能力得到提升。班主任培训要有助于班主任达成以上目标。

　　2014 年教育部启动了中小学幼儿园教师培训课程指导标准研制工作。我们受教育部教师工作司的委托,承担了班级管理学科标准的研制工作。围绕"中小学班主任班级管理工作的主要内容有哪些,完成这些工作,班主任应具备哪些相应的能力"这一统领性问题,通过对国内外中小学班主任班级管理政策、理论研究成果等进行文献研究,对校长、学科教师、班主任等进行半结构化访谈,对班主任进行大样本调研,最后我们确定了小学班主任班级管理工作的 5 项核心内容,其中包含 21 个核心能力项,研发了"能力诊断级差表"工具,依据各"核心能力项"的"级差点"及其相应的典型性行为将班级管理能力划分为四个等级。班主任班级管理核心能力指标体系的确立,可以帮助班主任进行自我诊断,较直观地衡量自己的班级管理能力水平,从而自觉地找准自身能力与培训目标的"差距",激发其主动培训的内在需求。

表 3−1　班主任班级管理能力指标体系与能力诊断级差表

班级管理 核心工作内容	班级管理 核心能力项	级差点（核心能力水平描述）
班集体建设	思想教育	水平四：潜移默化；水平三：言传身教 水平二：方法引导；水平一："我说你听"
	日常管理	水平四：自主管理；水平三：规则约束 水平二：经验管理；水平一：严格看管
	环境建设	水平四：特色鲜明，环境育人；水平三：师生共建，整洁美观 水平二：规范、整洁、实用；水平一：简单随意，应对检查
	班风建设	水平四：关注学生的发展需要；水平三：寓教于集体活动 水平二：把握正确的班级舆论；水平一：严格纪律要求
班级活动组织	班会活动	水平四：通过活动育人，在活动中育人； 水平三：利用班会解决问题； 水平二：按部就班，注重模仿； 水平一：表扬先进，批评落后
	团、队活动	水平四：形式灵活，自主教育；水平三：捕捉契机，主题教育 水平二：定期开展，程序规范；水平一：了解程序，完成任务
	文体活动	水平四：促进健康成长；水平三：培养兴趣爱好 水平二：关注活动结果；水平一：完成活动任务
	社会实践活动	水平四：整体规划，促进发展；水平三：关注活动的实际效果 水平二：按程序组织完成；水平一：安全地完成任务
学生发展指导	理想指导	水平四：让有意义的事情有意思； 水平三：关注指导的形式和内容； 水平二：在团队会中落实； 水平一：简单指导，满足应知应会
	学习指导	水平四：激发兴趣，注重方法；水平三：面向全体，科学诊断 水平二：明确要求，齐抓共管；水平一：尽职尽责地管控督促
	生活指导	水平四：渗透到教育活动中；水平三：关注细节，指导方法 水平二：严格要求，制度约束；水平一：零散地、随机性地指导
	生涯指导	水平四：关注人的未来发展和职业规划； 水平三：有目的、有计划的指导； 水平二：有意识地进行职业启蒙教育； 水平一：按要求做，欠缺专业知识

班级管理 核心工作内容	班级管理 核心能力项	级差点（核心能力水平描述）
学生发展指导	心理指导	水平四：贯穿于教育活动全过程； 水平三：通过活动进行心理指导； 水平二：捕捉普遍问题开展心理指导； 水平一：凭借经验开展心理指导
综合素质评价	品德发展评价	水平四：立德树人，全面发展； 水平三：循序渐进，多元评价； 水平二：多种方式，促进发展； 水平一：注重品德发展的外在表现
	学业发展评价	水平四：引导自主学习；水平三：注重学习习惯 水平二：关注学习态度；水平一：关注学业成绩
	社会实践评价	水平四：关注过程，全面评价；水平三：关注学生的成长变化 水平二：围绕显性成果评价；水平一：按规定要求评价
	艺术素养评价	水平四：关注个性发展； 水平三：关注艺术感知力和欣赏力； 水平二：关注学习水平和艺术实践； 水平一：关注艺术课程学习水平
	身心健康评价	水平四：建立系统、有效的评价机制； 水平三：根据学生特点运用多种方法进行评价； 水平二：凭借经验，进行整体性评价； 水平一：随机评价，在学生评语中渗透
	劳动素养评价	水平四：发挥综合育人功能，评价科学有效； 水平三：培养学生的劳动情感，评价方式多样； 水平二：家校沟通，关注态度； 水平一：奖勤罚懒，完成劳动任务
沟通与合作	师生沟通	水平四：讲究沟通艺术，是学生的良师益友； 水平三：理解信任学生，注重沟通技巧； 水平二：抓住时机，采取恰当的沟通方式； 水平一：平等公正，树立威信
	教师间沟通与合作	水平四：密切沟通，合作互助；水平三：积极配合，树立威信 水平二：主动问询，解决问题；水平一：简单联系，沟通协作

班级管理核心工作内容	班级管理核心能力项	级差点（核心能力水平描述）
沟通与合作	家校沟通与合作	水平四：民主和谐，形成合力；水平三：真诚平等，积极合作 水平二：畅通渠道，主动沟通；水平一：上传下达，严格督促
	社区沟通与合作	水平四：开发资源，合作共赢；水平三：主动联系，赢得支持 水平二：主动与社区建立联系；水平一：完成规定任务

二　围绕班级管理核心能力开展主题式培训

　　班主任工作繁琐庞杂，不可能通过十天培训全部覆盖。因此短期集中培训应实施基于班级管理核心能力的主题式培训，可以在班级管理核心能力指标体系下，通过科学的训前需求调研及能力诊断，将培训内容尽可能聚焦于当期学员亟待解决的实践问题、亟待提升的核心能力，围绕若干核心能力设计培训主题，确定培训目标，以核心能力为主线，从班级管理内容知识、班级管理核心能力提升、班主任核心能力提升、培训设计等角度，为学员提供行知结合的可选择的菜单式课程，实现"按需施训""分层培训""个性化培训"。

　　以2019年"国培小学班主任项目"为例，我们对当期学员的培训需求进行了问卷调查，组织学员进行了班级管理能力自测，分析了学员提交的班级管理案例。结果发现，学员普遍关注且亟待提升的前五项班级管理核心能力依次为：家校沟通与合作能力、班风建设能力、日常管理能力、心理指导能力、班队活动组织能力。因此，在培训内容的设计上，将班级管理能力提升模块的内容聚焦于以上五项核心能力；同时，因学员返岗后承担的培训任务不同，故开设的培训能力提升模块的内容分为培训方案设计与实施、培训课程设计与教学（培训内容框架如图3-2所示）。通过前置网络选学为学员提供班级管理核心能力模块及培训能力模块的网络课程，学员可以根据自己的需求选择相应课程进行学习。在集中面授阶段，针

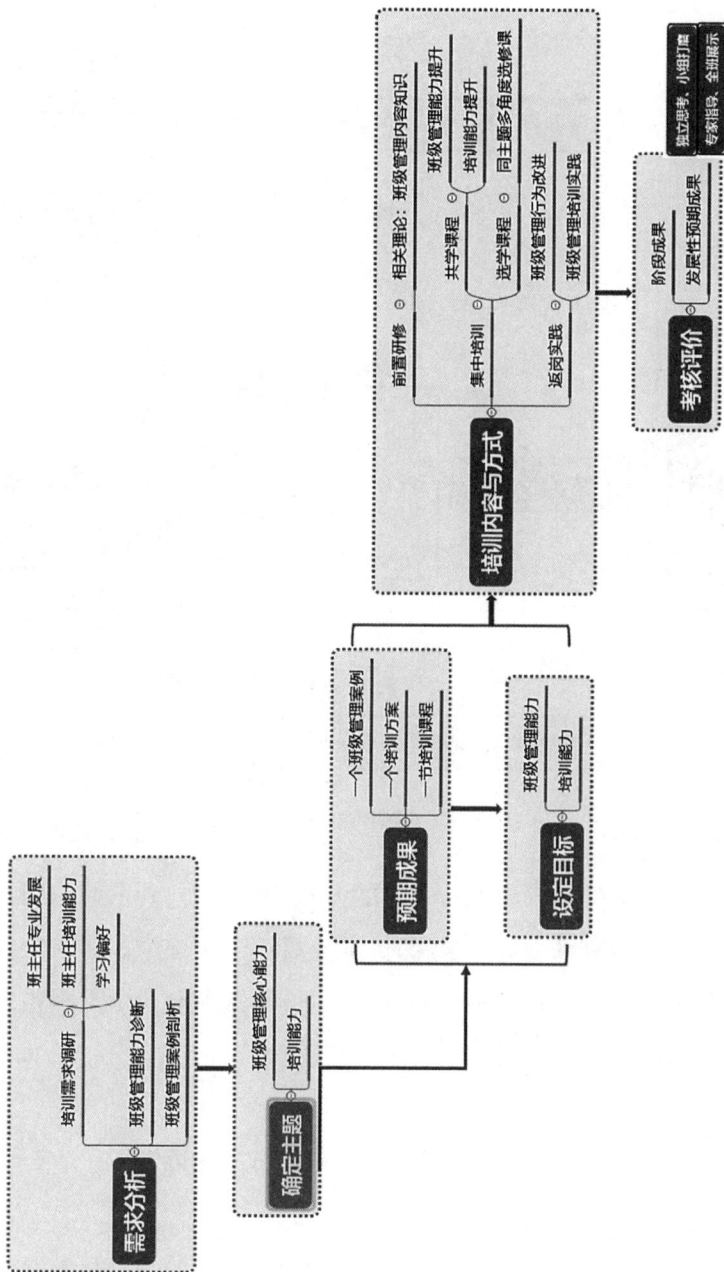

图 3 - 1 主题式培训项目设计流程图

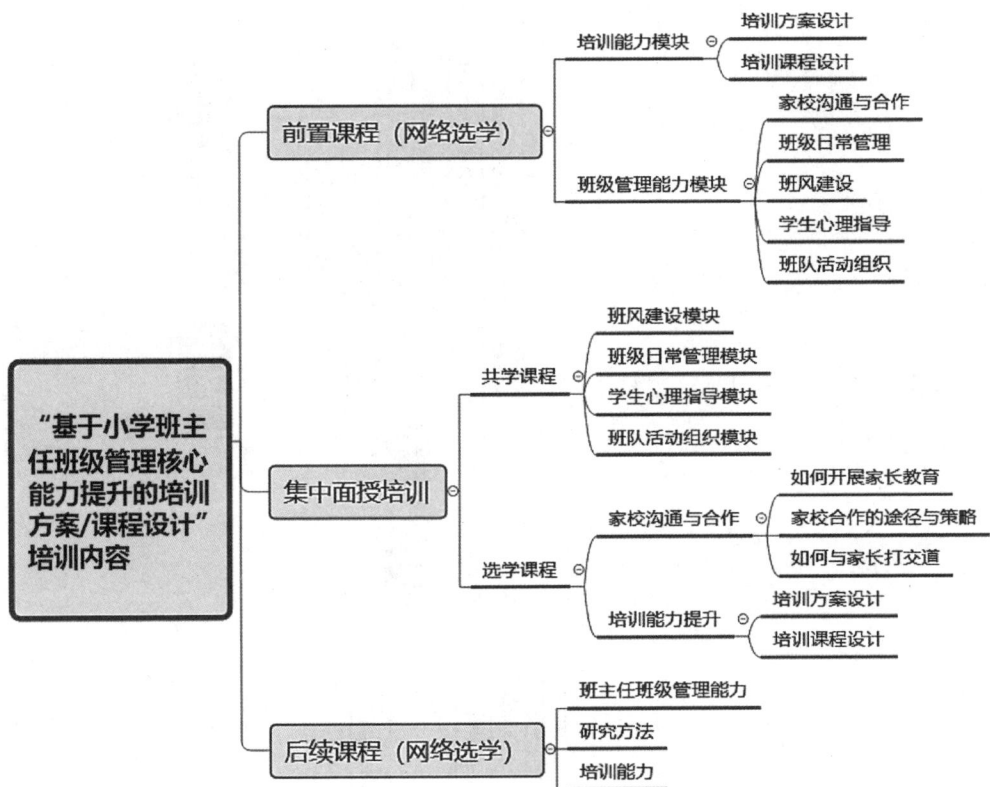

图 3-2 培训内容框架

对学员需求差异比较大的家校沟通与合作能力及培训能力,开设同主题不同内容的选学课程。同时对所有课程进行录课,供学员后续自主选学。针对学员后续专业发展需求不同的问题,集中培训结束后,在网络研修平台为学员提供班级管理能力、研究方法和培训能力方面的课程,供学员选学。

三 基于教师学习共同体理念构建"三段式"培训

传统的短期教师培训项目是"短平快"模式,参加培训的教师可能是第一次见面,临时聚在一起,听几场报告。教师既没有时间,也没有平台相互深入地了解、认识。虽然坐在一起,但大多都是个体的孤立学习。研究发现,在对提升专业素养与能力的学习需求之外,教师对专业学习还存在尚未得到重视的三大需求:渴求话语——对学习的主体性需求,即掌控学习内容、方式和进度;积累资本——对学习的工具性需求,即通过展示与对话获得有益于个人发展的人力资本和平台;建立关系——对学习的社会性需求,即寻求有相似"教育情怀""志同道合",能"相互倾诉"且"联系不间断"的学伴。2013年,教育部"国培计划"文件中首提"打造教师学习共同体,促进教师培训常态化"。致力于教师专业合作与多维对话的教师学习共同体是提升教师学习有效性、实现"深度学习"的关键,也是推进学校深度变革与持续改善的有效策略。教师专业学习共同体在教师培训中的地位和作用日渐得到关注。

在"小学班主任项目"的设计中,为了克服短期培训短时、短效的缺陷,让10天的国培学习经历深深嵌入学员的常态化研修体系,项目组基于教师学习共同体的理念,培育"学习、实践、情感三位一体"的共同体,与学员共创"专注学习、关注情感、尊重差异、合作共享"的共同体文化,构建了前伸后扩、线上线下结合的"三段式"短期集中培训模式。

三段式研修的第一个阶段是自项目确定至学员报到前,一般为3个月,项目组依据国培最新文件精神与要求,根据学员专业能力水平和学习需求调研结果,确定培训目标、主题、内容、方式、资源配备与评价等,创建虚拟学习共同体。具体培训目标为:1. 完成班级管理能力诊断量表与培训需求调查问卷,能用具体案例表述班级管理经验与实践问题,初步建立学习的"对话感"(与自我对话的意识)。2. 按时加入网络研修平台,参与虚拟学习共同体建设,能熟练操作平台各项功能,初步建立与他者对话的意识。3. 通过自学在线课程,理解相关理论知识,并撰写一份实践案例,初步建立与客观世界对话的意识。

第二个阶段是自学员报到至集中培训结束的时间,一般为10天。项目组采用混合式培训、参与式培训方式,将学习共同体建设贯穿于培训全过程,创设多维对话学习情境,开发对话学习工具,为学员的对话学习提供支撑;针对学员学习需求异质性突出的主题,开设选学课程。将 ORID 焦点研讨法开发成反思工具,帮助学员用可视化的手段将"观察到"的事实、情感体验、理性思考与行动计划结合起来,记录下来。四个层次,层层递进,从感官直观到心理体验,从反思联结到行动规划,引导学员深入地对某个学习主题进行探究、交流。具体培训目标为:1. 借助班级管理相关理论深入剖析班级管理实践问题,通过合作学习提出解决问题的策略,并拟定一份班级管理实践改进计划;2. 通过班主任培训能力提升课程,理解主题式培训的理念,理解基于成人学习特点的培训理念,掌握相应的培训方法,能设计一个主题式培训方案或一份班主任培训教学设计。

第三个阶段由集中培训结束之日起,不设终点。项目组根据学员的学习情况和实践改进计划,将学员进行分组,每组设 1 名驻组指导专家,指导学员改进实践并研究;组织组内、组间在线展示与交流活动;选择典型学员,组织线下展示与交流活动,促使学员将培训所学转化为日常教育行为。借助微信打卡小程序,围绕行动改进设置周期性打卡,组织学员进行学习梳理、分享与交流,帮助学员固化合作学习、对话学习、行动学习的习惯。具体培训目标为:1. 按时参加线上组内展示与交流活动,至少分享一次行动研究成果;2. 按时参加线上组间展示与交流活动,至少撰写一份活动收获与反思。

教师学习共同体是建立在情感联结上的学习、实践、合作性组织。教师学习共同体的建设并非一蹴而就,需要开启与铺垫(第一阶段),经历发展与高潮(第二阶段),转入沉淀与延续(第三阶段)。通过短期集中培训建立起来的教师学习共同体,理想的状态如同一个螺旋上升的结构,不仅不会因培训的结束而终止,还会随着培训的结束进入新的发展阶段,渗透在学员的日常工作、专业学习与发展中。教师学习共同体的理念也被参加示范性项目的"种子教师"实践于自己的名师工作室中。

　　　基于学情诊断开设选择性培训课程

　　每个教师都是独特的个体，他们的成长环境、学习经历、学校工作环境、个人性格、价值追求等都不同，因此对学习的认识、在学习抉择和路径上都有较大差异。传统的短期集中培训为学员开设固定的专题课程，"不管你想听什么，我只提供这些"，忽视学员的个体需求和差异，导致培训针对性差、效率低。可见，不仅要正视学员的差异，还要采取具体策略支持其个性化学习。

　　明确学员的学习起点和目标。通过在线问卷调查、电话访谈的形式，开展培训需求调研，是项目组在所有培训项目前期准备阶段的标准化动作。除此之外，该项目还借助班级管理核心能力自测量表和班级管理案例分析，形成三角互证，尽可能充分地把握每一位学员的学习起点、学习需求和发展目标。据此，开设若干可选课程，并为每位学员提供个性化的专业发展指导。

　　开设前置课程。集中培训开始前，项目组利用师训宝网络研修平台，围绕当期学员集中的问题开设相关在线课程，并提供拓展性学习材料。学员可以根据自己的个性化问题选择相应的在线课程和材料进行自学，梳理问题与经验，参与在线交流。前置在线课程的学习侧重于理论性知识，学员根据自学情况，提交存疑问题，留待集中培训时解决。

　　开设选学课程。集中培训期间提供的课程专注于理论知识的转化和实践问题的解决，对某一个问题的探讨，力求从丰富的实践案例、多样的问题情境入手，全方面展开，使学员真正学会据理分析，进而能够学以致用。例如，项目组根据学员需求开设同一主题的选学课程，邀请三位专家围绕"家校沟通与合作"这一主题，针对不同的学习需求、从不同的侧面、在同一时间开课，供学员按需选课。同时充分利用信息技术手段，通过师训宝直播回放功能，对选学课程进行录课直播，方便学员课后自学其他选学课程，从不同角度加深对同一问题的理解。

经验与创新

<table>
<tr><td>一</td><td>培育了教师学习共同体</td></tr>
</table>

项目组通过在短期培训中培育"学习、实践、情感三位一体"的教师学习共同体,关注学员学习的情绪体验和社会性需求,以接地气的、有针对性的课程内容,以问题导向、任务驱动的培训方法,以多维对话、合作分享的培训文化,以专业化的、有人情味的管理服务,以言行一致的隐性课程为媒介,帮助学员对学习形成良好的元认知,学员从情感上接纳学习(国培包括其他培训)是有可能影响自己成长的重要因素,从行为上开始计划未来的行动方案,国培"激发了内驱力""转变了观念",成为学员期望再次拥有的学习经历。

通过建虚拟学习共同体平台,让尚未谋面的学员以及培训团队提前进入培训学习与交往状态。项目获批后,项目组即刻在奥鹏师训宝平台创建培训班级,开通项目团队、专家团队账号,与平台沟通定制化功能。学员名单下发后,导入名单,开通学员账号。项目组通过电话逐一与学员联系,发布培训通知,告知加入师训宝班级平台。随后,集中培训前的通知、培训需求调研、能力诊断、学员初识、前置学习等均在虚拟班级完成。

学习者对即将开始的学习在内容与形式上尚不了解,存在内容之冰;对即将接触的同伴与学习场域还不熟悉,存在交往之冰;对学习的动力与情绪尚未准备充分,存在动机之冰。集中培训开始后,开设学习共同体建设课程,通过团队建设活动与任务让初次谋面的学员打破三层坚冰,快速形成结构合理、情感紧密的学习共同体。同时,组建"一班两组",为学习共同体提供组织基础。"一班"即全体学员(包括项目团队在内)是一个大的、具有凝聚力的学习共同体,拥有共同的组织文化(如分享、合作、友善、奉献等)和目标追求。"两组"即学习小组和研讨小组。为了保证每位学员的参与度,项目组按照异质组合原则,打乱教龄、地域、性别、职称、专业优长与实践困惑等,将一个班(一般为 50 人)分成 6 个学习小组,每组 8—9 人。异质组合有利于整体均衡,学习小组相对固定,具有稳定性,组内互动多。根据课程需要,项目组还随时按照同质组合原则组建研讨小组,每组不超过 10 人。研讨小组具有灵活性,有利于打破学习小组固有界限,进行主题式深入交流,并形成全班互动。

集中培训结束后,学员回到虚拟学习共同体平台,通过分组行动研究、定期组织组内与组间展示交流、指导学员在单位或区域内开展二次培训,让学习共同体因情感延续,因实践前行。

二　构建了以学习为中心的三段式培训

三段式培训是学员全员参与研修学习的浸润式培训,从被动培训转向主动学习,从关注培训课程、培训者教学到关注学员的学习,践行以学定培。包括第一阶段的需求调研、能力诊断、前置研修、网络社区互动;第二阶段的理论讲解、案例分析、方案/教学设计、展示交流;第三阶段的行动改进、反省提升、指导交流。整个培训是"以学员专业发展现状为起点,以学员班级管理能力、培训能力双能力提升为目标"来设计的,学员既是学习者,又是培训者,既享用培训资源,又提供案例和经验作为培训资源。

三段式培训是研修目标与任务不断深入的递进式培训。在培训过程中将相关的理论与典型案例有机结合,层层深入地开展培训活动。第一阶段通过班级管理能力诊断中的对标来明晰差距,通过需求调研中的追问来激活内隐经验、激发学习动机,通过前置课程的自主学习来排查知识存疑;第二阶段通过理论讲解化解疑问,通过典型案例研讨和分析盘活实践智慧,通过"集体备课(培训课程/方案设计)——公开汇报——课后研讨"的方式将学转化为教,通过教的情况检验学的成效；第三阶段通过行动改进促进学员对理论和实践的反思、对实践智慧的提炼、表达与传播。三段式培训始于实践、指向实践、超越实践。

思考与展望

| 一 | 通过培育教师学习共同体为班主任提供系统化专业支持 |

培育"种子教师"、发挥示范引领作用的国培示范性项目应该担负起培育示范性教师学习共同体的责任，这不仅能够方便教师获得新的社会资本，更是顺应"学校作为学习共同体"这一时代要求。为教师提供经常性的、内容丰富的、与同伴一起的学习机会，有助于提升教学和学生的学习。教师只有切身在示范共同体中体验到快乐、满足，才可能在学校发起或参与创建学习共同体。

班主任作为学校生态中的微小角色，其在结束培训后的培训转化是否顺利，离不开个体的努力，离不开所在学习共同体同伴的积极回应与帮助，离不开领域专家的反馈与指导，但更需要来自学校的认可与支持，需要在学校或区域内寻求新的、与其日常工作实践更加紧密的教师学习共同体。"国培计划"示范性班主任培训项目如能走得更低，在顶层设计上让基层学校理解并支持普通班主任的学习、学习转化与专业成长，方能使学习成为教师的常态。为此，项目组计划以后在联系学员时给予其所在地区及学校领导一封寻求关注与支持的信函，在学员结束集中学习返回岗位时带回一封能反映自己的学习收获、行动计划及期望获得的系统支持的信函，此一微举如能起效，便可形成星星之火成燎原之势。

| 二 | 为班主任提供更高端的培训项目 |

国培示范性骨干班主任短期集中培训项目已经实施了十年，在参加过此类项

目的骨干班主任中不乏确有思想、有影响的优秀者,对这些班主任而言,国培示范性项目很可能是他们以班主任身份参加的最高级别的培训。这些渴求更长远发展的班主任缺乏后继培养培训路径。在国培示范性项目中,或可参照名师领航工程,设置更为高端的班主任研修项目。可从参加过该项目的学员中遴选优秀代表,采用机构与学员双向选择的方式,获得学员所在学校与地区教育行政部门的支持,培养一批有真爱、有思想、有方法、坚守岗位的卓越班主任,使其发挥更大的影响力。

案例实践情况

此案例自 2010 年开始在"国培计划"——示范性紧缺领域小学骨干班主任教师东北师范大学培训班探索,至 2016 年基本定型。定型后于 2016—2019 年连续四年运用于"国培计划"——示范性紧缺领域小学骨干班主任教师东北师范大学培训班,模式逐渐成熟。学员范围涵盖全国各省(区、市)。培训效果得到了学员、教育部及省教育行政主管部门的一致认可。相关培训项目多次获教育部组织的匿名绩效评估第一名,2017 年负责人受邀在教育部国培项目办组织的总结会上做主题发言。

表 3-2　实践"基于学习共同体理念的三段式短期集中培训模式"的项目列表

时　间	项　目　名　称	级　别	培训人数	学员来源
2016 年	"国培计划"示范性紧缺领域小学骨干班主任教师培训项目	国家级	50 人	全国
2017 年	"国培计划"示范性紧缺领域小学骨干班主任教师培训项目	国家级	150 人	全国
2018 年	"国培计划"示范性紧缺领域小学骨干班主任教师培训项目	国家级	100 人	全国
2018 年	吉林省"省培计划"小学骨干班主任班级管理能力培训项目	省级	100 人	吉林省
2019 年	"国培计划"示范性紧缺领域小学骨干班主任教师培训项目	国家级	50 人	全国

案例开发档案

案例归属单位：东北师范大学

案例开发时间：2016 年—2019 年

案例开发团队：

姓　名	工　作　单　位	学科背景/职称	主　要　贡　献
于　伟	东北师范大学 东北师范大学附属小学	教育学原理/教授	项目总指导
王　敬	东北师范大学教师发展学院	教育学原理/中级	项目负责人、案例撰写
梅秀娟	东北师范大学教师发展学院	教师培训/研究员	案例指导
孟繁胜	东北师范大学教育学部	比较教育学/副编审	案例修订
梁红梅	东北师范大学教育学部	教育经济与管理/副教授	案例修订
邓　涛	东北师范大学教育学部	比较教育学/副教授	案例修订
王廷波	东北师范大学附属小学	课程与教学论/正高级教师	项目研究
张　婷	东北师范大学附属小学	教育学原理/高级教师	项目研究
刘新生	东北师范大学附属小学	课程与教学论/高级教师	项目研究
卜庆刚	东北师范大学附属小学	教育学原理/高级教师	项目研究

案例四

人工智能和教师教育融合助推教师精准培训实践
——基于人工智能的教师能力"测诊研训"一体的精准培训模式

华南师范大学教师教育学部

主题类别：教师培训模式创新

关键词：人工智能、教师教育、能力测
评、精准培训

背景与问题

一 　　政策与时代背景： 教育变革与人工智能时代对精准培训的新要求

第一,基础教育的教育教学改革目标以"核心基础"为导向、为价值追求,这对教师培训精准化提出了新要求。基于这种特定的教育教学改革目标,对教师所发挥的功能,以及教师本身所应该具备的能力素质有了新的要求。教师从知识的传授者转变为思维的激发者,从施与者转变为助产者。教师功能的变化导致教师的能力结构也相应发生转变。尤其是在信息技术环境下,教师功能与传统的教师功能的不同决定了教师能力结构不同。基于科学合理的教师能力结构模型和标准进行精准的测评,找到教师能力素质结构的应然和实然(即应该具备的能力和已经具备的能力)之间的差距和缺失,进而精准培训,才能提升教师能力,更好地服务于基础教育教学改革目标。

第二,"互联网＋新技术"对教师队伍开展精准培训提供了更多技术可能。随着互联网、大数据、云计算和物联网等技术不断发展,人工智能正引发可产生链式反应的科学突破、催生一批颠覆性技术,加速培育经济发展新动能、塑造新型产业体系,引领新一轮科技革命和产业变革。2017 年 7 月国务院发布了《关于印发新一代人工智能发展规划的通知》,随后党中央、国家教育行政部门陆续发布了《关于开展人工智能助推教师队伍建设行动试点工作的通知》《关于全面深化新时代教师队伍建设改革的意见》《教师教育振兴行动计划(2018—2022 年)》等系列文件,强调利用新一代互联网及新兴智能技术推动教师培训及教师队伍建设的新发展,为实施教师精准培训提供方向和指导。

二 实践问题: 教师培训内容困境导致无法实现精准培训

教师培训不精准,出现内容困境是教师培训中的一个现实问题。其最主要的表现就是教师培训内容缺乏针对性,总有隔靴搔痒、不达痛点的感觉,无论是从个体需求还是处在不同发展阶段层次的群体需求,都难以得到精准满足。目前的教师培训内容和形式没有区分度,显得重复而缺少层次递进。这实质上是由于对教师能力发展的认知还存在"黑箱"——教师培训机构并不是不想设计出有针对性的培训课程,而是由于对教师能力发展规律缺乏整体科学认知而无从设计有针对性的培训课程。要突破教师培训内容困境,通过教师培训的理论与实践研究,借助技术支持,使得教师精准培训成为可能。只有加强对教师能力发展的研究,深度把握教师能力专业发展的规律,突破传统研究方式的局限,借助于人工智能、大数据等来更精准地获取教师专业发展的个体、群体特征性能力指标,评价、跟踪个体教师能力发展动态,把握不同教师能力发展所需要的模式和路径,才能打开认知每一位教师能力发展特征的"黑箱",设计有针对性的培训内容。

三 理论问题: 教师精准培训缺乏学科支持

一方面,教师精准培训一直缺乏以教师培训为主要研究对象的学科支持。长期以来,4 年的教师职前培养得到了足够重视,但是近 40 年的教师培训却被不同程度的忽视。当前,教育发展已经由规模转向质量内涵式发展新形态转变,由于教育质量发展支撑的需求和解决教育不平衡、供给不充分问题的需要,提升教师素质显得越来越迫切。将教师培训作为一个学科进行专门研究和专业化的人才培养成为现实需求。另一方面,国家重视教师教育学科建设,但是没有专门研究教师培训的学科点支撑。在教师教育领域学科设置上一直没有专门指向教师培训与发展的学科点,专门培养针对教师发展的专业人才缺失。只有闯开一条教师教育学科建设新路,才能奠定教师精准培训坚实的理论基础。

问题解决思路

依托华南师范大学教师教育学部、省级中小学教师发展中心、人工智能＋教师发展联合实验室及广东省社会科学研究基地"粤港澳大湾区教师教育与教师发展测评研究中心"等组织平台和资源,以学术研究为先导,加强教师培训学科建设,建构教师核心素养和能力发展指标体系和模型,探索基于教师能力测评的"测诊研训"一体的精准化培训模式,并以华南师大与广州、东莞、中山、汕尾等四地市教育局协同创建教师教育创新实验区项目推进为路径,结合学部有关教师培训项目开展研究和实践,提升教师职后培训内涵和实施精准培训,形成与之相适应的教师队伍,实现教师培训精准化的同时强化教师教育职前职后一体化。

一	总体思路

构建一个"教育目标—教师功能—教师能力(结构、测评、诊断)—精准培训—服务目标"的人工智能与教师教育融合的教师精准培训闭环循环圈。以回归"核心基础"的教育目标为教育教学改革的出发点,以教师功能转变、能力提升为路径,强化以输出为导向的教师精准培训,最终服务于基础教育的教育

图 4-1　问题解决总体思路图

目标。

1. 建设教师培训学科，指引教师精准培训

（1）建设教师教育学科群，以教师培训为主线的学科建设，形成"六位一体"教师培训学科格局，支撑教师精准培训理论基础。近10年，在教师发展与管理硕士学科点和教育管理硕士点基础上，形成三级理论创新基地——教育部师德师风建设基地，广东省社会科学研究基地"粤港澳大湾区教师教育与教师发展测评研究中心"和校级研究基地"中小学教师发展与管理研究中心"作为研究加油站；创办《教师发展研究》（内部学术交流，学刊）作为教师发展专业研讨的学术阵地；牵头设立广东省中小学教师发展与管理学会并共同倡议设立全国教师教育学院（部）联盟作为专业交流的精神家园；重点建设实践平台——省级中小学教师发展中心作为统整学科实践的聚集地，两大实践平台——广东省中小学教师培训中心、省级中小学校长培训基地和境外交流平台——中美教育领导力双向交流项目ELLE、港澳联合研究生培养项目，形成了较为完整的"学科—基地—学刊—学会—实践平台—境外平台"的"六位一体"完善的学科建设格局。

（2）教师发展与管理学科中专门设置"AI＋教师教育质量管理"研究方向，瞄准提升教师培训和教师培养质量这一重大现实问题，培养教师精准培训为主要目标的高级专门人才。该方向强调教育学、管理学和教育技术学及计算机科学等学科的互相交叉，重视重大教师培训政策与教师精准培训技术应用问题研究。主要运用人工智能（AI）、大数据等相关技术和教育管理相关研究方法，探讨教师教育学术、专业人才培养、教师教育知识体系、教师教育概念图谱和教师教育领域范畴及彼此间关系并形成相关理论，为教师培养和教师培训质量保障体系建设的政策

和实践等提供理论支撑。

2. 研发教师能力模型与培训课程，奠定教师精准培训基础

构建核心基础目标导向下教师能力素质结构模型，并以构建的模型为基础，开发基于信息化条件的教师能力素质测评工具。应用工具对教师进行能力结构特征分析、能力诊断以及开发和提供差异化培训课程。这是满足教师培训理论研究、工具研发与课程提供，实现教师精准培训的具体策略。

（1）建构教师核心素养结构模型。通过国内外教师核心素养研究趋势与教师发展现状的研究。教师核心

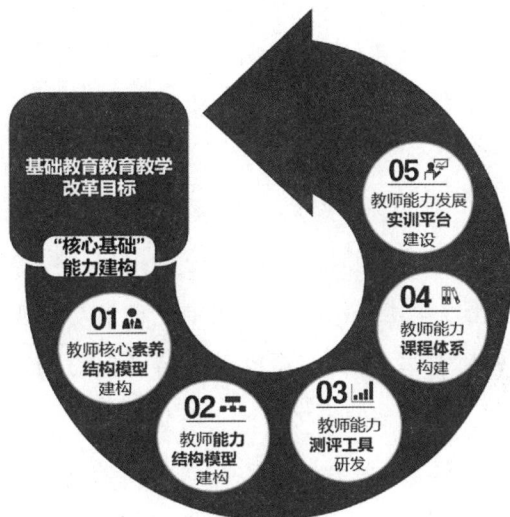

图 4-2　实现教师精准培训具体策略

素养界定为把教师在教育教学工作中表现优异者与普通者区分开来的潜在的深层次特征，如动机、特质、自我形象、态度或价值观、教育知识、认知或技能等。依托教育部教师工作司委托的世界银行贷款项目"中国教师教育体系引智咨询研究"团队，采用元分析文献研究法和现状调查方法，建构中小学教师核心素养结构模型，并通过专家意见德尔菲法进行了验证。

（2）建构教师能力结构模型。根据中小学教师专业标准中共同的基本内容涉及的专业理念、专业知识和专业能力对应的主要领域，从教育教学设计、组织与实施、激励与评价、沟通与合作、反思与发展、专业伦理（教师职业道德）、教师人格特质和名教师示范引领八个维度构建教师专业能力结构体系。根据不同学段中小学校长专业标准中共同的专业职责所涉及的主要内容，从规划学校发展、营造育人文化、领导课程教学、引领教师成长、优化内部管理、调适外部环境、道德领导

力、校长人格特质和校长领航能力(示范引领与思想传播)九个维度构建校长专业能力结构体系。

（3）研发教师能力测评工具。通过对教师个体能力发展水平的现状、经验与问题进行事实性与规律性研究,综合运用专家意见德尔菲法、统计数据分析法、模糊数学测评等定量分析法以及个案研究、现场观察、深度访谈等定性分析方法,研发一系列教师能力测评工具。

（4）建构教师能力课程体系。根据参训教师和校长提前参加专业能力素质测评结果,分析对应的测评分析报告,有针对性、个性化、选择性开展对应培训课程和实训实践研究项目,从专业理解与认识、专业知识与方法,专业能力与行为、专业研究与前沿、岗位胜任力特征等方面对应开发适应不同层次、不同类型的参训校长和教师的多维有效课程体系。

（5）搭建教师能力发展实训平台。遵循专业能力发展规律,坚持能力实训与学科实训相结合,传统实训与虚拟实训相结合,基础实训与特色实训相结合,建立先进科学的基础教育校长教师专业能力发展实训平台。

三　以平台建设和项目实施为依托，形成"测诊研训"一体的教师精准培训模式

通过搭建一个集教师测评、培训、研修、教研等一体的共建式、共享式、交互式、一体化和智能化的教师教育综合服务平台——"华南教师在线",它整合各级各类教师教育资源,利用人工智能、大数据等信息化技术手段,以中小学教师(校长)专业发展需求为出发点,提供面向中小学教师教育的全方位、多层次、宽领域的信息化工具、资源和服务,包括教师能力测评、培训项目管理、教师网络研修、基于线上直播和视频会议的在线教研、课程等。实现教师教育大数据分析与监测等功能,形成"测诊研训"一体的教师精准培训模式。

创新与实践

以教师精准培训为主要内容建设教师教育学科群

1. 教师精准培训基础是教师培训功能的转型。以学科为基础，推动了教师培训从社会服务中剥离，给教师培训的人才培养功能进行了正名；实现了教师培训纳入教师教育的大框架中，实现了职前教师培养和职后教师培训一体化；学科点通过研究生与名师名校长结对研学，实现了职前的硕士人才培养和职后的教师培训的双轮驱动教师教育一体化；为学科点实现教师培训专业领域奠定标杆地位，促进了教师培训质量提升的科学性和统一性。

2. 教师培训学科平台建设支撑教师精准培训。以服务于教师教育战略需要为宗旨，教师培训学科平台建设有进展。设立以"教师测评"为主要研究方向的广东省社会科学研究基地"粤港澳大湾区教师教育与教师发展测评研究中心"；获批教育部师德师风建设基地，成为全国 10 个基地之一，形成了完整的校级、省级和国家级科研平台体系。此外，获批了教育部委托的研究项目 6 项，获得世界银行贷款项目《中国教师教育改革引智咨询研究》，与教育部评估中心合作研发了教师教育质量监测平台与师范类专业认证管理信息系统，服务国家和广东省教师教育发展。论证设立了教师发展与管理二级学科博士点，它从宏观层面上来说，弥补了当前教师发展与管理研究专业化程度和系统化水平相对不足，促进教师发展与管理工作的科学化、专业化和学术化，探索完善现代教师发展与管理的学科体系，更好地服务国家教师队伍建设战略；从微观层面上，可应用于教师职前职后一体化专业发展与教师管理的制度设计、培训教材研究、教师职后培养和教师管理指导，为国家和区域教育事业发展提供专业学术支撑。

实现 AI 辅助教师教学能力测评

1. 聚焦教师课堂教学能力

课堂教学能力是教师核心的专业能力。教师的课堂教学质量是评价教师的专业能力最有效的指标,同时也是学校进行教师发展管理及教师培养过程中最关注的问题。然而,当前教师课堂教学能力的发展和提升存在以下三方面现实痛点:一是测评难。缺乏能够对教师个体教学能力进行有效测评,难以摸底全校教师整体教学能力水平和实施精细化教师管理。二是教研惑。传统形式的听评课评价标准不统一、依据主观,存在较大随意性和盲目性,缺少能够帮助听评课教研提质增效的辅助性工具。三是记录少。缺少对教师课堂教学数据、专家听评课指导意见、教师能力发展全过程的记录平台。

2. AI 测评为教师教学能力提升提供抓手

(1)人工智能辅助课堂评价。通过集合眼动视线分析、语音转写、语音识别、姿态行为分析、情绪分析等多种算法,依托定制化评价指标体系,智能地对教师专业能力进行评分,生成课堂测评报告,并采取智能标签标记预判,客观精准的数据辅助专家线上听课针对性回放和诊断,为教师的个人能力发展提供针对性的建议。借助人工智能手段,用客观数据辅助教师能力诊断,有助于减少传统形式听评课主观性强等问题,有助于提高专家评课的效率和科学性。

(2)大数据辅助教师治理。学校教育管理者通过分析教师测评结果大数据,有助于深入了解本校教师队伍的优势与不足,掌握每位教师的课堂教学能力及其变化趋势,从而实现课堂教学基础大数据的常态化、伴随式采集和即时化分析,为智慧校园环境下的教师治理、教育教学、教师培训提供数据服务,从而制定实时有效的政策帮助教师发展,也便于对教师实施动态化管理。

三　形成基于教师能力 AI 测评的教师精准培训 DDS 解决方案

教师能力 AI 测评产品是由校企合作研发,运用人工智能、大数据等技术辅助教师精准培训的系统产品。通过对教师课堂教学过程进行深度数据挖掘,基于科学的指标体系分析诊断并形成测评报告,有助于教师精准地获取自身专业发展能力特质,分析能力发展动态,形成能力发展建议,突破能力发展局限。该解决方案简称 DDS,核心内涵主要包括以下三个方面:

1. Data-based:数据挖掘

基于人工智能技术的人脸识别、行为识别、语音识别、表情识别、视线识别等五大核心技术和海量数据,将录播形成的课堂音视频文件转化为结构化的教学行为大数据。通过采用核心算法,对数据进行挖掘处理,形成围绕课堂教学能力表现相关的数据资料,如教师课堂视线分布、教师行动轨迹、教师提问数量及类型等,帮助教师进一步深入地了解自身教学行为表现。

2. Diagnosis:测评诊断

通过借助自主研发的教师课堂教学能力指标体系对教师的课堂教学能力数据进行深度分析,智能化地生成课堂教学能力评分及评估报告。同时引入专家打分及评价环节,有助于更加精准、智能及深入地分析诊断教师课堂教学能力及其行为表现。

3. Solution:发展建议

针对每一次测评的课堂教学能力表现生成定制化测评报告,通过"AI 评分—AI 评价—课堂数据—专家建议"的报告呈现形式,系统化、结构化地对教师专业发展提出建议,有助于辅助教师深化自我认识、找准提升方向、获取发展路径,实现能力水平的提升。

思考与展望

一 存在问题思考

人工智能时代已然来临,人工智能技术对整个教育系统乃至社会所具有的颠覆性影响,已成共识。"人工智能＋教师能力测评"能够在一定程度上解决目前传统教学靠人工来评价教师课堂教学能力中存在的主观、平等和效率等问题。但与此同时,必须清醒地认识到当前人工智能教育测评应用中的局限性,避免教育被技术反噬。一是,教育测评中量化分析数据覆盖面不够全面会导致"数据偏见"。例如仅关注教师视角,而没有监测到学生注意力异常情况,没有通过师生互动和时序分析结合来判断出教师的课堂应变能力,从而可能会导致南辕北辙的分析结果;二是,教育是一个异常复杂的系统工程,不能"被简化为数据分析和算法",人工智能不是解决教育问题的灵丹妙药,数据分析和算法也不是"解决教育窘况的万能良方",一切教育研究都必须建立在与具体研究目的相适应的理论这个基础上,才能把研究结果提升到应有的理论高度,进一步促进整个领域的实践与研究,否则,人工智能在教育中的应用可能会误入歧途。不经审察地使用人工智能以及盲目追风式的简单"追涨",势必会带来更糟糕的教育后果;三是,目前研究处于通用教师教学能力测评研究与实践阶段,暂未考虑到不同学段、不同学科以及不同层次中的教师的不同特点和要求。

二 发展设想

在探索基于人工智能的教师能力测评应用于教师精准培训之路上,我们还需要:

1. 扩展跨学科研究

单一技术创新无法推进"人工智能＋教育"的真正变革，要进一步加强教育学与计算机科学、心理学、认知科学、生理学等多个不同学科领域协同攻关，加强对深入情感和体态研究，从多学科视角廓清审视"人工智能＋教师能力测评"的内涵与外延、发展及本质特征等根本问题，并提出更加科学的测评实践框架。

2. 细分多元应用场景

除了通用教学能力之外，不同的学段、学科和层次对教师教学能力的要求各有侧重、各有特点。用同一把尺子测评所有教师是不合适的。需要对不同场景的教师个体能力精准测评，研究不同学科、不同层次教师能力标准，研发相应的测评工具，开发针对性培训课程。

3. 加强机器学习研究

通过在超级课室智能环境下采用传统评教手段，采集足够量的自动化、多模态、伴随式课堂评教记录和人工评教记录，形成机器学习训练库，通过半监督机器学习和人机记录对比发现并验证评教特征信息，构建可自适应调整优化的教师课堂教学能力监测和评价体系，从而真正实现自动化教师课堂教学能力测评。

4. 实现人机紧密配合

避免简单地从传统人工经验评价模式急转至另一面纯数据量化评价模式的极端，测评方法上，必须是量化分析和质性分析相结合，智能分析结果必须具有可解释性，通过智能分析辅助人工决策，而不是代替人工评价。着重培养教师整合技术的学科教学法知识（TPACK）能力，让教师善于使用人工智能辅助教学反思，促进自身能力发展。

5. 监测教师群体能力发展

对教师能力的发展现状、整体水平和总体趋势进行动态监测，形成动态性的和过程性的监测报告，研制教师能力发展指数，为学校、区、省市和国家做教师教育发展规划和教育决策提供依据并适时调整政策策略。

案例实践情况

1. 教师培训学科建设指引教师精准培训的应用

自 2015 年起,华南师范大学已连续 5 年招收教师发展与管理专业二级学科(代码 1204Z1)研究生,已有 3 届硕士毕业(毕业 24 人);同时培养教育管理专业硕士和马来西亚教育管理硕士。毕业生校友在中小学、教师进修学校(教师发展中心)、教育科研院所、高等学校教师培训学院、从事教育行政组织教师培训发展和教师管理等相关领域的专业性工作,且大多受到单位的好评。依托教育经济与管理学科点,以教师发展与管理方向培养博士 6 人,已形成较为完整的硕士学科点和博士方向人才培养体系,培养了一批公共管理和教师教育领域,与教师专业发展和教师管理相关的高素质专业化人才。

华南师范大学教师教育学部是统筹全校教师教育资源,统领全校教师教育工作,促进教师教育一体化发展的教学——科研——管理型单位。学部主要从事师范类本科生培养、教育硕士培养与管理、其他教师教育领域和专业的硕士研究生、博士研究生、博士后等各层次人才培养,同时还面向基础教育的教师和校长、教育干部等各类职后培训以及基础教育的研究。学部主要目的在于通过改革形成充满活力、富有效率、更加开放、更加有利于教师教育学科建设以及教师教育事业发展的创新型内部管理体制,在资源整合的基础上激发教师教育基层学术组织的活力和自我发展能力,推动教师教育学科繁荣发展。

2. 教师能力模型应用于教师培训研究

近五年来承担教师校长素质测评相关的纵向横向课题 10 余项,设立了专门以教师测评为主要研究方向的省级社科基地"粤港澳大湾区教师教育与教师发展

测评研究中心",代表性的项目和成果有:

(1) 广州市海珠区校长职业性向与能力测评基础的培训研究。项目 2013 年 4 月启动,对广州市海珠区属 167 名小学校长(副校长)进行了职业测评。测评包括校长职业素质意识和校长职业发展意识两大部分,项目组分别出具了个人报告,并且为教育局提供总报告。校长职业素质意识测评包括职业定位意识和职业价值观倾向两项内容,为校长职业素质意识测评的总体分析,通过总体分析可以确认校长职业化素质意识总体状况,为海珠区教育局未来进行校长队伍建设和校长研修培训方案提供参考。校长职业发展意识测评基于国际流行的 MBTI 职业性格测试工具结合校长职位特征进行改编,通过总体分析可以明了全区校长职业化发展意识的总体状况,为海珠区教育局及相关机构进行校长职位管理提供参考。在测评基础上项目组进行了海珠区 100 名校长为期一年的职业素养提升培训,针对测评报告中的短板精准施训,取得了良好的效果。

(2) 广州市越秀区局属后备校长测评及培训研究。项目 2019 年 10 月启动,覆盖广州市越秀区 102 名后备校长,通过背景分析、无领导小组讨论和文件筐测试等系列测评工具,引入高校专家和名校长一线专家相结合的方式,对后备校长进行系统测评,完成了对应后备校长筛选,并出具相应测评报告。后期委托单位反馈意见显示,入选的后备校长适岗能力好,在岗位上敬业工作意愿强烈,期望和本项目组长期合作继续开展后续培训。

(3) 广东省内若干学校校长公开选拔测评及培训。我校团队近 10 年受有关单位委托,部分为省市组织部门委托,组织开展了 50 多所中小学的校长公开选拔,涵盖了公办学校和民办学校,学段涉及完中、高中、初中、小学,大部分为面向全国或全省公开选拔,主要采用基于校长胜任特征模型基础上的背景分析、笔纸测试、文件筐测试和无领导小组讨论等结合的方式进行,出具详细测评报告,避免了人为因素影响。后期委托单位反馈意见和学校后续办学业绩显示,入选的校长普遍适岗能力强,为学校后续事业发展奠定了良好基础。

二 项目与实践推进情况

1. 推进教师教育创新实验区项目，完善了创新教师教育的体制机制：一是，建立高校—教师发展学校—教师发展中心"一体两翼""学历与非学历打通"的教师专业发展创新体系。目前，成立了 26 个高校教师教育专家工作室，他们指导 56 所教师发展学校建设工作，与广州等四地市 104 个名师名校长（园长）工作室高度联动、共享资源；二是，建立起基于人工智能和大数据分析应用的教师专业发展能力提升服务体系和以"评估为本"的教师教育质量监测体系，开发出教师专业发展测评、分析、诊断工具，定期发布教师专业发展指数等，形成教师能力 AI 测评产品；三是，建成一校四地教师教育数据资源共享体系，培育四地教育成果合作共享、智能化联动的新模式，实现"互联网＋"条件下区域教育资源配置新机制。目前搭建了一个以"项目、课程、社群、资源"为主要功能定位的共建式、共享式、交互式、一体化和智能化的教师教育综合服务平台——"华南教师在线"；四是，建立对接粤港澳大湾区教育发展以及国家一带一路等重要战略需求的教师教育智库系统。

2. 研发教师能力 AI 测评产品，夯实了实施教师能力测评和精准培训的技术与平台基础。通过校企合作，建立"人工智能＋教师能力发展联合实验室"，研制了教师能力 AI 测评产品，包括教师课堂教学能力测评指标体系；教师能力 AI 测评系统，即对指标体系进行技术转化，开发了包含视线、人脸、声音、语言、情绪、姿态等技术识别和收集采集分析的软件系统；AI＋教师能力发展实验室建设（简称超级课室），形成了超级课室建设标准、数据采集硬件设备选型等。

3. 加强研究应用与产品推广，探索了"测诊研训"一体的教师精准培训模式。目前，本案例涉及的教师能力 AI 测评产品已在我校教师教育学部、中讯邮电咨询设计院、河北威县教育局、贵州大方天河实验学校、纳雍天河实验学校、河南省教育厅装备中心、广州市花都区教育局、广东广雅中学、四川大凉山德昌中学、广州奥林匹克中学、广州执信中学、广州市天河区天府路小学等 10 多个单位进行落地应用。此外，通过搭建"华南教师在线"，利用人工智能等信息与网络技术把教师测评、培训、研修、教研等融入教师发展全过程，建设以学员为中心的"互联网＋"培训支持环境，通过数据采集、数据分析、诊断教学及科学改进等方式，探索"测诊研训"一体化的教师专业发展创新模式，促进教师教研能力整体提升，并通过"国培计划"综合改革项目——基于人工智能等技术测评的教师教学能力提升项目进行实践。

案例开发档案

案例归属单位：华南师范大学

案例开发时间：2013 年—2020 年

案例开发团队：

姓　名	工作单位	学科背景/职称	主　要　贡　献
王　红	华南师范大学教师教育学部	教育经济与管理/教授	总负责人
童汝根	华南师范大学教师教育学部	人力资源管理/副教授	理论、执笔、实施
吴少平	华南师范大学教师教育学部	教育技术/中级	技术、执笔、实施
姚轶懿	华南师范大学教师教育学部	教育管理/中级	具体实施
袁　涛	中讯邮电咨询设计院	通信工程/中级	技术落实、工具开发
刘　晋	华南师范大学信息化办公室	教育技术/中级	技术落实、工具开发
黄道鸣	华南师范大学教师教育学部	课程教学论/中级	具体实施
崔世泉	华南师范大学教师教育学部	教育经济与管理/中级	具体实施
童宏保	华南师范大学教师教育学部	教育经济与管理/副研究员	具体实施
钟罗金	华南师范大学教师教育学部	教育心理学/中级	具体实施

案例五

教师育德意识与育德能力培训课程建设

上海市师资培训中心

主题类别：教师培训课程创新

关　键　词：育德意识、育德能力、培训
课程

背景与问题

一　宏观政策规划

党的十九大报告中，强调建设教育强国是中华民族伟大复兴的基础工程，要求全面贯彻党的教育方针，落实立德树人根本任务，发展素质教育，推进教育公平，培养德智体美劳全面发展的社会主义建设者和接班人。在中共中央、国务院印发的《关于全面深化新时代教师队伍建设改革的意见》《关于加强和改进新时代师德师风建设的意见》等文件中同样提出突出师德的基本原则，要求把提高教师思想政治素养和职业道德水平摆在首位。习近平总书记在全国教育大会上的讲话中强调，把立德树人作为根本任务，要把立德树人融入思想道德教育、文化知识教育和社会实践教育的各个环节。由此可见，在国家政策层面对教师育德意识和能力的重视被提到了新的高度，对教师的育德意识和能力也提出新的要求。

上海作为全国教育改革的先行试点城市，为保障学生创新意识和创新能力的有效提升，在教师的育德意识和能力培养方面，早在"十一五"期间便开始了"教师师德与育德能力一体化建设"的政策架构、理论研究和实践探索。2016年，上海市教育委员会颁布实施《上海市中小学教师专业（专项）能力提升计划》，其中明确提出，中小学教师育德能力是教师培训的重要任务，必须开展基于学生和学科特点的学科德育教学和学科育德活动的专题研究与实践。中共上海市委、上海市人民政府先后于 2018、2020 年颁发实施的《关于全面深化新时代教师队伍建设改革的实施意见》《上海市教育委员会关于印发〈新时代上海高校教师职业行为十项准则〉〈新时代上海市中小学幼儿园教师职业行为十项准则〉的通知》均强调教师师德师风建设过程中要坚持德才兼备、以德为先的基本原则。通过政策推进，为上海市教师的育德意识和育德能力的高位发展奠定基础。

二　现实问题导引

上海市师资培训中心（以下简称"中心"）受上海市教育委员会委托，在实证调研的基础上，首先对当前师德与育德能力一体化建设问题进行了整体上的了解和把握。通过调研，发现目前师德与育德能力一体化建设尚存在如下一些问题：

首先，对教师学科育德意识和育德能力的培养缺乏足够的重视。教师是落实学科育德的重要力量，但实践中，对何为育德能力，如何培养教师的育德能力等问题缺乏深入清晰的探讨。

其次，教师自身的学科育德意识和育德能力难以适应当前学校德育的新要求。教师育德的方法途径沿袭传统的痕迹明显。"重经验、轻突破"的现象依旧比较普遍，育德模式相对简单机械，在顺应青年一代道德认知的发展规律上还有不小差距。

再次，在教师育德方面的培训有待系统化。调查中，大多数教师认为目前的师德培养的内容和方式严重脱离教学实践。因此需要结合当前学校道德教育实际，围绕教师育德能力的现状，开发针对性较强的教师师德培训课程，将教师优秀的课堂教学案例和学科育德经验进行有效共享和辐射。

在此背景下，上海市师资培训中心与上海市教师发展协作联盟、上海市教委相关处室和杨浦、宝山、虹口、嘉定、静安、崇明等区合作开展了促进教师师德与育德意识和能力一体化培养建设的实践探索。

问题解决思路

| 一 | 第一阶段：梳理文献，界定核心概念 |

"育德"存在的基础是"道德是可教的"，因此，"育德"的实施场域主要应集中于学科教学，即在学科教学过程中的"育德"。基于对"德"的理解，我们认为，"德"是存在于知识之中的，而非独立存在的空中楼阁，因此"育德"与"学科教学"也不能分割，每一门学科中所包含的知识技能、情感态度以及教师的课堂教学行为都将促成学生"德"的发展。"育德"便是遵循学科教学的本质，以学生为中心，以核心素养发展为导向，发展学生的结构性知识、思维方式和理性情感的过程。"育德"是教师自德德人的过程。

通过对部分教师的访谈，结合前期调研与文献梳理，教师的"育德意识"是指教师在教育教学活动中对立德树人的敏感程度，育德意识强的教师能够关注到学科教学的本质及其所蕴含的育德价值，自觉主动地把握育德资源与时机。教师的"育德能力"是指教师自身拥有并运用于教育教学活动中，直接影响学科育德成效的综合素质。在教育教学过程中，教师能够主动挖掘学科教学的本质及其所蕴含的育人价值，对学生进行"德性"和"德行"的培养。

教师都是育德的践行者，教学都是育德的环境，活动都是育德的课程。教师育德意识与能力的发展过程，是一种阶梯性的、拾阶而上的自我学习、自我反思以及自我颠覆的过程。教师育德的意识与能力是在"教""学"共建过程中再生出来的，又在再生过程中自我颠覆，形成一种新的判断，由此循环往复、螺旋上升，不断加强。

| 二 | 第二阶段： 现状调查，试点推进 |

将课堂教学作为教师育德活动的主阵地之一，由点及面推广到各学段各学科。以教师育德意识和能力提升为导向，以教师培训课程建设为目标，采取课例研究法、文献研究法和调查法等方法，在理论与实践的交织中，研究路径逐步从混沌走向清晰。

开发相应的调查工具，对教师学科育德意识和育德能力的现状进行调查。开展教师育德意识与育德能力提升成效专题调研，调研包括全市 16 个区中小学（含中职校、民办中小学）德育分管校级领导、政教主任、团队干部、班主任、心理教师和思政课教师等六类群体，形成调研结果报告。

通过调研，明确教师在育德意识与能力提升方面的需求，进行顶层架构设计，整体规划项目研究，确定实施方案，再由三门试点学科形成子项目组研究方案，由总到分推进项目研究；在三门试点学科初步确立研究方向、形成研究成果的基础上，再由点及面扩展到另三门试点学科，进而推广到各学段各学科，乃至整个学校德育体系的重新建构。

| 三 | 第三阶段： 整合提升，构建课程体系 |

项目实施过程中，各学科会分段开发出提升教师育德意识与能力的培训课程，包括课程方案、课程纲要和线上线下的课程资源（如学科育德案例和建议）等；各试点学科探索并优化提升教师育德意识与能力的培训课程的实施方式；归纳总结研究成果，并在其他学科中推广应用，形成学科育德的典型案例，其后会依据育德的不同路径，开发专项类培训课程。这个过程，是将学科试点和培训课程体系建设的经验迁移、推广到学校、区域，进行深度应用，并逐步建构形成针对不同类

型学校、不同发展水平教师的教师育德能力培训课程体系。

（一）教师育德意识与育德能力精品课程建设

"人民教育家"于漪老师是习近平总书记"四有好老师"的完美写照。在认真梳理了于漪育德思想之后，我们与上海教育出版社合作，开发了于漪育德思想系列课程《育德：滴灌生命之魂》。该课程共14讲，总时长约200分钟，观照中小学教师群体，系统阐述了于漪老师育德思想，是于漪育德思想在当代的解读，能够很好地启发一线教师在扎根教学实践的同时，主动反思育德实践，不断提升育德水平。该课程于2019年10月在上海市教师教育平台正式上线，在全市教师中兴起了"观于漪，学于漪"的热潮。截至目前，累计开班30个，参与学习的上海市中小学教师达5 000人以上。

之后，我们又研发了于漪老师教育系列培训课程《陪你"读"于漪》，主讲人包括于漪老师的学生、"于粉"（与于漪老师有间接接触、受其思想影响比较深远的教育工作者），并于每周四在上海市师资培训中心微信公众号推出专栏推文，目前已推送24期。同时，在全市16个区幼儿园、中小学以及各区教育机构范围内组织《我和于漪老师的故事》征文大赛，经由专家评选出一、二、三等奖，精选出一批具有故事性、教育性和启示性的于漪征文精品。

于漪老师教育系列精品课程，从多层次、多方位进一步推进新时期教师队伍师德师风建设，在于漪老师教育思想和教师人格魅力感召下，在全市乃至全国范围内形成"讲于漪，学于漪，做于漪式好老师"的良好氛围。

（二）教师育德意识与育德能力提升师训课程资源库建设

1. 高校精品育德课程建设

项目组与教师教育联盟合作，引进高校优秀思政理论、育德实践课、"中国系列"精品课程，中华传统文化课程等；同时，合作开发适应新形势的思政精品课程，结合高校课程思政完善项目的师训课程体系。其中王蒙教授的《道通为一——从传统经典看中华文化的特点》就是其中的高校优秀课程代表。该课程从哲学角度探讨了中华传统育德的思想,为中小学教师育德意识育德能力提升做了有力的理论支撑。

2. 中小学班主任育德意识和能力师训系列微课建设

项目组建设了《职初班主任育德意识与育德能力培训系列微课》,历时四个月完成,其中涵盖16个区51位优秀的班主任,聚焦如何提高职初班主任的班级管理能力和育德意识、育德能力。课程内容涉及人际沟通、班级环境布置、班级日常管理、家庭教育指导、班干部培养、社会实践活动组织等11个方面,共计60个微课视频。

四　　第四阶段　区域合作、拓展深化

为进一步推广项目的成果,在前期成果基础上,与区域教育学院合作、参与市教师育德意识与育德能力培养相关文件的制定,深化项目成果的应用。

(一) 促进教师育德意识和能力提升的区域合作研究

本项目组与杨浦区教育学院合作,进行《促进教师育德意识和能力提升的区域培训课程建设》研究。经过课堂教学、课堂观测、案例分析,形成比较完善的学科育德案例和评价工具。

(二) 教师师德和育德意识育德能力的相关决策咨询研究

项目组编制了《上海市大中小幼教师师德与育德能力培养长效机制建设方案》《上海市中小学教师师德师风荣誉体系方案》《新时代上海市中小学幼儿园教师职业行为十项准则》《上海市中小学幼儿园教师违反职业道德行为处理的意见》等决策咨询文件、方案。

经验与创新

随着项目研究的不断深入,我们逐渐形成了有关教师师德与育德意识和育德能力一体化建设中相关培训的实践经验和创新点。

研究方法创新，尝试把课例研究与学科育德实践深度融合

（一）开展精品课例研究，有效探索学科育德的内容、路径和方法

项目组确立了以课例为载体、采取行动研究的研究路径，填补理论与实践之间的沟壑，在核心素养与教学实践之间架设起桥梁。

各试点学科分学段开展精品课例研究，对具体课例中的育德内容进行了系统梳理，分析和提炼了教师的育德路径和方法，形成了育德实践的诸多经验。例如，提出以学科核心素养引领，基于学科课程标准，并从三维目标中的"情感态度价值观"切入，围绕学科本质确立核心的育德内容等。

三个试点学科分学段开展了课堂观察，初步建构了课前、课中、课后等环节中反映教师育德意识与能力的表现性指标，并尝试在教育教学实践中运用、修正和完善。这一指标体系一方面用来检测教师的学科育德效果；另一方面，教师可以以此为标准进行教学设计，旨在引导教师在创设情境、设计任务和组织活动等关键环节将内化于心的育德意识外化于形，并树立起积极的自我评价意识，进而逐步形成情景濡染、启智润德的学科育德习惯，在某种程度上变革了教师的教育教学理念与模式。

（二）积累情境性育德资源，为教师培训课程开发和实施探索新思路

前期研究中积累了丰富的资料，如开展基于课例研究的教学设计、教学反思以及相应的课堂观察工具及每次研究活动的实录等，这些都为后续的课程开发奠定了扎实的基础。

由于实践研究者大部分是一线教师，缺乏培训课程建设的经历和经验。所以，项目组更多地侧重引导教师基于自身教学经验，结合教师育德意识与能力的表现性指标，初步确立课程内容的基本维度，尤其围绕教师在育德意识和能力方面的混淆点、薄弱点与关键点，朝着将学科育德资源专题化、系列化的方向努力，

并尝试运用现代教育技术手段,开发出高质量的、分层分类提升教师育德意识和能力的研修课程。

<table>
<tr><td>二</td><td>研究内容创新,结合教师育德问题,构建符合教师实践需求的师德课程框架</td></tr>
</table>

通过前阶段的探索,我们在教师研修课程框架建构方面形成初步共识,为培训课程开发指明方向。首先,从课程形态上看,突出研修课程特征,强调以教师为主体、以做中学为主要研修方式。

其次,从课程内容上看,主要基于意识和能力两方面建构课程内容。目前设想分为三个单元:第一单元解读教师育德相关政策;第二单元建立教师新的专业身份——儿童研究者,帮助教师在意识层面重视立德树人;第三单元帮助教师在能力层面掌握方法、改善教学,在单元教学设计中落实学科德育,主要以单元教学目标设定、情境创设、任务设计、协同学习、学习评价等教学要素作为本单元的课时主题,根据学科特征的差异性建构起各学科在规范伦理层面的操作路径。

<table>
<tr><td>三</td><td>推进策略创新,基于教师育德实践,构建可持续的教师育德意识和能力培养支持系统</td></tr>
</table>

为保障课程建设的有序性、科学性和实效性,项目研究团队初步形成了"三科三段四级四机制"的支持系统,为课程建设提供保障。具体表现为:

(1)"三科",即道德与法治、数学、体育三个学科试点先行;

(2)"三段",即小学、初中、高中三学段同步推进项目研究;

(3)"四级",即由领导小组、专家小组、项目工作小组和子项目实践研究小组形成的研究共同体;

（4）"四机制"，即市区校三方合作机制，促进资源与成果的共建共享；跨学科联合研修机制，促进理论建设的科学性与整体性；跨学段联合研修机制，促进学科育德的一体化建设；课堂行动与观测机制，促进研究成果的提炼与验证。

思考与展望

总体而言，项目研究目前是已经取得了较为丰富的研究成果，随着研究的深入推进，还有一些关键的问题需要重点关注，如基于学科育德内涵和外延的理论体系的进一步系统建构，实践型教师师德与育德能力一体化建设培训课程体系的进一步协同建设，基于证据的教师学科育德能力培养路径的进一步探索等。这些都将是项目组进一步思考和实践探索的重中之重。

案例实践情况

一　　项目介绍

上海市师资培训中心项目组前期对上海过去多年来师德及其建设的实践进行了一定的区域调研，发现目前我们对师德的理解较为模糊，对影响师德发展的相关因素的分析还很不清晰。本项目对教师育德意识和育德能力培养的理论基础和实践路径进行系统的探索，在上海杨浦、虹口两个区域进行试点推进，先后组建道德与法治、数学、体育、语文、历史和艺术等学科教师育德能力和育德意识培养的研修团队，累计开展 50 多次研修活动，把课例研究与学科育德实践深度融合，构建符合教师实践需求的师德课程框架，形成可持续的教师育德意识和能力培养支持系统。本案例在师训课程资源库、专题调研、区域合作研究以及决策咨询研究等方面进行系统的推广和应用，产生较大的区域影响力。

二　项目规划阶段

（一）开发工具，现状调查

项目组为准确把握当前中小学教师育德意识和育德能力的实际状况，开发《促进教师育德意识和能力提升的区域培训课程建设调查问卷》，并设计教师育德能力的访谈问题，在杨浦区进行思政学科、体育和数学三门学科教师的小学、初中、高中教师的样本调查，调研采用线上问卷调查和访谈，通过数据采集，本次得到有效样本数据 2132 份。通过对调查数据的分析，发现不同教龄、职称、学段、学校的教师在育德意识与育德能力上有些许差距，但差距不大，且在育德内容与育德方式的需求上比较一致。教师提升育德意识与育德能力的需求是基于课堂教学实践并指向教学实践的。要将教师育德意识与育德能力的目标落到实处，必须关注教师在落实德育过程中的实际困难，在通过培训课程提升教师育德意识与育德能力的同时，也可以通过真实的案例，为教师解决实际困难并提供可行方案。

（二）基于需求，开发课程

基于对教师育德意识与育德能力现状的分析，需要运用学科育德策略和方法、挖掘学科育德元素以及设计学科育德教学活动等内容，以课例研究为抓手，凝练学科育德的经典案例，并通过观摩教学展示活动、专题与专项培训、与专家同行研讨交流等形式设计丰富多彩的教师培训课程，进一步提高学科教师对实际育德问题的解决能力。

三　项目实施阶段

（一）试点推进，积累经验

教师学科育德意识和育德能力是体现在实际的教育教学中，需要按照学科特征进行探索，为此项目组以学科为单位，组织一线教师、学科专家、德育专家等方面的研究团队，以学科育德为突破口开展试点研究，积累经验，进行区域推进。

（二）课例研究，积累案例

教师学科育德意识和育德能力需要在系统的课例研究中提升，在项目推进中，按照课例研究的循环实践路径，从学科育德点的设计、课堂实施、课后研讨、形成新的研究点等方面进行多轮的课堂实践研讨，在研讨过程中，积累过程资料，形成典型案例。

（三）总体规划，开发课程

在分科的育德课例研究基础上，按照项目的总体设计，进行教师育德意识和育德能力培养研修课程的总体设计，邀请专家对学科育德能力进行论证，开发教师育德意识和育德能力的研修课程。

四　项目跟进阶段

（一）整合资源，转化成果

项目结束后，对项目积累的各类资源进行分类梳理，包括教学案例、教学视频、课题成果、活动案例、教学反思、学生作品、作业等。这些资源为后续研修课程的整理奠定了基础，也为展示交流、成果推广提供了便利。

（二）研讨交流，反思构建

为了促进教师育德意识和育德能力的提升，提升教师的学科育德设计能力，项目组每年举办两次市级的教师育德意识和育德能力的成果展示交流活动，为更多教师学科育德能力的提升创设平台，通过研讨交流，对项目的后续发展进行系统的反思，寻求新的研究点和发展点。

案例的开发档案

案例归属单位：上海市师资培训中心

案例开发时间：2018 年—2020 年

案例开发团队：

姓　名	工 作 单 位	学科背景/职称	主 要 贡 献
李　敏	上海市师资培训中心	比较教育/副研究员	总体设计与策划
俞慧文	上海市师资培训中心	思政/中学高级教师	辅助总体设计与策划
张　俊	上海市师资培训中心	教心/正高级教师	具体项目实践
闫引堂	上海市师资培训中心	科研/中学高级教师	具体项目实践
陈　晨	上海市师资培训中心	比较教育/助理研究员	具体项目实践
陈秀清	上海市师资培训中心	中文/助理研究员	具体项目实践
何茜茜	上海市师资培训中心	心理/助理研究员	具体项目实践

案例六

基于行为改进的"三段四步"式培训者培训项目设计
——以"创新课程设计与实施"为例

大连教育学院

主题类别：培训项目设计、培训者培训
关 键 词：行为改进、培训者、项目设计

背景与问题

要在区域内建设一支高素质教师队伍，离不开一支专业化、创新型的培训者队伍。近年来，伴随着国家政策的落地、理论研究的深入、区域实践的创新，教师培训工作取得明显进展，但也存在着针对性不强、方式单一、质量监控薄弱等较为突出的问题。概言之，"实效性不高"已是当前教师培训工作最大的"痛点"。这提醒教师教育工作者不断在培训中反思自己的工作，尤其是对教师培训的理念、内容与方式等，要有新的认识、理解与实践。

多年来，大连市教师职后教育一直沿用"研训一体"工作机制，以教研员为主体的中小学教师培训者是基础教育发展不可或缺的重要力量、资源和支撑。而一直以来，教研员缺少相对持续、系统、完善的专业发展支持体系，已有的培训者培训往往也存在与教师培训类似的问题，针对性与实效性有待提高，教师培训者的专业能力建设情况不容乐观。

为助力培训者能力建设，大连教育学院于 2014 年启动了"领雁工程——培训者培训"项目，围绕需求分析、方案设计、课程开发等培训者所应具备的 10 项核心能力，面向市、区(市)县两级教研员、教师培训管理者进行了内容聚焦、形式多元的培训。经过六年多的项目学习与实践，"领雁工程——培训者培训"逐渐形成了兼具实效与特色的项目设计与运行模式。

"创新课程设计与实施"专题培训正是"领雁工程——培训者培训"的子项目之一，它直面区域教师培训实效性不高的问题，尤其针对培训者一直以来局限于对传统培训课程的沿袭，基于结果导向、问题关联、实践逻辑的课程开发与实施能力不足这一现实,旨在通过创新性的专题培训:一方面不断提升教研员作为区域中小学教师培训者的培训课程开发能力;另一方面充分发挥培训者培训对教师培训工作的示范、引领与迁移的价值。

问题解决思路

依据组织行为学的分析,各类学习发展项目如果不能带来组织绩效改善,那么项目便是无效的。大连教育学院从 2016 年着手研究教师培训项目绩效问题,率先将"绩效"这一概念应用于教师培训项目评估实践,并于 2017 年底研制发布了《大连教师培训项目绩效评估标准》(以下简称《标准》)。《标准》坚持"以终为始",突出"结果导向",基于对项目全过程、培训全要素的关注,在诊断、激励和引领区域教师培训工作方面发挥了积极作用。

在《标准》基础上,随着研究与实践的深入,我们找到与"绩效"关系最为密切

图 6-1 一直在成长的"领雁工程——培训者培训"

的因素——行为改进。为了确保培训项目带来切实的学习结果与工作成果,"领雁工程——培训者培训"的项目设计始终围绕"行为改进"与"项目绩效"两个关键词来进行。所谓"行为改进"是指培训所带来的积极的行为变化;所谓"项目绩效"是指因教师行为改进而带来的业务结果。

为了助力培训项目提质增效,助力参训者实现"行为改进","领雁工程——培训者培训"的系列项目在设计上采用了"三环节四步骤"的设计思路(见图6-2)。结合"创新课程设计与实施专题培训"这一具体案例,阐述"三环节四步骤"的具体操作。

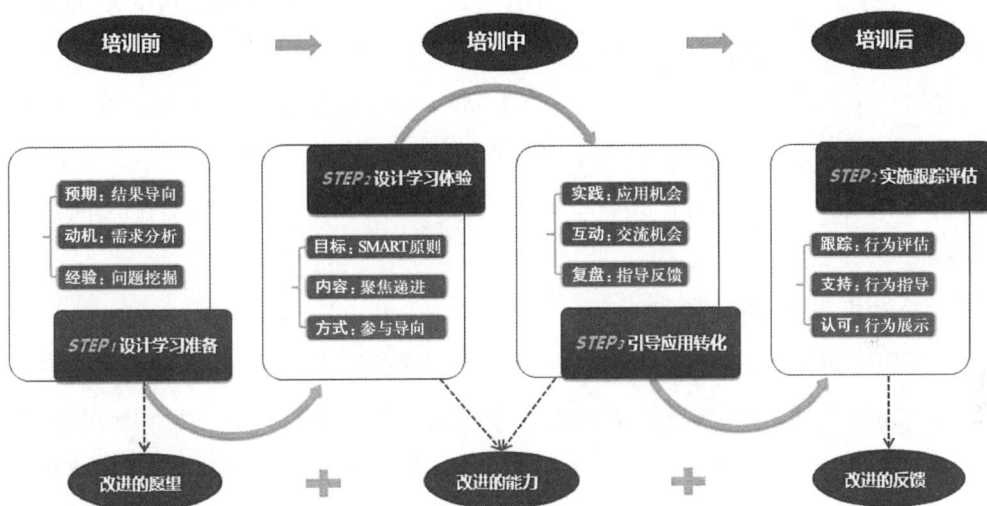

图6-2 基于行为改进的"三段四步"式培训者项目设计流程

一　训前环节设计

依据柯氏模型,学员行为改变的前提条件之一是让学员拥有改变的愿望。培训前环节包含项目设计的第一步——Step1:设计学习准备,其核心目的是将参训者从"无意识"状态带至"有意识"状态。项目组注意从三个方面去激发、满足这一愿望。

1. 预期——明确的结果导向

诺尔斯的成人学习理论和关于参训动机的重要研究均表明,只有当成人学习者认为学习内容可以为工作或生活带来实际结果时,他们才有学习动机。对培训者来说,帮助参训者"更好地工作",比让参训者"学习新知识"更为重要。基于此,在训前即要界定培训项目所期待的业务结果(以绩效为基础),并依据业务结果确定关键的行为指标,以此明确培训看得见的"终点线"。

"创新课程设计与实施"项目,将"让参训者掌握基于问题逻辑的培训课程设计思路和方法,能够开发 1 门参与式培训课程,并在 3—6 个月内将之用于教研或培训工作,提高培训的参与度与满意度"作为项目预期的业务目标。该项目的关键行为指标是"学员学会运用教师培训课程设计、教学方法与培训工具,运用'八步课程设计法',在培训其间修改完善 1 门自己开发或实施过的培训课程。"

2. 动机——准确的需求分析

强烈的动机对学习者有很好的激励作用。那些满不在乎、没有动力或者缺乏学习兴趣的人,很少能够在培训中收获新知识与新技能。动机的发生与维持,是以学习者的现实需求为基础的。项目组在培训前要搞清楚参训者需要的培训内容、培训方式与培训师资等,通过准确的需求分析赋予培训内容价值、赋予培训方式效率、赋予参训者信心。对培训项目而言,完整的需求分析要充分考虑学员作为培训者的工作岗位需求和学员作为学习者的个体需求,且需要综合运用各类需求调研方式。

"创新课程设计与实施"项目,在训前,除了通过问卷调查与结构化访谈了解培训者在培训课程开发方面的困难与需求之外,项目组通过培训者课堂行为观察,记录各类教研活动所存在的主要问题,梳理了近年来培训者所组织的教师培

大连市培训师培训课程前测表

姓名：　　　　　　单位：

课程名称：

1. 获取注意力（教师）

评价要素：1. 是否打破先入为主（有力地吸引了学员的注意力）；2.是否调动学员参与；3. 是否和培训内容相关（例如，让学员大声喊早上好也是吸引了注意力，但是和内容无关）

□4（具备3个要素）
□3（具备2个要素）
□2（具备1个要素）
□1（具备0个要素）

2.建立联接（学生）

评价要素：1.是否促进了学员社交；2.是否缓解了学员的紧张情绪（例如，让学员起立，每个人在全班面前介绍，就是加剧了紧张情绪）3. 是否促使学员思考了培训题目对自身的重要性与意义

□4（具备3个要素）
□3（具备2个要素）
□2（具备1个要素）
□1（具备0个要素）

3.介绍框架（教师）

评价要素：1.是否逻辑清楚；2.是否图形化表现；3.是否调动了学员的参与

□4（具备3个要素）
□3（具备2个要素）
□2（具备1个要素）
□1（具备0个要素）

4.激活原有经验（学生）

评价要素：1.激活的已有经验是否与知识点相关；2.激活方式是否灵活、有趣；3. 内容与学员自己工作与生活相关

□4（具备3个要素）
□3（具备2个要素）
□2（具备1个要素）
□1（具备0个要素）

图6－3　“创新课程设计与实施”培训前测问卷

训档案，含项目计划书、课程方案、评估材料等，从中发现关于培训课程的各类质性和量化数据。在综合、创新使用各类需求调研之后，项目组发现培训课程的针对性不强、参与性不足是导致培训实效不高的关键原因，创新课程设计与实施是培训者最为迫切的需求。

3. 经验——具体的问题分析

认知心理学的相关研究表明，学习是学习者将新知识、新技能与已有经验相联系的过程。所以，每次培训前，均要对参训者的知识、技能、能力背景有所了解，注重对其“经验”的挖掘，进而找出他们存在或面临的问题。作为培训者，我们需要注意到，学习者的学习能力各异，掌握学习者在知识背景、学习能力、学习习惯等方面的差异，才能更有针对性地设计各类学习活动，照顾相对落后的学习者，还应该让相对优秀的学习者接受持续的刺激与挑战。

为充分了解参训者在课程开发方面的经验水平与能力现状，在培训开始前，项目组让参训学员依据过往培训工作经验，提交一门自己研发的实践性培训课程，并填写《教师培训实践性课程大纲》，《大纲》包括培训对象、课程目标、课程内容、实施方式等核心要素。根据参训者的填写情况，了解“学情”——关于课程开

学员姓名		单位	大连教育学院
课程名称		中职语文核心素养的建构与运用	
课程对象	中职语文教师	课时	4
课程目标	1. 通过案例、旧识，了解观状，反思以前教学模式。 2. 深入了解中国学生发展核心素养 3. 建构语文核心素养 4. 基于中职语文核心素养的教学设计 5. 实施的工具、流程、活动方法 6. 案例分享		
课程特点	1. 以学导教，运用信息化手段，让学员在收集信息、查找资料的过程中，并愿意应用自己所学的知识进行教学设计。 2. 采用翻班上课，观场说课，专家讲授，UMU互动，多元培训 3. 用案例激发动机，把理论转化为行动，能运用所学知识和原理改进原有的教学设计，并在课堂实施。		

单元	活动名称	内容要点	时间
1	中职语文核心素养的建构	A 三维目标 B 系列 C 核心素养的维度 D 中国学生发展核心素养 E 语文学科大组心素养	60分钟
2	基于中职语文核心素养的教学设计	1. 分析学情 2. 调查问卷 3. 教学设计	40

续 表

课程内容	3 基于中职语文核心素养教学设计的实施。	1 方法 2 工具 3 流程	50
授课教师	柯景怡		
实施方式	面授		
实施场地	WIFI覆盖的多媒体功能开全的会议室		
实施要求	中国学生发展核心素养报告 学员有智能移动终端 学员从事一线教学		
其它说明	网络畅通		

图 6-4　参训学员在训前提交的课程大纲样例

发,参训者们能做什么、不能做什么以及分别到什么程度。从而完成对参训者的经验与问题分析,为有针对性地安排培训内容,设计学习活动打下基础。

二　训中环节设计

该环节包括了项目设计的第二步与第三步,分别指向培训课程的整体与具体设计,旨在让参训者拥有改变的知识、技能、态度等,让参训者拥有改进的能力。本环节的项目设计,主要围绕两项重点工作:一是确保学习体验与项目结果一致;二是选择适宜的培训方式促成期望的行为改变。

1. Step2:设计学习体验

第二步指向培训课程的整体设计,主要包括培训目标的设立、培训内容的设置与培训方式选择。基于行为改进的项目设计,注重为参训者设计系统、完整的学习体验。

(1)目标——清晰可测

现实中,我们经常见到模糊笼统的、不可衡量的培训目标。过于笼统的目标相当于无目标,会让培训变得"无的放矢"。培训目标不同于学习目标,它需要说明两个核心问题:一是说明参训者在训后应该做什么具体的工作?二是说明参训者在训后应达成的工作结果(业务结果)到底是什么?由此,培训目标确定应把握以下原则:一是使每项任务(培训任务)均有一项可操作性的工作表现目标;二是目标应针对具体的、明确的工作任务;三是目标应符合组织发展目标,即目标应突出业务导向。

基于行为改进的培训项目在订立培训目标时,严格依据"SMART"原则,采用"ABCD"格式,即"行为主体"(Audience)在什么样的环境下(Condition)做什么样的行为(Behavior)可以达到什么程度(Degree)。"创新课程设计与实施"项目的目标之一被表述为:学员(A——行为主体)学会运用教师培训课程设计、教学方法与培训工具,能在培训期间修改完善1门自己开发或实施过的培训课程(B——行为),并能在今后1年内结合区域实际(C——情境),在教师培训活动中实施完善(D——程度)。

(2)内容——聚焦递进

当下的教师培训项目多围绕培训主题,以模块与专题的形式来设置培训内容。但是,"拼盘式"的课程是当下教师培训项目存在的主要问题之一,模块与模块之间、专题与专题之间经常是松散的组合,没有严密的逻辑关系。在确定培训内容时,需牢记课程内容与预期结果间的一致,巩固并强化第一阶段的学习准备工作。在确保主题聚焦的基础上,保持课程与主题的关联,专题与专题的关联,模块与模块之间的关联,这些关联体现在培训内容的类型组合、结构搭配、顺序安排等方面。

"创新课程设计与实施"项目整体上由为期5天的集中研修和2次复盘培训组成。为期5天的集中研修课程以专题形式展开,其核心是持续3天的工作坊(见图6-5),工作坊围绕专题设计了9个相互联系的单元。在集中研修结束半年后与一年后,分别设置了跟踪培训,对集中研修期间的学习经验进行"复盘"。整体而言,项目突出实践性课程比重,每一专题均聚焦课程设计与实施这一主题,从宏观到具体,从理论到实操,层层递进,步步深入。

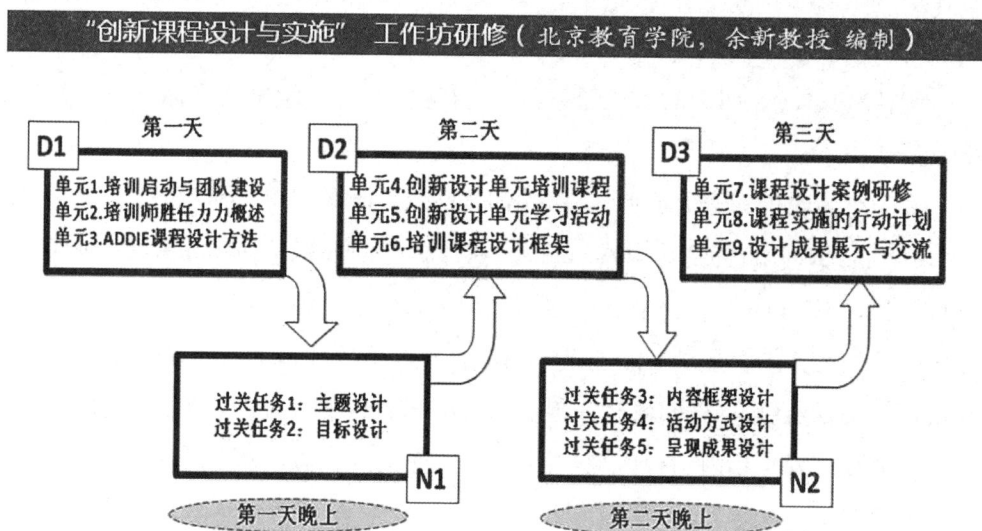

图6-5 "创新课程设计与实施"WORKSHOP课程结构图

(3) 方式——参与导向

学习者做得越多,学到的就越多。学习者如果能在培训过程中参加一系列有意义的、激励性的、与业务工作相关的活动,就能达到最佳的学习与记忆效果。基于行为改进的培训项目,必定是以问题解决为导向的,而问题解决最好的载体是"做中学",因为我们清楚一条朴素的道理——听某人谈论某个领域,远不如自己在那个领域实际工作学得更多。有效的培训一定是参与导向的培训,主张在培训中给参训者提供任务、线索、建议和反馈等。

无论是集中研修还是复盘培训,"创新课程设计与实施"整体均采用了工作坊研修的学习方式。依据专题类型与内容,匹配了破冰活动、专题讲座、案例分析、合作学习、世界咖啡、教练指导、小队教学等多元学习方式,在培训方式上拒绝由"讲座"主导,而是由"任务"来主导,突出了培训的参与导向。它在鼓励参训者独立或合作发现的同时,为其提供专业引导与支持。

2. Step3:引导应用转化

第三步指向培训课程的具体设计。有效的培训除了要求学员掌握新知识、新技能,还要求他们在工作中最大化地应用这些新知识与新技能。所以,在具体培训方法与策略的选择上,我们主张以成人学习、记忆和实践方面的研究为基础,不断引导学以致用。

(1) 实践——提供练习机会

有关学习的相关研究表明,学习是通过练习与反馈实现的。如果培训只有理论讲解与演示,没有给参训者安排一些亲身实践的机会,它就很难带来真正的行为改变。尤其是对成人学习者而言,学习与实践的关联更为重要,因为他们偏向于从实践中学习,且急于将所学用于工作实践。培训要致力于提供一个安全的环境,给予参训者练习、模拟、角色扮演的机会,让其在培训过程中有应用新知识、新技能的机会。

在"创新课程设计与实施专题培训"中,项目组有意识地减少了理论性的学习内容,突出了实践性课程的比例。我们笃信"做"是最好的学习方法,培训中,围绕"课程设计"的一个又一个的过关任务,为参训者提供了大量练习机会。在集中研修结束后,让每一位参训者填写"531 行动计划书",明确训后的行动任务,且为其安排了专门的提醒人与监督人,在后续的复盘培训中,就行动情况开展进一步反馈与辅导。

(2) 互动——提供交流机会

培训中的互动之所以重要,首先是基于对成人学习者的尊重。一方面成人学习者拥有丰富的经验与知识,他们有分享智慧与观点的能力;另一方面成人作为自我导向的学习者,需要积极参与到培训的过程中,并在讨论、分享、展示等活动中承担责任。其次,戴尔"经验之塔"理论启示我们,给参训者足够交流与表达机会,让"做"(具体)的经验上升到"说"(抽象)的经验,才算真正完成学习的内化,也才能在更大范围、更深程度上实现行为改进。

"创新课程设计与实施"项目中,为期5天的集中研修以及2次复盘培训,在课堂组织上均以小组形式进行。在培训过程中,讲师作为引导者推动课程,鼓励参训者以个人或小组形式分享智慧与观点。例如,让参训者分享各个"过关任务"过程中的经验、困惑与感受,在培训课堂建立多方互动;又如,在复盘培训时,邀请多名在学习转化方面表现突出的参训者作为主讲人,分享其在创新课程设计与实施时的经验与心得。

(3)复盘——提供反馈指导

如果有实践、有互动,却无反馈、无指导,那么实践与互动可能就是低效的,甚至是错误的。基于此,我们认为可以将"复盘"这一概念与实践引入到培训项目中来,因为通过它,可以为参训者的学习提供充分的、可靠的反馈与指导。所谓"复盘",是指把过去所做的事情重新"过"一遍,它通过对过去的思维和行为进行回顾、反思和探究,找出原因,找到规律,从而更好地解决问题。

我们发现,当下很多培训项目非常注重设计和提供优质的学习内容,但是对于学习转化的关注却不多。而研究发现,如果参训者在培训结束后又参加一系列有规划的、行动导向的指导与反馈,其学习转化率就会大大提升。基于此,项目组在为期五天的工作坊研修之外,分别在训后6个月和训后1年,设计了两次复盘式培训,邀请学员、专家就应用新方法、新技能再次做面对面的分享与交流,以个人和团体形式反思"创新课程设计与实施"的历程,评估自我行动,分析问题原因,总结成功经验。

六个月复盘

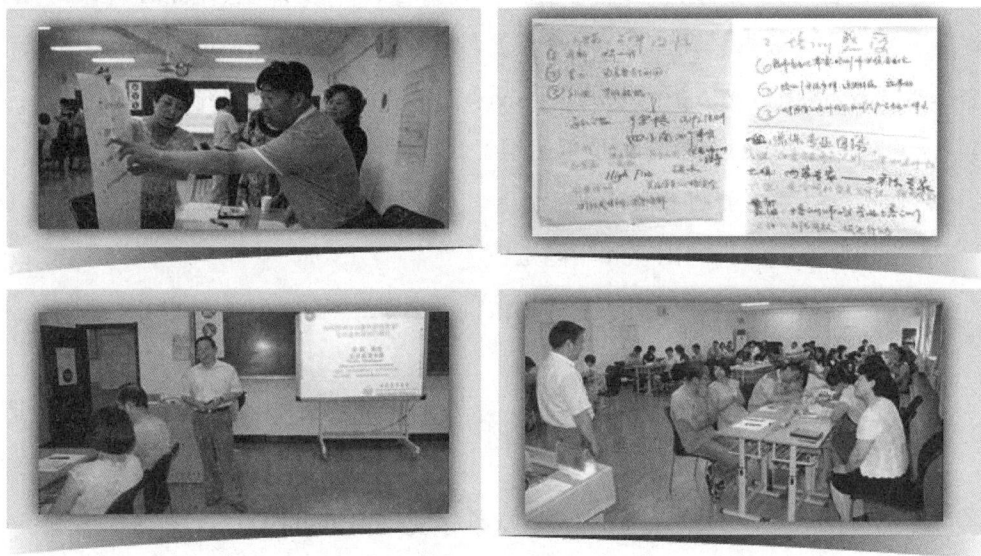

图 6-6 训后 6 个月后复盘培训现场

该环节包含项目设计的最后一步——Step4：实施跟踪评估，旨在为行为改进提供反馈。行为改进不是依靠一次或几次的培训活动，而是一个持续的过程。因此，训后环节，项目组注意从以下三个方面持续推动行为改进。

1. 跟踪——评估行为表现

培训课程的结束绝不意味着学习的终结。学员在培训后，有哪些知识、技能、方法被应用至他们的工作之中？这些知识、技能、方法被应用至何种程度且带来何种积极的业务成果？都是需要持续跟进且关注的问题，对参训者的职场行为表现进行评估，既可衡量培训的真正效果，又可进一步激励参训者担负责任，积极应

113

用转化,从而提升个人能力,获得业务结果。

训后,项目团队充分利用调查问卷、自我报告、360度访谈、作品分析、行为观察量表各类行为数据采集工具,持续关注教师训后的行为变化情况。例如,面向全体参训者,运用包含以下问题的访谈表采集教师训后行为数据:

- 过去一年,我的课程开发是否运用了课程设计八步法?
- 运用此方法取得哪些成功经验?
- 运用此方法遇到的困惑和问题是什么?
- 今后研训课程设计与实施中计划做哪些尝试?

2. 支持——提供行为指导

人在尝试新事物、新行为的时候,总要承担一定的风险。参训者在工作中是否选择应用新知识、新技能与新方法,在一定程度上要看他是否可以获得足够的、来自组织内外的专业与行政支持。由此,对教师培训项目而言,建立包括项目组、培训专家、学校管理者、教师同伴等在内的支持团队非常重要。

基于职场,为参训者提供持续的绩效支持。建立包括培训专家、学校管理者、

一年后复盘

课程内容	单元	活动名称	内容要点	时间
	1	英语阅读教学的逻辑起点	课时1-2:文本解读——理解文本表层信息、理解信息点间的相互联系;理解观点思想、开启深度阅读。	2学时
	2	英语阅读教学的过程体验	课时3:阅读教学的综合视野——语言、内容和思维的融合;课时4:阅读教学策略的体验与提升。	2学时

培训前

课程内容	单元	活动名称	内容要点	讲师培训方法方式	学员学习活动方式	时间
	1	开场活动	获取注意力,建立联结,介绍框架	头脑风暴	参与互动	0.5课时
	2	传递知识点	1.激活旧知 2.策略体验 3.实践与反馈	讲授与互动式相结合	通过二维码扫描完成问卷、做练习、制作案例并评析	1.5课时
	3	结束活动	1.总结策略 2.升华阅读内涵—具有综合视野	复盘	制定行动计划	0.5课时

培训后

图6-7 复盘培训前后学员课程大纲的对比

优秀学员在内的行为支持团队，与学员进行面对面交流。例如，训后 6 个月后，项目组将参训教师再次集中，邀请教师交流分享在使用新方法开发课程、实施培训的体验、收获和困惑，并邀请北京教育学院专家团队进行现场答疑与指导，及时解决学习者在课程开发与实施实践中的问题与困惑。另外，项目团队借助移动平台优势，建立了专门的微信、QQ 学习群，围绕区域教师培训课程开发与实施，分享资源，交流经验。

3. 认可——鼓励行为展示

柯氏评估模型提醒我们，回报是实现行为改变的重要条件之一。在行为主义的鼎盛时期，人们非常重视奖励的价值和影响。后来的认知研究成果似乎使人们对奖励力量的崇拜有所消退，但是几乎所有研究"学习"这一课题的人仍然承认奖励这种巩固和强化手段的价值。回报有内外之分，外在回报包括赢得赞扬或其他经济类奖励；内在回报包括学员在取得成功时的满足感与成就感等。对大多数人而言，成功是最好的回报与奖励。

在训后 1 年，项目组通过"研训案例征集""优秀研训案例展示"等途径和载体，对学员的行为变化以及变化所带来的结果开展评估。通过跟踪指导遴选出 5 名表现优异的学员，邀请其作为新一轮此专题培训学习组织者和助教等方式，让其讲述"创新课程设计与实施"的成功故事，对教师训后行为改进给予鼓励和认可。切实让参训者意识到自己的进步，并对优异的表现和成绩进行奖励，以推动持续且更大范围内的行为改进。

经验与创新

从项目整体规划到培训具体设计，"创新课程设计与实施专题培训"为同仁们提供了理解、组织、实施教师培训工作的新的理念框架与实践尝试，我们将之概括为三点。

一　　从"学习为主"到"结果为主"

既往很多培训,非常注重培训本身,却很少关注与培训有关的业务结果,为了培训而培训的案例并不鲜见。"领雁工程——创新课程设计与实施专题培训"项目团队在做项目设计时,坚持"以终为始",第一步即从结果规划开始,明确区分培训带来的学习结果与业务结果,并找到与业务结果关联最为密切的因素——"行为改进",以之作为项目设计的基点。

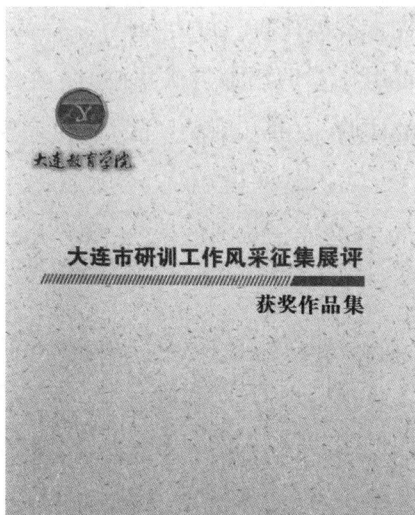

图 6-8　大连市研训工作风采征集展评之获奖作品集

二　　从"割裂零散"到"持续进阶"

现实中,"一次性"的培训很多,培训与培训之间往往是割裂的;而单就一次培训而言,课程与课程之间又往往是零散的。"领雁工程"作为持续性的专业发展支持体系,无论是项目的整体规划,还是培训的专题设计,均基于参训者在不同专业发展阶段的需求与问题,确保培训与培训之间的持续性,确保培训专题与培训专题的递进性。

三　　从"抽象学习"到"直观实用"

现实中的很多培训项目并未真正应用成人学习理论与工具,理论型、灌输型的培训屡见不鲜,这也是教师培训实效备受质疑的重要原因。"领雁工程——创新课程设计与实施专题培训"立足于对参训者问题与需求的密切关注,基于对教师行为改进的追求,突出针对性与实战性原则,尤其在"引导学以致用"方面的专门设计,注重采用各种直观实用的方式推动经验分享,即学习应用。

思考与展望

教师培训项目绩效改善是长期且持续的实践,当前的问题在于培训项目多站在管理者和培训者的角度,从参训者出发,以其问题需求、工作经历、情感体验为主线的项目设计、组织与实施尚不多见。在已有研究与实践基础上,未来一段时间的教师培训项目设计,要在以下三个方面有新的理性思考与实践创新。

一　关注项目的绩效产出

"绩效"强调以终为始,结果导向,它提醒我们要注意过程与结果的高度相关。所谓以终为始,即是在项目开发与设计阶段,就以项目完成后最终要达成什么样的结果或目标为终点,同时也作为所有项目的起点。我们需要明确教师在训后预期出现的关键行为,以及这些关键行为如何促进教师个人和所在学校的教育教学实践的改善,并将之作为衡量项目实效性的重要标准。

二　关注项目的完整体验

培训不仅是一场活动,更是一种完整的体验。作为培训者,尤其要注意围绕项目目标,有意识地将培训前的需求分析和培训后的跟踪指导等一起纳入项目设计之中。从在培训成果预期中的行为界定再到递进式的练习、指导、示范,通过

"闭环"的项目设计使参训者在"发现——尝试——改进——发现"的过程中实现了由不知到知,由不自觉到自觉的行为改进。

三　　关注项目的成人导向

学习和应用新知识、新技能、新方法的情况决定了成人培训项目的最终价值,这同样适用于教师培训。教师参与培训后运用新知识、新工具、新技能改进教学,以提高教育教学质量是衡量教师培训项目绩效的关键要素。具体来说,培训者要充分学习并应用成人学习理论与工具,通过实践课程设计、培训方法选择、培训评价等,不断引导参训者学以致用。

案例实践情况

六年多来,"领雁工程"围绕教育政策法规、教育改革前沿、培训项目设计、培训课程研发等十项培训者核心能力,通过通识培训、主题研修、在线学习等方式对市、区两级进修院校教研员开展多主题专项培训。目前,已累积完成3 500多人次的培训。在多年的项目实践中,不断更新,持续完善,形成了兼具实效与特色的项目设计与运行模式,在学院培训项目体系中,"领雁工程"因其在设计方面的创新,在运行方面的实效,具有示范引领价值。

"领雁工程——创新课程设计与实施专题培训"包含了三次持续、渐进的培训,含一次工作坊研修与两次"复盘式"追踪指导。在训后学员的满意度测评中,三次培训活动的满意度均为100%。项目组收集并对学员训前训后的课程设计作品,并对之进行了专家分析,可以看出课程方案的优化与改进。在对参训者教师培训实践的追踪评估中,发现其在培训课程设计与实施方面表现出明显可见的变化与进步。

基于行为改进的培训项目设计思路，曾受邀在北京、武汉、重庆等地做过经验分享。

案例开发档案

案例归属单位：大连教育学院

案例开发时间：2015 年—2020 年

案例开发团队

姓　名	工　作　单　位	学科背景/职称	主　要　贡　献
刘金华	大连教育学院	教育学/副教授	项目统筹、指导推进
关　爽	大连教育学院	信息技术/讲师	项目实施、项目管理
陈振国	大连教育学院	教育管理/讲师	项目成果梳理、项目文案
秦丽楠	大连教育学院	心理学/讲师	项目管理
嵇丽莹	大连教育学院	中文/高级	项目档案管理
周玉辉	大连教育学院	中文/高级	项目管理
邵鹏治	大连教育学院	信息技术/中级	项目技术支持

案例七

基于经验萃取与迁移的一体四段研修
——名师工作室建设之南通样本研习活动

中国教师研修网

主题类别：教师培训项目创新

关 键 词：经验、萃取、迁移、一体四段

背景与问题

一　培训中参训教师对优秀经验的萃取与迁移不足

教师培训属于成人学习范畴，而成人学习具有很强的自主性和实践性。中国教师研修网在对 2018 年实施的 68 个短期集中面授班级进行训后调研与访谈时发现：学员对培训内容都很满意，觉得培训听起来很有道理，但面对实际还是不知道怎么做，也鲜有学员把所学持续应用于实践！然而培训迁移是衡量培训实效性的重要指标，是学习的核心属性，深度学习应是可迁移的学习。培训迁移理论指出：参训教师个性特征、培训系统设计以及组织环境中迁移氛围是影响培训迁移的主要因素。结合我们的培训实践，急需转变观念、优化设计：更加关注学习者的境遇性和应用性问题，从专注迁入到迁入与迁出结合，以迁移目的和应用场景为起点逆向设计，整合培训前、中、后期以期更好地激发动机，提升实效。

二　名师工作室建设面临特色发展问题亟需解决

近 20 年来，名师工作室这一教师专业发展的形式超越了行政，实现了教师专业发展从"主体性"向"主体间性"的转变，激发了教师发展的主动性和积极性，发挥了区域名师的资源优势，已经成为教师专业成长的新范式。中国教师研修网在 2018 年对多省市项目地区名师工作室主持人的调研中发现，名师工作室发展也存在很多困惑，比如名师工作室如何更加有效地推动、提升运行效率，名师工作室怎

123

样进行活动创新,如何更好地激发工作室成员的积极主动性等。最为集中的是在访谈中多位省级名师工作室主持人提到:"最大的困惑是我们的名师工作室也照样做活动,可为什么梳理时拿不出有影响力的成果?"这就需要名师工作室进一步明确定位、找准着力点、系统规划,向更深领域、更专业角度、更高层面深入探索,扎实根基、发展特色。

基于此,中国教师研修网于2019年7月面向全国名师工作室主持人发起自主选学活动,各地名师工作室主持人根据需求自愿报名参加,成班后组织前往江苏南通集中学习6天。南通在名师工作室建设方面先行探索,形成了一条课题研究项目化、项目实施成果化、成果推广品牌化的品质发展之路。在斩获一大批国家级教学成果奖的同时促进区域优师培养以及教学质量提升,为全国名师工作室建设提供了可资借鉴的样本。从2019年7月—2019年12月,中国教师研修网一共组织了5批活动,参训教师来自北京、天津、四川、湖北、哈尔滨、山东、海南、安徽等多个省市。

基于名师工作室建设所面临的问题,如何萃取南通经验促进本土化迁移,整合好经验迁入与迁出过程是5批培训中持续探索的关键所在。

表 7-1　班级概况

序　号	时　间	学 员 地 区	人　数
1	2019.7.12—2019.7.17	天津、四川、湖北、海南、哈尔滨	113人
2	2019.8.1—2019.8.6	山东淄博	80人
3	2019.10.26—2019.11.1	北京、安徽、山东、海南、黑龙江	108人
4	2019.11.14—2019.11.19	山东滨州、聊城	75人
5	2019.12.1—2019.12.5	湖南、河南	80人

问题解决思路

培训迁移理论中程和胡(Cheng&Ho)把培训迁移划分为四个阶段:一是培

训前动机,指参训者掌握培训内容的有意努力;二是学习,指参训者掌握培训内容的过程;三是培训绩效,指对参训者学习内容的测量;四是迁移结果,即参训者接受培训后在实际工作中的表现。由此可见,要促进迁移需要对培训前中后期进行一体化设计。实践中,我们也逐步探索形成了一体四段的研修模型:"一体"指问题、任务、课程、工具和评价的一体化设计,通过调研将学员的问题转化成任务,基于任务在工具支撑下进行课程学习与评价考核,紧密关联所教、所需与所用,确保培训的实践性与实效性,该研修的核心选择性任务为——名师工作室品牌建设规

表 7-2

	阶 段	活 动	说 明
一体	问题、任务、课程、工具和评价的一体化设计 核心任务:名师工作室品牌建设规划设计\名师工作室三年发展规划设计		
四段	反 思 精准分析	基础调研	要点:问卷调查+前置研讨+案例征集 作用:唤醒经验　激发动机
	对比 精选内容	课程设计	要点:"N+1+1"课程,整合多元需求 作用:经验提取　匹配需求
	萃取 精研路径	多元体验	要点:经验呈现多元化+经验解读工具化 作用:经验萃取　触发迁移
	迁移 精炼成果	实践应用	要点:任务尝试+返岗实践 作用:培养能力　转化成果
示意图			

划设计或名师工作室三年发展规划设计。"四段"指"反思—对比—萃取—迁移"进阶发展的四阶段,"反思"以基础调研为主,通过精准的需求分析激发迁移前动机;"对比"以精选经验匹配需求为主,形成高度契合的学习内容;"萃取"以多元呈现和工具化解读为主,通过精研路径促进精华提取,这两个阶段均是触发迁移的重要基础;"迁移"则以任务体验和返岗实践为主,检验所学、培养学习者迁移能力,最终形成精品成果。

一　精准分析,激发迁移前动机

期望理论指出:培训内容满足个人需求的价值越大,参训教师运用所学的积极性就越高。在实践中我们也发现,当参训者觉得培训所学正好是自己需要的知识与技能时,学习就会很投入,并且迁移运用的愿望也就更强烈。因此,精准的需求分析是激发迁移动机的前提。针对此项目是面向全国各地名师工作室主持人的自主选学活动,学员结构较复杂,基础不清晰。因此主办方通过平台对每位参训学员进行问卷调查+前置研讨+案例征集,将反馈回来的信息深入分析以明确学习者的真实起点,同时促进学习者对原有经验的自省反思,形成学习期待。调查内容如下:

表7-3

活 动	内 容	说 明
问卷调查	1. 个人基本信息 2. 工作室基本信息 3. 个人优劣势分析	➤ 重点了解名师工作室主持人与工作室建设情况
前置研讨	1. 对教学主张的理解 2. 对名师工作室建设的困惑	➤ 本次研修预设的关键点,通过前置话题充分了解学员已有经验与主要困惑
案例征集	每位成员提交工作室建设或工作室特色活动案例	➤ 通过案例材料准确定位起点,同时以此作为研修过程中学员学习以及专家剖析的真实材料

培训内容的有效性能够预测迁移的产生、持续程度和迁移效果。针对名师工作室主持人这类高端群体——教师队伍的引领者，我们认为培训不仅需要满足当下需求，还应助力他们揭示一般规律、掌握背后原理、把握未来趋势，知其然更知其所以然以及知其必然。因此，在培训内容设计上进行多元整合，既能满足当前又能引领未来，兼顾学员的现实性需求与发展性需求。由此，在前期调研基础上，梳理南通经验，分析名师工作室建设规律，建构"N＋1＋1"混合研修课程，从更高层面和视角满足学员需求，解决培训实践难题。

"N＋1＋1"混合研修课程："N＋1"为线下集中研修课程，后面的"1"为线上导学课程。

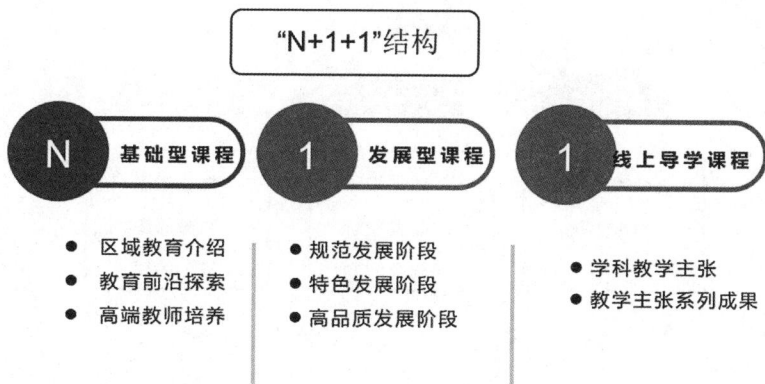

图7-1 "N＋1＋1"课程结构图

N为基础型课程，以当地教育发展情况、名师发展规律、教育前沿趋势等内容为主，便于学员全面了解他者经验形成的环境，还原行为背后的逻辑。

第一个"1"为发展型课程，该模块课程需根据学员名师工作室所处发展阶段进行对比匹配。由于自主选学,每批教师以及同一班级教师所处名师工作室发展阶段都有所不同,为了更好地迁移,需要在最接近的起点呈现最有价值的经验参考。梳理南通经验,名师工作室建设大致分三个阶段:规范发展、特色发展与高品质发展,而每个阶段建设的侧重点有所不同,我们根据不同侧重点提炼关键经验,形成该关键点下的培训课程模块,模块下形成系列主题课程,根据调研需求进行课程的动态组合以及权重配置。三个阶段形成了九个模块,分别是规范发展阶段——机制建设、常态优化、规划研制;特色发展阶段——主张凝练、品牌建设、成果炼制;高品质发展阶段——文化品质、管理品质、成果品质。在五批培训中,大部分名师工作室主持人处于规范发展和特色发展之间,因此以一、二阶段课程为主,主要课程模块包括:机制创新+常态优化+规划研制+主张凝练+品牌建设+成果炼制。而在需求分析后,又加大了规划研制、主张凝练和品牌建设三项的权重。

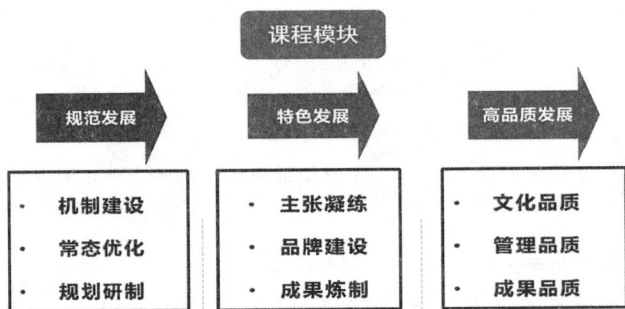

图 7-2 发展型课程模块

第二个"1"为线上导学课程,主要集中在主张凝练这个重难点课程模块。调研反馈,同一班级的名师工作室主持人有不同的学段与学科,如何面向每一个,尤其是在主张凝练这样的核心课程上提供更加直接的参照对迁移实践有重要作用。因此,我们设计了深度融合的混合研修,在研修的课程节点上,提供南通对应学科的名师"教学主张+教学主张课程化系列成果解读"的视频和文本资料作为线上课程,供每位参训教师前置学习,与线下培训交互推进。在服务于总体目标中大同步小异步,兼顾个体,拓展深度。

<table>
<tr><td>三</td><td>精研路径,助力萃取触发迁移</td></tr>
</table>

新迁移观强调:"迁入"的方式和阐释对学习者在新情境中的学习以及从新学习中"迁出"的后续能力有着重要的影响。也就是说参训者在学习过程中获取知识、技能越扎实,后续实践应用就会越充分。由此,实践中我们通过经验呈现的多元化以及经验解读的工具化,助力学习者对优秀经验深刻领悟与精华提取。

1. 经验呈现多元化

美国学者斯皮罗提出:在不同时间和不同情境、从不同角度、以不同方式多次呈现同一内容,使学习者对同一内容或问题进行多方面探索和理解,获得多种意义上的建构,由此促进学习者弹性认知能力的发展。实践中我们根据各课程模块所期望达成的目标层级匹配呈现方式,重点模块多视角、多层次呈现以促进参训教师深层次建构。调研分析中参训者主要需求集中在规划研制、主张凝练和品牌建设三个模块,尤其是主张凝练和品牌建设模块是重点,更是难点,在研修中主要通过现场观摩、专题讲座、专题研讨、案例分析和实践应用逐级呈现转化,让参训教师在经历先体验后概念再实践的体验式学习中领悟他者经验,融合内化自我经验。

表7-4

课程模块	活 动 形 式
规划研制	专题讲座＋任务体验＋专题研讨
主张凝练	现场观摩＋专题讲座＋案例分析＋专题研讨＋实践应用
品牌建设	现场观摩＋专题讲座＋案例分析＋专题研讨＋实践应用

2. 经验解读工具化

聚焦教学主张凝练和名师工作室品牌建设模块课程,梳理相关经验要点研制观察量表帮助参训教师结构化把握关键,主要量表包括:教学主张凝练观察表和名师工作室品牌建设观察表。

(1) 教学主张凝练观察表。名师工作室主持人的教学主张是工作室行走的标志,是工作室积淀特色成果的基石。调研反馈,绝大多数名师工作室主持人对教学主张缺乏深度理解,对自我教学主张的提炼很迷茫,由此导致工作室建设、实践研究和成果提炼重点不突出、特色不明显。学员觉得重要但又很迷茫,就难激发强大的自驱力。调研中问题主要在两方面:

➢ 各立山头,但山山雷同,还有提炼的必要吗?——教学主张价值理解问题

➢ 主张要么大而空,要么小而窄,既缺乏理论支撑又缺乏实绩佐证——教学主张提炼方法问题

由此,梳理南通名师教学主张凝练经验的 7 个要点形成观察量表,用于活动观摩、专题研讨与实践应用中。7 个要点包括:教学主张的表述、教学主张提出角度、教学主张理论依据、基于主张的课程范式、基于主张的课题研究、基于主张的课程开发以及教学主张的发展方向。

(2) 名师工作室品牌建设观察表。梳理南通名师工作室建设经验的 10 个关键方面并形成量表,应用在活动观摩、专题研讨与实践应用中。10 个方面包括年度计划、运行制度、教学主张、课题研究、教学产品、常态活动、项目推进、体系建构、团队发展以及媒体宣传。

四　迁移设计,炼制精品成果

培训成果的转化是最为重要的环节。为促进参训教师在实践中应用培训所

学,过程中需要联结学习与工作场景,提供应用机会,加强转化方法训练提升参训教师的迁移能力;而在培训结束后的返岗实践中更需增强反馈支持,促进落地转化与持续学习。本项目中的迁移设计主要分为两个阶段:培训中任务体验与返岗后的实践应用。培训中的任务体验,主要是将参训教师工作中的困惑转为培训中的核心任务——工作室品牌建设规划设计或名师工作室三年发展规划设计。在培训前让学员根据工作室现实情况进行选择并尝试撰写,又在研修的最后半天分小组依托群体智慧进行二次优化与分享展示。二次优化分为自研、共辩、巡展与创优四步,在充分自主思考撰写后,专家引领理性思辨、内化所学。更重要的是以实际任务训练了其成果转化方法,提升了迁移应用能力,形成了可以带得走的成果作为后续实践的行动指南。培训后的返岗实践应用则是结合规划在一个月内开展一次工作室活动,并提交相关资料在平台上进行分享展示,在同伴和专家的反馈支持下增强迁移动力与实效。

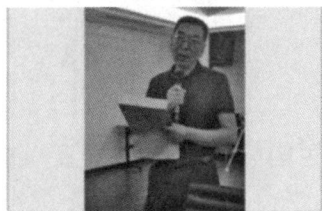

照片标题: 小组研讨交流, 向他人学习
上传人: 孙庆厂

照片标题: 二组王海霞老师表述观点
上传人: 高胜军

照片标题: 一组代表任红淘发言!
上传人: 高胜军

照片标题: 二组发表时间
上传人: 高胜军

照片标题: 郭志明局长耐心解答学员问题。

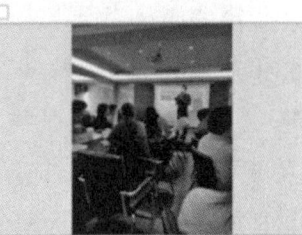

照片标题: 小组研讨、交流,跟他人学习。

图 7-3 任务体验

经验与创新

一　关注参训者境遇性和应用性问题，形成一体四段研修模型

针对培训中参训教师主要反馈的问题——对优秀经验的萃取与迁移不足，结合名师工作室建设之南通样本研习活动展开问题导向的实践探索。依据培训迁移理论的四个阶段：培训前动机、训中任务学习、培训绩效以及迁移结果，反思学习者的境遇性和应用性问题，整合培训前、中、后期，探索形成"一体四段"的研修模型：通过问题、任务、课程、工具和评价的一体化设计，将问题转化成任务、基于任务在工具支撑下进行课程学习与评价，确保所教即所需，所教即所用；通过反思—对比—萃取—迁移进阶发展的四阶段，精准需求分析、精选学习内容、精研萃取路径，最终形成带得走的精品成果——名师工作室品牌建设规划\名师工作室三年建设规划。

二　关注参训群体特征，构建"N+1+1"混合研修课程

针对名师工作室主持人这类高端群体——教师队伍的引领者，我们认为培训不仅需要满足当下需求，还应揭示一般规律、掌握背后原理、把握未来趋势，知其然更知其所以然以及知其必然。因此，课程设计既需满足当前需求又能引领未来，兼顾学员的现实性需求与发展性需求。由此，梳理南通经验分析名师工作室发展规律，形成"N+1+1"混合研修课程，从更高层面和视角满足学员需求，解决培训难题。"N+1"为线下集中研修课程，通过细分工作室发展阶段以及相应阶段的关键课程模块与学员需求进行对接和组合，从而解决学员工作室处于不同发展阶段的问题；第二个"1"为线上导学课程，聚焦教学主张凝练这一重难点内容，通

过提供对应学科的名师"教学主张＋教学主张课程化系列成果解读"的视频微课和文本资料,解决同一个班级学员有不同学科的问题,尽可能给学员最直接、有价值的参考经验。

三　关注参训者经验萃取路径，为经验迁移奠基

参训教师在学习过程中获取知识、技能越扎实,后续实践应用就会越充分。由此可见,培训过程中对经验的深刻领悟是基础。本项目通过经验呈现多元化＋经验解读工具化为学习者提取精华提供有力支撑。在经验呈现方面,重点模块进行多视角、多层次呈现,尤其是主张凝练和品牌建设模块,通过先体验后概念再实践的体验式学习助力参训教师深刻领悟他者经验的精髓;在经验解读方面,聚焦主张凝练与品牌建设两大重难点,梳理经验的关键点,研制教学主张凝练与名师工作室品牌建设观察量表,促进结构化观察与深层次解读。

四　关注参训者迁移应用能力培训，训练转化方法

在影响教师培训迁移的因素中,参训者的应用转化能力是很重要的因素。因此,培训过程中设计系列参与分享与应用环节,包括主题研讨、案例分析以及任务体验等,模拟真实场景,应用所学,增强参训教师培训的迁移能力和自我效能感,降低培训环境与真实实践的差异对培训迁移产生的负面作用。尤其是核心任务体验——工作室品牌建设规划设计或名师工作室三年发展规划设计,贯穿培训始终:将调研困惑转为操作任务,培训开始前参训教师进行选择与撰写;培训过程中专家引领智慧碰撞与二次优化;培训结束后,以此为指南行动落地与分享。

思考与展望

思考一：进阶混合研修课程设计，充分运用双混合式研修关注每一个学员

本项目虽运用了线上线下混合研修模式，但线上仅仅是异步在线培训，目标定位在满足不同学科教师对相应学科经验学习的需求上，对于线上线下融合设计挖掘不够。后期实践也发现，应更加充分利用双混合，即线上与线下混合，在线同步与异步混合，将前研与后展设计得更加丰满，拓展培训时空，构建可持续的学习共同体。由此，在培训内容上也可进行更大程度地翻转，提升培训深度与效度。比如"N＋1＋1"课程中的基础型课程，多以介绍当地教育情况和教育发展趋势为主，也可转化为前置在线同步培训，供参训教师预热学习，便于带着对当地教育概念上的初识来实境感受，同时也可以预留出更充足的时间聚焦教学主张凝练这一重难点，在难点上做扎实，通过线下专家把脉、专题研讨和现场体验促进名师工作室主持人教学主张与操作体系建构。而训后的迁移反馈，更应融合在线同步与异步交流，将实施中的共性、典型问题同步指导，个性问题异步交流，促进转化。

思考二：加强训后迁移的结构设计，促进实践创新

本项目虽对培训前、中、后期进行了系统设计，关注培训过程中参训教师迁移转化方法的训练以及培训后一个月工作室活动落实的跟踪指导，但从实施反馈来看，训后设计还需进一步拓展思路。比如培训结束后经常有学员留言说平台很重要，希望可以与其他工作室开展联研活动等。由此想到训后的支持不仅应关注专家一对点的指导反馈，更应关注学员彼此间的智慧流动、实践生成。通过中国教师研修网、教研网的学习平台将训后的必选与自选活动结合设计，除规定动作外鼓励学员自主结对开展工作室联研，充分发挥共同体作用，携手创新。

图 7-4　工作室活动

案例实践情况

　　名师工作室建设之南通样本研习活动从 2019 年 7 月开始实施，一共组织了 5 个班级，一共 456 人，所涉及学员包括来自北京、天津、四川、湖北、哈尔滨、山东、海南、安徽等多个省市的名师工作室主持人。

表 7-5

序　号	时　　间	学　员　地　区	人　数
1	2019.7.12—2019.7.17	天津、四川、湖北、海南、哈尔滨	113 人
2	2019.8.1—2019.8.6	山东淄博	80 人
3	2019.10.26—2019.11.1	北京、安徽、山东、海南、黑龙江	108 人

序　号	时　　间	学 员 地 区	人　数
4	2019.11.14—2019.11.19	山东滨州、聊城	75人
5	2019.12.1—2019.12.5	湖南、河南	80人

案例开发档案

案例归属单位：中国教师研修网

案例开发时间：2019年—2019年

案例开发团队

姓　名	工 作 单 位	学科背景/职称	主 要 贡 献
宋冬生	原合肥师范学院	副教授	案例审核指导
王笑君	南通名师培养导师团	高　级	项目指导
郭志明	南通名师培养导师团	特　级	项目指导
陈　群	中国教师研修网	数　学	项目负责人、课程设计与实施
王忆情	中国教师研修网	英　语	项目执行
方美玲	中国教师研修网	语　文	项目执行
雷书宛	中国教师研修网	化　学	项目执行

案例八

快学习,慢思考: 运用微课程助力教师专业发展

上海市师资培训中心

主题类别：教师培训模式创新

关 键 词：自媒体、微课程、快学习、慢思考、教师专业发展

背景与问题

一　背景

百年大计，教育为本；教育大计，教师为本。作为"引路人"和"筑梦人"，教师的专业发展关系到中国未来人才的培养，关系到中华民族伟大复兴这一中国梦的实现。自"十三五"以来，教师培训课程逐渐成为提升教师专业素养的重要方法，各级各类教师培训机构成为开展教师培训的基本载体。教师培训课程对于教师专业发展整个领域的重要性不言而喻。尽管当前被教师广泛学习的教师培训课程已经基本符合课程的规范，具备教师培训课程的基本要素，但是从当前时代发展和教师专业发展需求的双重角度来看，教师培训模式的创新很重要。

二　存在问题

1. 课程的学习时间较长

一般来讲，教师培训课程的学习时长为 10 至 50 课时，教师往往需要专门安排时间，花费 450 分钟至 2 500 分钟不等才能完成，是造成教师"工学矛盾"的重要原因之一。

2. 学员需赴专门的场所或者"空间"进行学习

教师需要在学校和培训场地来回奔波，或者需要登录指定的平台或者下载指

定的 APP 开展学习。前者通勤时间成本较高,后者则需要教师登录多个平台或者下载多个 APP 来用于不同课程的学习。

3. 教师培训课程针对性有待提升

尽管近年来教师培训课程的开发朝着分层分类分级的方向发展,但是很多教师培训课程仍然无法做到讲讲以例释理,解决教师教学、科研、专业发展中遇到的实际问题。

4. 大多数教师培训课程的更新或迭代太慢

在这个知识爆炸的时代,教师培训课程开发周期长,使得教师日益增长且变化的教师专业发展需求无法得到及时满足。

5. 教师是培训课程的消费者而不是生产者

在以往的教师培训课程中,教师往往是作为学习者参与到其中。尽管教师们也在学习过程中留下了一些内容,如回答问题或者在论坛中发帖子留言,但是归根结底仍然是作为课程的消费者,并不是从课程建设时就作为生产者来共建课程。

本案例直击上述教师培训课程的五大"痛点",主要解决教师培训课程学习时间长、学习场所指定、学习内容针对性不强、开发周期长、参与度较低的问题。

问题解决思路

为了解决上述教师培训课程的五大"痛点",项目团队根据时代发展和教师专业发展的新要求和新需求,采用敏捷开发的方式快速设计并开发教师培训微课程,依托微信公众订阅号面向全国教师推送"学得会、用得上、能减负、可参与、能提升"的教师培训微课程,使得教师可以在"处处时时"的泛在环境中快学习、慢思考,解决教师专业发展问题与难题,推动教师在真实情境中快速成长。比如在新冠疫情期间,它充分调动培训机构和一线教师的集体智慧,在提升教师线上线下教学能力方面很有成效。

一　　勾绘"画像"：教师培训微课程的特点与形态

1. 微课程特点："学得会、用得上、能减负、可参与、能提升"

教师培训微课程应该是"极简"的,既能够满足教师"处处能学,时时可学"的学习需要,又能够吸引教师共建课程,运用集体智慧及时解决教师实际问题或者新生问题。

(1)"极简"

教师培训微课程的开发引入了"极简教育技术"的开发理念,从教育教学实践中的实际问题入手,聚焦教师"学得会、用得上、能减负、能提升劳动创造性"的内容,推动教师思考并学习相关的解决方法或教学策略,进而使得教师提高教育教学的效率、从根本上为教师减负。

(2)"微课程"

教师培训微课程应该充分利用教师上下班通勤、课间等碎片化时间,应符合微课程的一般特点：一门包含讲解、提问等学习活动的微课程时长通常为 5—10 分钟；多以视频为主,辅以相关的学习说明或者后续的学习任务(如测验、讨论等)。

(3)"处处能学,时时可学"

教师培训微课程应具备泛在学习的属性,使教师能够摆脱学习平台或者学习APP 的限制,可以依托微信等教师在日常生活中常见的 APP 来学习。

(4)"共建共享"

教师培训微课程应该能够具备群体共建的特点,为教师共同建设课程提供机会,这就要求微课程提出的主题或者内容不仅能够引起教师兴趣还能够允许教师参与；课程的建设简便易学,使教师能够快速掌握。

2. 微课程形态：以富媒体资源为载体的在线学习活动序列

教师培训微课程将问题导入、知识讲解、讨论等学习活动以微视/音频、微图文等数字资源形式呈现出来。

(1) 微资源与序列化的微活动

依托微信平台,资源的形态既可包括文字、图片、视频、音频等单向传播的数字资源,又包括投票、问卷、讨论、留言等具有交互功能的资源形态。通过运用这些资源的目的是将教师培训中的活动序列化,是培训活动的外在表现。比如,问题引入这样的一个学习活动可能依赖的是一段文字、一张图片、抑或是一段视音频。

(2) 问题导入、知识讲解、巩固迁移的结构

微课程依托微信快媒体的特性:以解决教师专业发展中真实问题或紧迫问题为导入,快速引起教师的学习注意,把教师吸引到课程中;然后对问题如何解决及背后的原理进行相应的讲解;最后以问题的形式促进教师反思,做好巩固迁移。

二   敏捷开发: 教师培训微课程的迭代开发思路

以 ADDIE 模型为代表的教师培训课程开发模型往往是线性的且需要经过较长的时间来完成,对于当前教师日益增长且快速变化的教师专业发展需求灵活性不足。对此,本案例引入敏捷理念,基于 SAM 模型,采用了快速原型和迭代精制的开发思路,在实践中探索出一条教师培训微课程的迭代开发思路(见图 8-1)。

图 8-1 教师培训微课程的敏捷开发模型

1. 准备阶段：背景调查、主题确定、团队共建

为了使课程能够具备"学得会、用得上、能减负、可参与、能提升"的特性，在准备阶段至少需要做好背景调查、主题确定、团队共建相关工作。

（1）背景调查：及时采集国家发展要求和教师发展需求，了解课程开发需求。比如，项目组在开发《教师安全微素养》系列微课程时，一方面响应教育部、上海市在校园安全方面的要求，另一方面根据调研结果提升中小学教师校园安全危机的应急与处理能力。

（2）主题确定：一般来讲，教师培训微课程切口都比较小，围绕教师在新时代下亟需解决的问题或提高的素养。比如《在线教学能力专项提升》系列微课聚焦于教师亟需提升在线教学能力、在线教学平台使用、教学资源获取与架构、在线教学的实施与评价能力等需求。

（3）团队共建：为了达到快速响应、敏捷开发，团队要分工明确，职责清晰，如设定《助力教师抗疫》系列微课程的建设负责人一名，主要负责确定每门微教师培训课程主题、组建团队、推进课程制作与发布；设计者若干名（可面向全社会征集符合要求的人员），负责微课程的内容设计和脚本设计；开发者 2 名，主要就确定的内容进行资源制作、微信上线；审核者若干名，主要就微课程的微信内容、形式、版权等内容进行审核。主要人员分工见表 8-1。

表 8-1　助力教师抗疫专题课程模板 1 课程排片表

序号	主　　题	发布日期	设计	磨稿	审核	开发	上线
1	面对疫情，教师莫着急	2020 年 02 月 01 日	朱老师	团队	周等	张老师	李老师
2	面对疫情，负面情绪莫要怕	2020 年 02 月 02 日	朱老师	团队	周等	张老师	李老师
3	面对疫情，应对心理应激小窍门	2020 年 02 月 03 日	朱老师	团队	周等	张老师	李老师
4	善用共情技术和认知行为调整	2020 年 02 月 04 日	王老师	团队	周等	张老师	李老师
5	巧用呼吸放松和动机激发	2020 年 02 月 05 日	王老师	团队	周等	张老师	李老师

序号	主 题	发布日期	设计	磨稿	审核	开发	上线
6	如何布置有创意的"特别作业"	2020 年 02 月 06 日	杨老师	团队	周等	张老师	李老师
7	如何做好停课不停学的准备	2020 年 02 月 07 日	张老师	团队	周等	张老师	李老师
8	我们用"彩虹"照耀世界	2020 年 02 月 08 日	张老师	团队	周等	张老师	李老师

2. 设计阶段：设计教师学习的路线图

本阶段主要目的是完成课程内容脚本的设计,规划在线学习的路线图,主要通过活动、资源和样稿的设计来完成。

图 8-2 课程活动设计的框架架构

(1) 活动设计：应该兼具成人学习和微课程的特点：简洁,去除无关图文与资源;生动,让教师看懂、快速进入到学习状态;真实,创设真实情境,吸引教师参与;有意义,解决教师遇到的真问题;灵活,支持学员能够随时随地开展学习。对此,本案例基本采取编者按、现象思考、学理分析、应对策略、互动思考的结构作为活动设计框架(见图 8-2)。

(2) 资源设计：一切的学习活动均是以文本、图片、音频、视频、超链接等资源形式呈现的。资源设计的主要目的是为了让微课程有"画面感",它不仅使课程建设者们之间能够在微信课程的具体形态上达成共识,还为后续的开发流程绘制了蓝图。从资源的呈现与交互视角来看,依托微信平台的微课程中的学习活动主要包含图文资料浏览(含文本、图片、文字)、音视频资料收听观看(含音频、视频)、问题研讨(留言区)。

(3) 样稿设计：形成样稿,不仅是为了使设计团队达成共识,还便于与开发人员沟通,还有利于后续课程的快速开发。样稿一般是系列微课程的第一个,后续微课按此设计,以助力教师抗疫系列微课为例(见图 8-3)。

標題：助力教師抗疫系列微课：認知突發事件
【編者按】……（略）……，我們組織一線優秀教師，並聯合海軍軍醫大學附屬長征醫院醫學心理科共同推出"助力教師戰疫系列微课"，主要涉及疫情下教師心理狀態識別、干預、假期家校溝通、專業指導等內容。

現象思考

（現象內容描述1……略……）

（相關配圖：一個人在樓上看到小區的鄰居被救護車帶來）

（現象內容描述2……略……）

學理分析

（心理應激反應，相關解釋，……略……）

應對策略

（具體舉措，……略……）……

互動思考

面對疫情，您如何進行自我心理調適？有何高招妙招？

參考資料

……

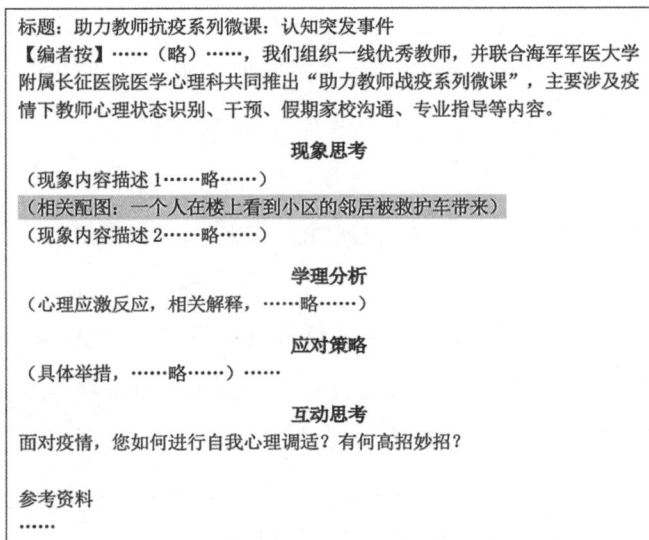

图 8 - 3　样稿设计示范

3. 开发阶段

为了达到快速响应、敏捷开发的目的,需要资源开发前对资源的成本和时间分析,并以此为基础进行素材采集和制作。

（1）资源分析：通过时间成本分析来衡量设计阶段需要完成的资源开发时间,其主要目的是缩短资源开发的时间;通过资金成本分析确保单门微课的成本可控,整个系列课程的成本在预算范围之内。

（2）素材搜集：对课程所需的图片、背景音乐和短视频等素材进行搜索,通过版权共享、版权购买、素材自建的形式完成搜集。

（3）素材制作：根据资源设计要求,将前期采集到的素材,如图片、背景音乐、PPT 等内容进行加工与制作。

4. 发布阶段

（1）资源上线：将上述开发的内容上传到微信后台,并根据内容脚本将设计的文本、图片、视音频等资源进行有序排列。为了起到更好的可视化效果,一般会采取秀米、135等第三方H5编辑工具进行美化。

（2）课程测试：邀请内容设计者和资源开发者重点就上线的资源进行复核，一是检查内容是否有差异，二是复核资源是否应用得当。

（3）审核发布：邀请微信公众订阅号的发布者，对上述所有内容进行审核，从先进性与引领性、科学性与适切性、传播性与舆情性等角度进行全面审核。待根据审核意见修改完成后，进行上线发布。

本案例在运用SAM模型时，遵循敏捷开发的理念，每门微课均是快速成型，然后在准备、设计、开发和发布阶段进行迭代与精制，使得课程能够同时在思想性、专业性、针对性、传播性等多方面达标。

三　共建共享：运用集体智慧协作共建

共建共享是教师培训微课程的一个重要特点。通过探索，本案例形成的活动设计和资源设计框架简洁易操作，打破了教师培训课程必须由专业机构、专业人员完成的限制，推动师范大学、培训机构等专业课程开发机构与一线教师共同参与到课程的建设中。

1. 定向征集

充分运用专业机构的自身优势来定制教师培训微课程，如"家庭教育网"定制开发《在线家校沟通》系列专题微课，向致力于应急安全的"第一反应"定制开发《教师安全微素养》系列微课。

2. 众包开发

教师培训课程的现象思考、学理分析、应对策略等模块与教师日常开展教学反思、总结教学经验的思路相匹配。对此，本案例在后期模型成熟时期，引入教师参与，通过教师供稿、协商设计等方式共同完成《在线教学云妙招》《ICT赋能教学》等多个主题微课程的共建。

经验与创新

本案例响应了全国教育大会及习近平总书记关于教育重要论述的精神,落实了《教育部关于深化中小学教师培训模式改革全面提升培训质量的指导意见》具体要求、将"极简主义""敏捷理念"等思想融入教师培训课程的建设中,创新了教师培训课程的建设与运营模式。

一　案例经验

1. 及时满足教师发展需要的"快学习"课程圈

自 2019 年 9 月份开展以来,通过与华东师范大学、上海市电化教育馆、第一反应、家庭教育网等专业机构定制开发,通过与大中小学教师协作开发的方式,共形成 8 个系列 99 门微课,截至 2020 年 7 月 31 日总计浏览量超 24 万人次(见表 8-2)。

表 8-2　教师培训微课程汇总表

序号	微课程系列名称	门数	浏览人次	联合对象	开始日期	结束日期
1	教师安全微素养	15	7 414	第一反应	2019 年 09 月 10 日	2019 年 12 月 24 日
2	助力教师战疫	8	76 438	自主研发	2020 年 02 月 01 日	2020 年 02 月 08 日
3	在线教学专项提升	14	82 722	华东师范大学	2020 年 02 月 19 日	2020 年 02 月 21 日
4	班主任如何视频家访	7	48 723	市优秀班主任	2020 年 02 月 24 日	2020 年 02 月 28 日
5	如何使用平台在线教学	9	4 239	上海市电化教育馆	2020 年 02 月 29 日	2020 年 03 月 09 日
6	在线家校沟通	5	3 101	家庭教育专业培训网	2020 年 03 月 10 日	2020 年 04 月 09 日

序号	微课程系列名称	门数	浏览人次	联合对象	开始日期	结束日期
7	在线教学云妙招	35	15 502	全市大中小教师	2020 年 03 月 23 日	2020 年 06 月 09 日
8	ICT 赋能教学	6	3 133	全市中小学教师	2020 年 6 月 16 日	至今
9	小计	99	241 272	备注：统计时间为 2020 年 07 月 31 日		

（1）及时满足教师发展需要

课程的专题主要来源于教师在日常教学中可能遇到的问题或者亟需补充的知识、需要提升的技能而设定的。比如在疫情之初，为了帮助教师做好心理疏导，为教师更好地做好疫情期间的学生心理辅导、为教师居家教学做好准备，我们推出了《助力教师抗疫》《班主任如何视频家访》《在线家校沟通》等系列微课；为了使教师能够开展在线教学，我们于开学前后依次推出了《在线教学专项提升》《如何使用平台在线教学》《在线教学云妙招》等系列微课；为了使得教师能够做好线上线下教学的融会贯通，又推出了《ICT 赋能教学》的专题微课。

（2）随时随地发生的"快学习"

所有微课程都通过上海市师资培训中心微信公众订阅号来发布，教师无需下载任何专有的 APP 来学习；每门课程的学习时长在 5—15 分钟，适合教师利用碎片化时间完成学习；每个系列的课程发布时间有规律，根据教师学习需求的紧迫性，按天或按周有规律性地推送，使得教师有计划、有目的地开展学习。

2. 为教师提供"慢思考"的学习空间

随着教师培训微课程主题的不断丰富，依托微信公众号，本案例逐渐为教师提供了一个提升教师专业素养的学习空间。

（1）按图索骥式的学习空间：我们发现有些课程刚刚推出来的时候，微信的阅读量并没有像预期那样有迅速的增长，反而在后期教师需要的时候得到了爆发式的增长。以《助力教师抗疫》系列微课程为例，在 2020 年 2 月 1 日至 8 日期间每天发布后,每门微课程的阅读量在3 500左右。后面随着疫情的加重,阅读的人次不断上升:一方面是教师们通过多次回看来加深了解、思考如何将此运用在自己的教学中;另一方面因为教师等群体的分享带动了更多老师的学习与思考。

(2)有针对性地提升教师素养:作为成人的教师在学习过程中具有很强的目的性,教师培训微课程尽管是场景预设式、问题导入化的形式,如果不是针对教师当前需要或者近期需要的,那么教师可能只会浏览,不会引起高度重视。但是当教师遇到了类似的情况,教师就会再次查看,有针对性地学习微课程中的理论解释和实操策略。以《教师安全微素养》系列微课程为例,当关于崴脚的紧急处置课程推出时,正好遇到一位老师崴了脚,据她所说这门课"太实用了,太及时了"(见图8-4)。《助力教师抗疫》《在线教学专项能力提升》等微课程均有这样的特点。

图8-4　教师对于课程实用性及时性的回复截图

二　创新实践

1. 探索形成了基于SAM模型的教师培训微课程开发

在教师培训微课程的开发过程中,我们逐渐形成了一套基于SAM模型的开发思路,通过准备、迭代设计、迭代开发、发布四个阶段完成了99门微课程的开发。四个阶段已在上文阐述,此处不再赘述,仅强调两点:

（1）敏捷开发：教师培训微课程需要对教师动态变化的需求做出回应，需要就当前教育行政管理部门的新要求做出回应，需要就教师新增专业发展需求做出响应。这就要求教师培训课程要在短期内开发出来，比如《助力教师战疫》系列微课程开发期为2—3天，《在线教学专项能力提升》系列课程开发周期为3—5天，这均参考敏捷理念与SAM模型。

（2）团队协作：教师培训微课程的开发需要多方参与，共同完成。以《教师安全微素养》系列课程为例，开发人员既有掌握紧急救护能力的专业人员，也有专业从事课程开发的人员，还有从事新闻发布的人员，大家齐心协力。共同完成了课程的开发。如果同时要求一个人具备所有的能力，显然不现实。因此，教师培训微课程是需要团队协作的。团队协作的另一个视角是，大家各自发挥专业优势，缩短课程开发周期。

2. 形成了教师培训课程开发的"共同语言"

在教师培训微课程的开发中，课程开发的人员达成了敏捷开发思路的共识完成了课程开发。在这个过程中，形成了一套共同的语言体系。

（1）简洁的"开发语言"：在微课程开发中，本案例形成了一套准备、迭代设计、迭代开发、发布的流程，并且依托分工表（表8-1）、课程结构图（图8-2）、课程脚本（图8-3）等工具形成了微课程开发团队的共同语言。

（2）相同的"话语体系"：现象思考、学理分析、应对策略、互动思考的课程结构与教师的经验总结、教学反思模式相似，有助于教师沟通参与，简易的课程脚本格式，不仅有助于课程团队内部达成共识，也有助于教师参与到课程建设中。以《ICT赋能教学》系列微课为例，该系列课程面向全体教师征集课程内容的设计者，并提供了相关要求（见图8-5），规定了课程的类型、课程的结构，帮助教师总结运用信息技术的经验，并将教师先行先试的优秀做法变成课程，辐射出来。

征集对象：中小学教师

征集主题类别：

1. 线上线下教学的融合
2. 数据驱动的因材施教
3. 人工智能与教育教学
4. 其他新技术在教育中的应用

活 动 内 容

心有灵犀，下笔成文。在实践教育活动中，您的所思所悟、所做所得皆可成文。其中文档需包含：分享主题（一般不多于20个字）、主题类别、现象思考、问题描述、应对策略、点睛之笔。请注明个人信息（姓名+单位+联系方式），便于我们跟您沟通。

征集要求

1. 与主题类型相符的教学、科研、专业发展相关的案例；
2. 格式内容：现象思考（200-300字）、问题描述（200-300字）应对策略（300-600字）、点睛之笔（200-300字）；
3. 字数控制在1500字以内；
4. 其他相关资源，可提供视频、音频、图片等。

分享方式

投稿请注明"云妙招"字样。请以压缩包形式（文档+图片等素材）发邮件至 zhoudanni@shttc.org

图 8-5　ICT 教学赋能的征集要求截图

案例实践情况

本项目的应用以上海为主、长三角为辅，辐射全体教师群体，约 24 万人次。

一　应用方式及成效

部分微课程可通过扫描以下二维码查看（见图 8-6），全部课程及课程动态可通过“上海市师资培训中心微信号”下方的“助师微课”菜单栏观看。

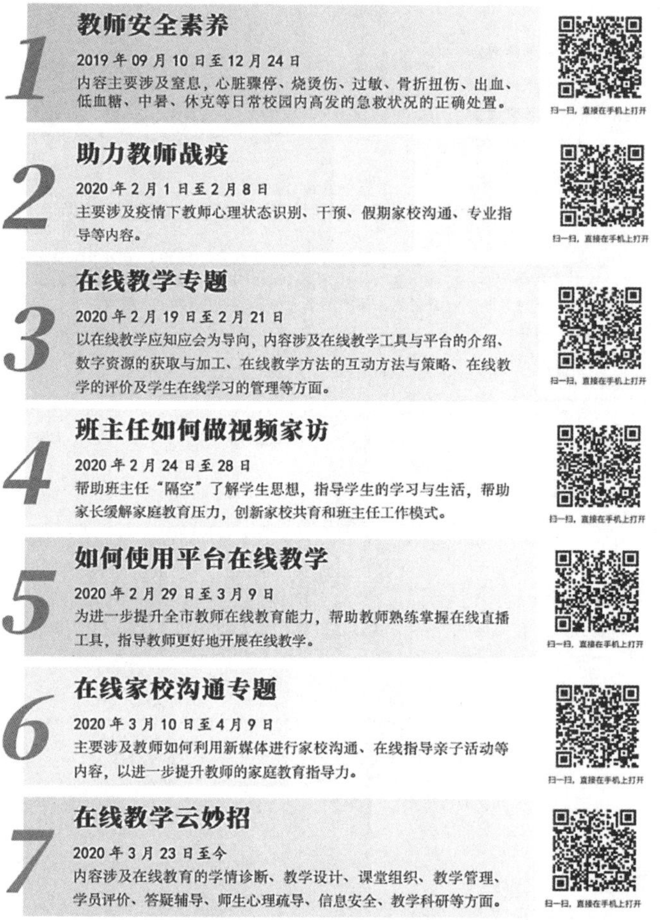
1
教师安全素养
2019 年 09 月 10 日至 12 月 24 日
内容主要涉及窒息，心脏骤停、烧烫伤、过敏、骨折扭伤、出血、低血糖、中暑、休克等日常校园内高发的急救状况的正确处置。
扫一扫，直接在手机上打开
2
助力教师战疫
2020 年 2 月 1 日至 2 月 8 日
主要涉及疫情下教师心理状态识别、干预、假期家校沟通、专业指导等内容。
扫一扫，直接在手机上打开
3
在线教学专题
2020 年 2 月 19 日至 2 月 21 日
以在线教学应知应会为导向，内容涉及在线教学工具与平台的介绍、数字资源的获取与加工、在线教学方法的互动方法与策略、在线教学的评价及学生在线学习的管理等方面。
扫一扫，直接在手机上打开
4
班主任如何做视频家访
2020 年 2 月 24 日至 28 日
帮助班主任“隔空”了解学生思想，指导学生的学习与生活，帮助家长缓解家庭教育压力，创新家校共育和班主任工作模式。
扫一扫，直接在手机上打开
5
如何使用平台在线教学
2020 年 2 月 29 日至 3 月 9 日
为进一步提升全市教师在线教育能力，帮助教师熟练掌握在线直播工具，指导教师更好地开展在线教学。
扫一扫，直接在手机上打开
6
在线家校沟通专题
2020 年 3 月 10 日至 4 月 9 日
主要涉及教师如何利用新媒体进行家校沟通、在线指导亲子活动等内容，以进一步提升教师的家庭教育指导力。
扫一扫，直接在手机上打开
7
在线教学云妙招
2020 年 3 月 23 日至今
内容涉及在线教育的学情诊断、教学设计、课堂组织、教学管理、学员评价、答疑辅导、师生心理疏导、信息安全、教学科研等方面。
扫一扫，直接在手机上打开

图 8－6　部分教师培训微课程的介绍及访问二维码

依托上海市及长三角的优质资源，自 2019 年 9 月份开展以来，上海市师资培训中心通过与华东师范大学、上海市电化教馆、第一反应、家庭教育网等专业机构定制开发，通过与大中小学教师协作开发的方式，采用敏捷开发的方式共形成 8 个系列 99 门微课，总计浏览量超 24 万人次(见表 8－2)。

二　课程反馈情况

　　8个系列的教师培训微课程从教学实际应用角度出发来满足教师在新时代背景下的发展要求与需求,提升教师的专业素养,使教师能够解决新的问题,胜任新的技术,迎接新的挑战。

　　从总的阅读量上来看,教师培训微课程深受一线教师欢迎,尤其是疫情期间开发的《助力教师战疫》和与在线教学相关的系列微课程。

　　从教师在微信后台的留言反馈来看,这种"学得会、用得上、能减负、可参与、能提升"的课程还是很受教师欢迎的(见图8-7)。

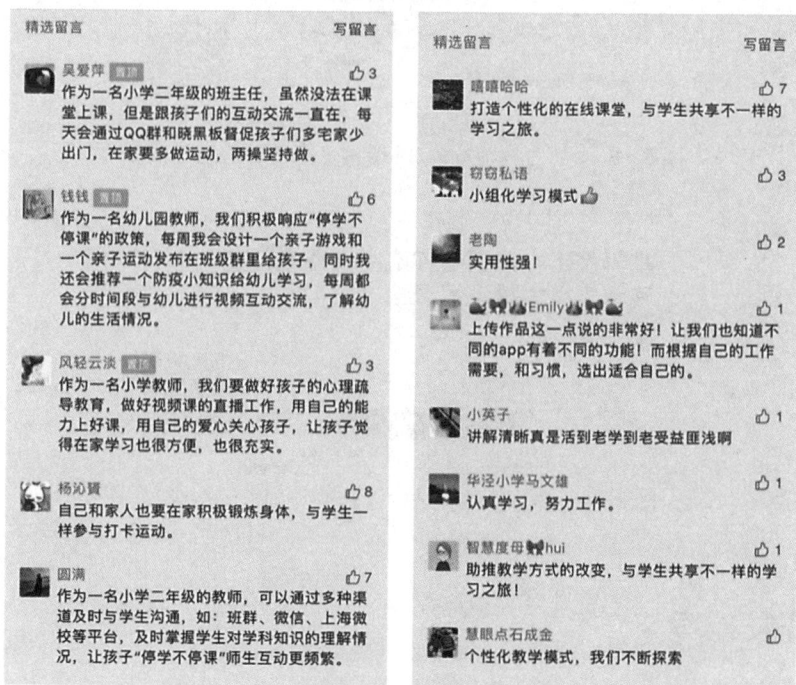

图8-7　教师培训微课程的教师反馈截图

三　资源辐射情况

《助力教师战疫系列微课》专题微课、《在线教学专项提升》《如何使用平台在线教学》等课程被疫情期间分别作为上海市"送教上门"课程供全市教师学习（图8-8）；前两门课程后被国培项目组纳入"疫情防控期间支持教师在线教学能力培训资源包（第4期）"（见图8-9）。

图8-8　《助力教师抗疫》等课程供全市学习通知截图

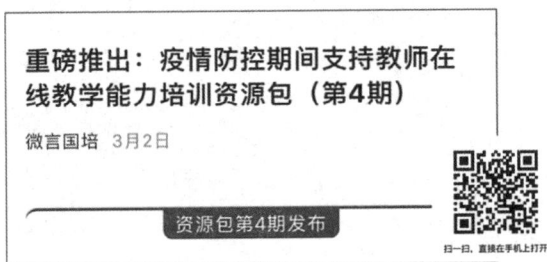

图8-9　部分微课程被纳入国培培训资源包截图

案例开发档案

案例归属单位：上海市师资培训中心

案例开发时间：2019 年—2020 年

案例开发团队：

姓　名	工 作 单 位	学科背景/职称	主 要 贡 献
周增为	上海市师资培训中心	正高	内容审核
胡道明	上海市师资培训中心	计算机/高级经济师	内容审核
张怀浩	上海市师资培训中心	教育技术学博士/副研究员	方案策划、项目协调
周丹妮	上海市师资培训中心	教育技术学硕士/助理研究员	课程征集、内容开发
杨　洁	上海市师资培训中心	教育评价/副研究员	方案策划、内容开发
宁彦锋	上海市师资培训中心	教师教育、媒体出版/副编审	课程发布审核
李子昀	上海市师资培训中心	媒体及创意产业/初级	内容开发、媒体发布
顾　宬	上海市师资培训中心	新闻学/初级	内容开发、媒体发布

案例九

疫情背景下区域骨干教师网络研修的实践创新
——基于 DAST 模式

重庆市北碚区教师进修学院

主题类别：网络研修

关　键　词：浇根式改善型、网络研修、任
务驱动、自主孕育、社会交互

　　教师是教育事业发展的基础，是提高教育质量、办好人民满意教育的关键。[①]教师培训是加强教师队伍建设的重要环节，是推进素质教育，促进教育公平，提高教育质量的重要保障。[②] 网络研修由于具有时空分离的特征，因此更加开放和灵活，更加利于骨干区域内跨学科、多学段区级骨干教师的集中培养和发展。此次疫情的突然爆发，培训机构化"危机"为"契机"，从本地实践出发，发挥骨干教师的优势，创新探索出一种网络研修活动的新模式。

背景与问题

一　　偶然性与必然性的交织

　　本次培训的对象为重庆市北碚区第七届后备骨干教师，培训学员包括了北碚区内幼儿园、小学、中学、职教、特教等所有基础教育领域中具备一定的教育能力和教育理想的优秀教师。按照原本的培训计划，培训项目分为基于研修网平台的线上培训和传统的线下集中培训两个版块。但是因为"新冠"疫情偶然因素的突然到来，使得之前准备的线下集中培训完全无法实现，需要临时将培训场所由"线下"转战"线上"，而活动的主题设计和实践方式，也都是在毫无预案的情况下，大

---

① 国务院. 国务院关于加强教师队伍建设的意见［EB/OL］. http：//www. gov. cn/zwgk/2012－09/07/content_2218778. htm，2012－09－07/2013－06－03.

② 教育部. 教育部关于大力加强中小学教师培训工作的意见［EB/OL］. http：//www. jyb. cn/info/jyzck/201101/t20110105_409364. html，2011－01－05/2014－08－17.

胆进行了探索和尝试。

另一方面,随着《国务院关于加强教师队伍建设的意见》《教育信息化2.0行动计划》《2016年教育信息化工作要点》等文件的出台,国家对教师信息化技术能力的高度重视,组织教师学习使用信息技术工具,使其成为提高工作效率的手段,有效推动了互联网技术与教师教育的深度融合。教师已经具备了网上研修的基本能力,而网上研修本身也是教师培训发展多样化和个性化的必然趋势。针对后备骨干教师群体,设计定制化的研修活动,也是面向这一群体有效培养必不可少的环节,创新地将线下无法落实的研修项目,通过网络研修来实现,也是此项模式诞生的必然驱动力。

<table>
<tr><td>二</td><td>局限性与拓展性的矛盾</td></tr>
</table>

常规的网络研修模式,存在教师参与网络研修互动频度及深度不够、模式单调、学员交流缺失、研修方式单一、参与者少、潜水者多、交流内容浮于表面、持续性差等问题。① 将参训学员的活动范围局限在单纯的几个视频和网页之中,教师培训的视域没能被充分打开,仅仅单纯地将线下资源搬到了线上平台,仅实现了技术融合的浅层应用水平。教研教师与相关教研人员缺乏合作共享的意识,缺乏开放、民主、求真、务实的研修文化做支撑。网络研修活动容易走向单纯依赖技术工具本身,忽略了研修活动的目标设计、内容安排、运行方式、测评体系以及远程虚拟组织环境的打造,严重影响了研修活动的质量,造成教师网络研修活动难以深入开展。

与此相反,互联网本身具有虚拟性、开放性、民主性等社会特征,能够使得教

---

① 杨卉,王陆,张敏霞.教师网络实践共同体研修活动设计模型研究[J].现代远程教育研究,2012,2:43-44.

师研修活动突破传统教研的框架,使研修活动主体突破教师圈、研修环境突破地域圈、研修内容突破学科圈、研修组织突破领导圈。[①] 说明基于网络平台开展教师研修活动具有极大的潜力和拓展性,能够在较短的时间,花费较少的财力,实现多主体、多资源的互相联动,拓展整个活动的范围。因此,创新研修模式、打破现实矛盾,也是势在必行之举。

三　浇根式改善型的优势

"浇根式改善型"教师培训作为具有地方特色的教师培训模式,为此次网络研修活动的开展提供了理论与操作上的支撑。从"浇根式改善型"教师培训倡导的区域联动、层级互动、内力驱动、辐射带动的模式出发,确立了问题导向、研训并进、课程多元、方式变革的原则,保证了网络研修活动从教师本体出发,既拓展教师视野,又回归教学本位。[②] 另一方面,"浇根式改善型"教师培训模式,强调以教师培养愿景为出发点,以培训完善课程为着力点,以培训创新方式为生长点,以培养培训价值彰显为关键点,致力于专业实践能力提升,引领教师专业化发展。[③]

问题解决思路

一　网络研修模式的结构设计

DAST 模式生成于此次区级后备骨干教师培训活动,其具体操作方式包括:

---

① 杨海茹,叶梨萍,刘清堂等.教师网络实践共同体研修活动设计模型研究[J].中国教育信息化,2020,5:36-37.
②③ 朱福荣,贺晓霞,黄吉元,等.浇根式改善型教师培训[M].西南师范大学出版社:重庆,2016:23.

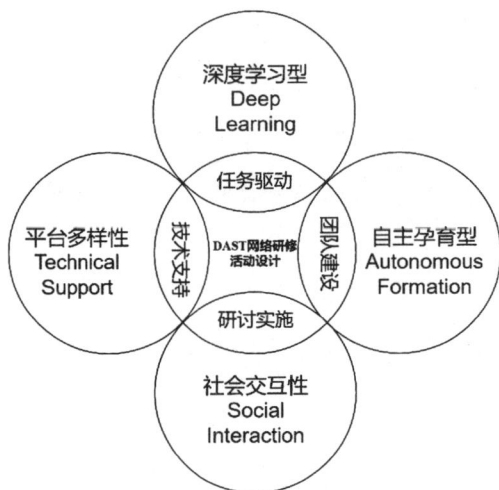

图 9-1　DAST 网络研修活动设计要素框架

结合培训目标精选研讨主题,通过挖掘主题内容,打造深度学习型的任务驱动形式(Deep Learning);参训教师自主选择形成团队,以学习共同体的方式进行活动参与,实现自主孕育型团队的建设目标(Autonomous Formation);团队个体和团队之间在线交流互动,促成参训者和组织者的身份灵活互换,达成社会交互型的研讨实施(Social Interaction);充分利用研修网、QQ、钉钉等研修媒介,在研修网工作人员和活动组织者的技术支持(Technical Support)下,形成多样化的平台构建。

二　具体实施策略与方法

1. 深度学习型任务驱动(Deep Learning)

（1）研修主题的选择

研修任务的选择往往决定了活动的可行性和教师参与的积极性。作为此项骨干教师研修项目的重要环节之一,在研修主题和活动具体环节的安排上,组织者充分考虑了将实践与理论相结合,将前期网络视频学习与后期跟岗实践提升相串联,首先拟定了二十余项主题,结合参训教师的意愿和时间安排,最终确定并开展了 8 个研修主题。8 个研修主题既包括了宏观的国家教育发展方向和教学理念的更新,也涵盖了骨干教师专业发展的各项技能和要求,甚至针对骨干教师还设计了教研组织和培训开展的内容,保证了主题的实时性、适切性和针对性。

表 9-1　网络研修活动主题表

序　号	研　修　主　题
1	中国学生的核心素养
2	学科核心素养
3	单元整体教学设计
4	专业听评课
5	教学反思
6	教师研究能力
7	论文撰写
8	教研方案组织　培训方案设计

（2）活动环节的安排

为了更好地适配于网络研修的形式,活动的环节主要安排了四大部分:首先,根据研修主题,团队成员自主学习,形成文字学习资料和思维导图;其次,面向全体参训教师,在研修平台通过多种途径共享上一阶段的学习成果,包括网络直播、

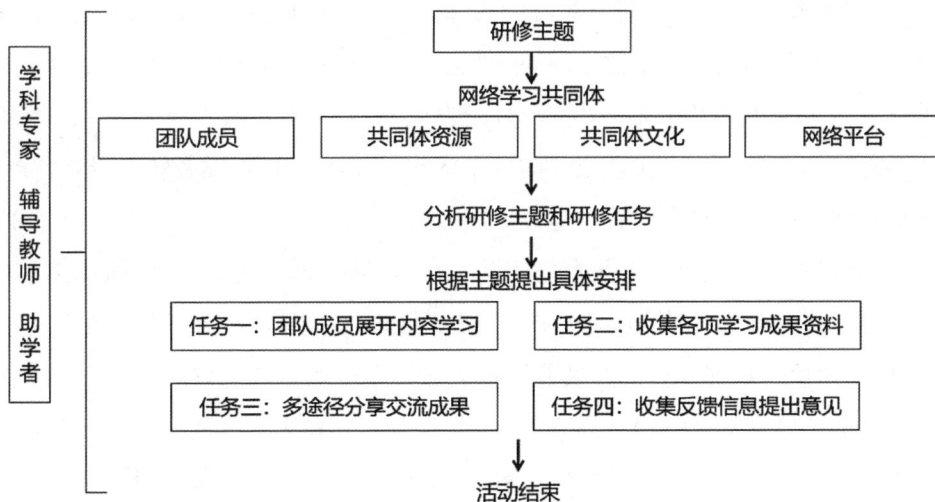

图 9-2　活动环节的设置安排

163

材料分享等方式;再次,提出讨论话题,吸引参训教师结合自身理解,围绕话题各抒己见,探讨交流内化学习内容;最后,设置调查问卷,反馈参与教师的学习成果和收获,为教师在这一主题的学习情况提供参考和建议。同时,活动的组织过程中,学科专家、教研员同其他助学者一起,参与到活动的整个流程中,保证了整个活动的有效开展。团队成员还可以在四大部分的基础上,做出进一步的调整。

从任务设计规划的角度来看,精选的研修主题和丰富的活动内容,以及多元交流互动,保证了无论是活动的设计团队,还是参与的教师群体,都能够在过程中实现学习动机深、参与程度深、思维层次深、运用水平深的全覆盖,做到了有学习、有互动、有反馈的完整研修生态,为教师深度学习的发生提供了任务驱动力。

2. 自主孕育型团队建设(Autonomous Formation)

本次网络研修活动将活动的具体实施者让位于参训教师,根据参训教师的兴趣主动打造形成了新的学习共同体。区别于制度约束和规范下的外力塑造型团队,活动中形成的自主孕育型团队,源于所提供的各种研修主题,由志同道合的教师自主自愿参与,人员自由,通过随心的观点交流,产生一种学术内聚力。团队内部的分工和安排基本由团队自我安排,较少受外界因素的影响,从而保证了团队的主体地位和主导优势。实现教师向自主的专业学习者和实践者转变,尽可能为教师提供多样的选择机会和参与途径。

在实践过程中,这种自主孕育型团队,通过团队内部研讨,发挥团队内部多学科、多学段、多领域的优势,形成了有引领、有管理、有评价,各展所长的学习共同体,是网络研修得以成功持续开展并取得成效的重要力量。它以联合发展的方式取代孤立的个体发展,实现教师向自主的专业学习者和实践者的转变。教师可以自主自愿选择自己合作学习的伙伴,参加一个或多个团队。团队一般采取组长负责制,负责资源栏目的系统规划与设计,不断提出研修计划与研究题目,创设互动研讨的氛围,促进组员之间的有效交流。

3. 社会交互型研讨实施(Social Interaction)

整个活动过程中,无论是实现显性知识内在化,还是隐性知识显性化,都必须依靠互动,互动是研修活动的命脉。本次活动的互动分为两个层次:首先是活动筹备阶段,作为活动组织者的参训教师在学习共同体中相互交流、讨论、学习,共同成长,实现教师专业发展;其次,在资源成果分享交流的过程中,非活动组织者的参训教师之间、活动组织者的参训教师与非活动组织者的参训教师之间通过交流,收获新知识。在这个模式中,参训教师既可以是培训者,也可以是受训者。在任务的驱动下,活动组织团队的教师逐渐从生疏走向熟悉,而组织者与参训者之间,也以任务为载体,加深了彼此之间的了解。两个阶段共同构成了网络研修活动的互动生态系统(如图9-3)。

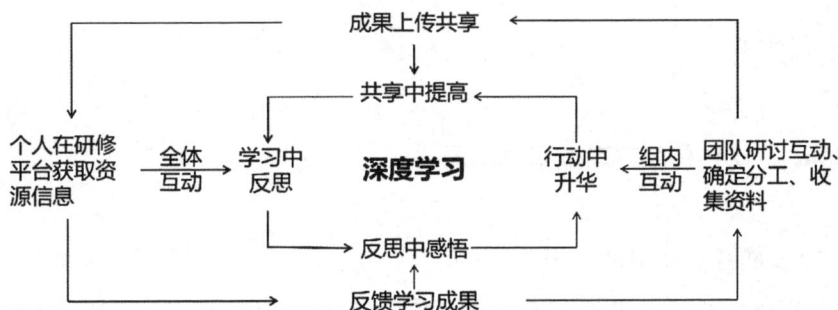

图9-3　研修活动成员沟通交流示意图

整个活动的互动程度可划分为三层,分别促进不同层次的学习:第一层是教师自己的交互反思,即监控和调节自己的学习进程;第二层是教师与资源、其他成员之间的交互,是资源流动的最主要和最重要的通道;第三层是教师与教学指导以及社区环境之间的交互。三个层次彼此独立,而后互相沟通串联,逐步实现了网络研修体系的丰富和深入,通过扮演和担任不同的角色,将更多的参与者卷入到研修活动当中,共同构成了网络研修活动的互动生态系统。

4. 多样化网络技术支持（Technical Support）

网络平台作为活动的载体和支撑，是整个研修活动重要的保障和中介，此次网络研修活动以中国教师研修网为主要平台，赋予团队负责教师活动开发者的权限。同时，根据活动组织团队的需要，选择 QQ 网络直播、钉钉等平台进行资料的分享和课程的直播、内容的宣讲，如果需要深入的沟通还可以采用微信等方式进行点对点的联系。利用网络技术打破空间和时间的局限，有效搭建了多样化、个性化的网络沟通平台，让参训教师在网络技术的支持下实现了搭建资源、交流和整合平台的功能。由资源平台提供资源，供教师们进行下载和查阅，同时可以上传资源。而交流平台的建构，为教师沟通交流提供了空间，也为教师资源共享提供了途径。整合平台基于研修任务，将网络与骨干教师研修结合起来，方便教师利用网络资源与其他成员交流讨论，有效实现了知识的建构。

经验与创新

一　研修体系的有效串联沟通

1. 对前期视频学习的巩固

此次网络研修活动组织期间，正值"新冠"疫情，学校"停课不停学"特殊时期，参训教师正在进行网络视频的学习，从中选择研修活动的主题，既可以强化教师对网络学习内容的理解和认识，也能够有效推动网络视频学习的进度，更重要的是，提供了一个较为自由的平台，让老师们展现和表达个人对于网络学习的收获和想法，也可以作为骨干教师培训的效果反馈和成果。

2. 为后期实践学习作铺垫

在重庆市各类学校有序复学之后，骨干教师培训进入了跟岗培训阶段，而网络研修活动期间的各项主题，在提升教师素养和能力的同时，又为下一阶段培训项目的开展提供了理论和方法上的指引。实现了以学习共同体为中心,在工作坊环境下,有效利用资源、网络研修平台和校本研修模块,让教师在培训过程中,学习与实践并举。

二　参与教师的多维主动卷入

1. 知识与技能的提升

通过这次网络研修活动,教师一方面参与了核心素养、听评课、教学设计、教研活动组织等包括教育理论、教育实践、教育组织领域的内容研讨,对于教育的认识观、教学观、实践观产生了积极正面的影响;另一方面,活动参与组织的过程,又让教师的网络学习能力、活动策划组织能力、在线沟通交流能力、网络调查分析能力都得到了锻炼和提升的机会,教师已经适应并熟悉了网络研修的方式,既可以做好学习者,也可以担任培训主讲者和组织者。

2. 情感与态度的共鸣

此次参训的 220 名学员来自重庆市北碚区不同学段和学科,教师之间缺少沟通交流的机会,而网络研修活动的组织,为老师们互相合作、相互认识提供了平台。在研修过程中,团队成员之间、团队与团队之间,也产生了同窗之情、同事之谊,参训教师们在互帮互助之中,在团队负责人的影响下,形成了积极的培训氛围,也端正了参训教师们的培训态度,保证了研修活动达到良好的效果。

三　线上研修的教师习惯养成

1. 转变教师认知观念,紧跟时代步伐

疫情期间组织的此次研修活动,教师们经历了从被动使用网络平台,到主动发掘生成网络研修模式的整个过程。在这一成长学习的过程中,教师在思想上认

识到网络研修绝非线下到线上的"生搬硬套",而是要充分发挥网络的优势,收集和分享网络资源,尝试运用信息技术提高研修实效。教师群体逐渐开始认可网络教研的优势,即随时高效联通彼此,在虚拟空间中打造形成一种乐于参与、主动贡献的教师研修共同体。

2. 形成网络研修常规,丰富研修文化

通过组织教师有效地参与活动,以及教师个体之间在活动中的积极互动沟通,在实践的过程中,参训教师群体潜移默化地养成了网络研修这种方式习惯。为后疫情时代,在线培训的大力发展做好了铺垫,打好了基础。同时,在多次经验积累和角色转变的过程中,教师群体之间的网络研修文化,也实现了从量变到质变的升华,教师不再排斥网络研修这种方式,逐步从正视到重视线上学习研讨,形成了一套有别于线下直接面对面沟通交流,而是借助网络媒体和平台,以"短、平、快"为特点的线上"研修文化"。

四　研修模式的有效探索生成

1. 多学科多学段的有效融合

作为本次研修活动的一大特色,无论是活动的组织者,还是活动的受训者,都包括了幼儿园、小学、中学、职教、特教的成员,在组织策划阶段,保证了活动设计的通识性和广域性。同样,在实施分享阶段,也能够让不同学段的想法和观点进行交流碰撞,扩展了活动参与者的视野,打破了学科和学段之间的藩篱,让网络研修活动更加接近教育的本质和内核,但同时又不失针对性和阶段性。

2. 区域内网络研修活动创新

本次研究的另一大特色,就是实现了区域内网络研修活动的创新,能够在内容上,实现前后两段培训的衔接;在形式上,丰富了网络研修活动的开展方式;在组织上,展现了自主孕育型团队的强大活力;在实践中,又让全体学员都拥有了展示自我、发表观点的机会;在反馈中,能够通过数据,清晰地展示活动的效果,将区域内骨干教师有效地串联和激活。为以后的网络研修活动的开展,提供了范式和实践指导。

3. 网络研修评价方式的构建

低参与度与过程的不可控是传统网络研修最为人诟病的缺点。在本次网络研修活动中,担任组织者的教师群体,会对活动主题是否有效、方案设计是否可行、实施过程教师参与度如何、资源利用情况、有无产生新的经验等方面进行评价。在具体的项目实施中,负责活动组织的教师与网络平台的管理者共同携手,借助多种工具实现了丰富的数据采集和评估,对教师的参与时长、答题准确率、在线留言互动、在线直播问答等方面实现有效量化。同时利用网络技术的便利性,实现快速的活动过程记录、积累关于网络研修的视频、数据,进行回放、分析、研究,从而对每一次研修活动作出更加科学的网络教研质量评价和有效性分析。

思考与展望

DAST 网络研修模式,根植于"浇根式改善型"教师培训理念的多年实践经验,基于"新冠"疫情的特殊情况,针对骨干教师群体,形成了以深度学习型内容提供动力,以自主孕育型团队保证活力,以社会交互性促成交流沟通,以多样化网络平台搭建活动平台的模式。生成出适应各种骨干教师研修目的、任务、要求的低成本高效益的研修方案。走出一条具有时代特征、中国特色和地区特点的网络研修之路。而 DAST 网络研修模式的构建在丰富网络研修开展方式的同时,相信也能为未来创新教师教育模式提供一些思路和实证案例。

基于 DAST 网络研修模式,未来将从以下几个方面进一步拓展延伸:

1. 在科研中进一步探索和挖掘其内涵

一方面,DAST 模式的产生一方面基于北碚区"浇根式改善型"教师培训的理论支撑,同时又参考借鉴了基施纳(Kirschner)教授提出的 PST 理论(Pedagogical Affordance、Social Affordance、Technical Affordance)。在今后的工作中,项目组会从实践出发,进一步探索和挖掘其背后蕴含的理论支撑,根据理论进一步指导实践,打造 DAST 模式完整的理论体系,使其在具有实践性的基础上,更具有学理性。

另一方面,充分利用教育科研思想,利用之后组织开展的研修活动,对 DAST 模式的实施效果采用实验研究,围绕教师群体接受 DAST 网络研修模式的效果,对于教师的 TPACK 水平(Technological Ped-agogical Content Knowledge)进行前测后测分析,围绕培训前后教师的认知、适应、探索、提升等维度,通过挖掘数据前后的差异显著性,从而借助前后对比,以量化的数据,证明研修提升了教师的专业水平,从而更加科学地验证此项网络研修模式的科学性和有效性。

2. 在实践中进一步积累和丰富其操作

DAST 模式目前只运用于此次区级后备骨干教师的培训,目前已经收集和积累了一些活动经验和成果素材,从学员反馈来看初步证明了此项模式的有效性和实用性,但尚未进行大面积多角度的推广使用。重庆市北碚区教师进修学院会在接下来的各项教师培训活动中,进一步引入 DAST 模式,在实践中进一步丰富活动内容和操作方法,调查反馈教师感受和意见,保持其中的优点,修正存在的不足,致力于将 DAST 模式发展成为更加完备和具有普适性的网络研修活动开展范式。

3. 在推广中继续扩大受众面和影响力

作为此项教师培训活动的组织者,重庆北碚区教师进修学院是全国县级教师培训示范机构,重庆市人民政府首批命名的教师进修学院、重庆市中小学教师培训基地、重庆市中小学校长培训基地,常常负责组织市级和全国性的一些教师培训活动。借助这一平台,学院将逐步走出区域限制,面向重庆市和全国有序推广 DAST 网络研修模式,让更多的教师参与其中,感受 DAST 模式的优势,提升其影响力,将其打造为北碚区教师培训的一项品牌。

案例实践情况

2020年2月至5月,我们在重庆市北碚区第七届后备骨干教师培训项目中实施了基于DAST的教师网络研修模式。

一　应用方式

1. 中国教师研修网为主体,多元网络平台共同使用

本次培训以中国教师研修网为主要展示平台,赋予各个研讨小组制定人员设计活动的权限,进行相应的资料上传、问题设计、问卷制作等。同时,为了方便参训教师之间的沟通交流,也鼓励教师按照需要采用相应的网络平台,如QQ、钉钉、微信等。

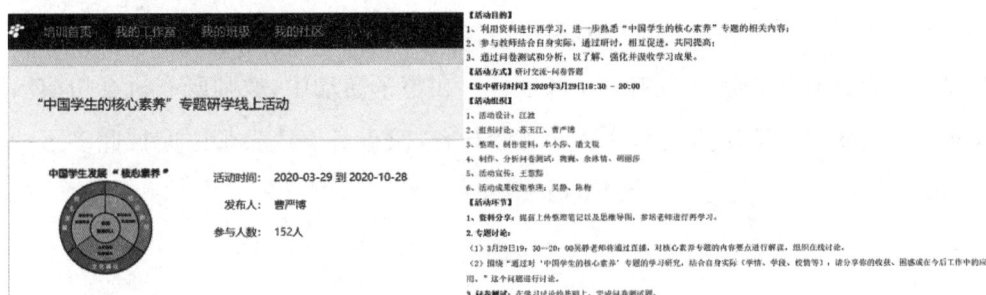

图9-4　网络研修活动界面

2. 研修主题承上启下设计,内容分享方式灵活多样

研修主题的来源同时考虑了前一阶段的线上视频学习和后一阶段即将开展的跟岗实践培训,既包括了"中国学生的核心素养""学科核心素养"等思想和理论方面的宏观内容,同时又针对性地设计了"教师研究能力""论文撰写"等具有指导

性的内容,还包括了"教研方案组织 培训方案设计"等具备操作性的内容。对于活动组织团队的研究成果,其分享方式包括了思维导图的绘制、直播课堂的宣讲、讨论问题的提出等,方式灵活多样。

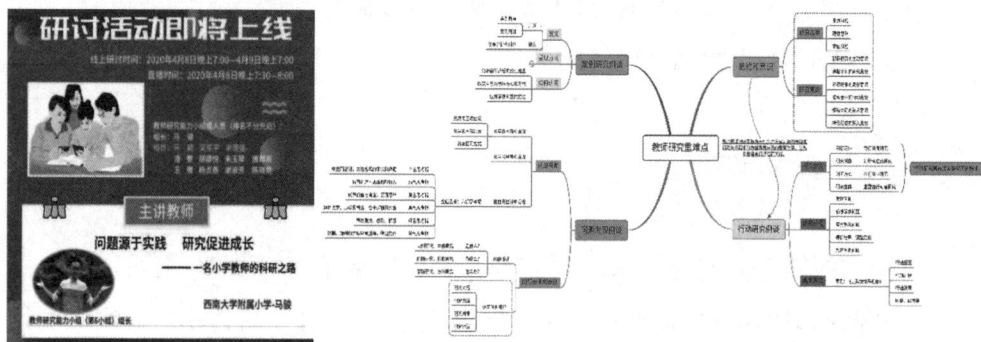

图 9-5 网络研修活动成果分享

3. 兴趣导向性共同体建设,双重角色参与研修过程

此次活动团队的建设,完全基于教师个人对研修主题的兴趣,形成自主孕育型研究团队,这种学习共同体的组成方式,保证了活动开展的持续动力,研究团队内部通过交流讨论后确定各自分工和任务。在整个活动中,教师既有机会扮演活动的组织策划者,又要担任其他活动的参与者,双重身份让教师之间彼此多了一份共情,更从不同角度得到了锻炼和提升。

二　成效

1. 参与教师学习效果显著

在 8 次网络研修活动的开展中,通过调查问卷收集反馈的数据显示,本着自愿参与的前提,每次活动有效参与人数均在 150 人以上,达到了总人数的 70%,参训教师问卷答题的分数全部合格,60% 以上的教师可以全部做对。另外,在讨论环节,教师以平等的身份围绕话题进行研讨,相关讨论的跟帖都在 100 条以上,不少教师作为学习者还将自己的收获和成果上传至网络平台进行共享。

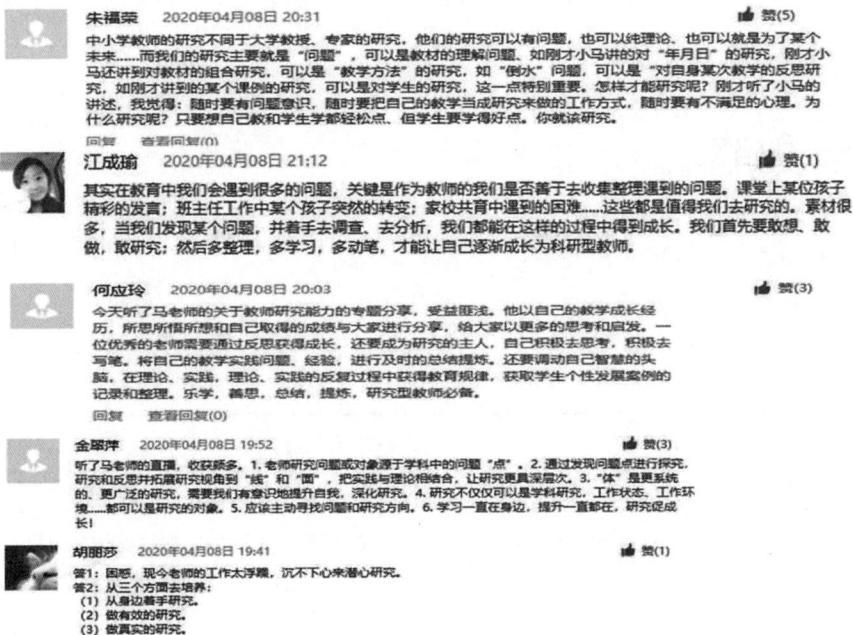

图 9-6　参训教师在网络平台展开研讨

2. 网络研修成果资料丰富

8 次网络研讨活动,也积累了丰富的资料成果,包括直播视频 8 个,调查问卷设计 8 个,新闻稿件 10 余篇,知识思维导图 50 余幅,其他文字资料 30 余项。不仅如此,拓展到教师后续的行动研究中,还积累了 220 项微课题研究报告、教学设计、读书报告、讲座等,不仅丰富了活动组织方重庆市北碚区教师进修学院的材料汇集,也扩展了教师个体的成果积累,更重要的是验证了 DAST 网络研修模式的有效性和实用性。

3. 有效构建网络研修模式

通过这次网络研修活动,结合前期设计和实践积淀,形成了 DAST 网络研修活动开展模式。这一方面,是教师培训者自身对于工作的高度概括和总结;另一方面,也是组织者和参与者共同智慧的体现。DAST 模式其中综合了信息技术、教师培训、社会交互等多维度知识与技能。同时,也为"疫情常态化"背景下的骨干教师培训提供了一种可以参考的模式。

案例开发档案

案例归属单位:重庆市北碚区教师进修学院

案例开发时间:2020 年

案例开发团队:

姓 名	工 作 单 位	学科背景/职称	主 要 贡 献
朱福荣	重庆市北碚区教师进修学院	课程与教学论/中小学正高级	项目设计与项目管理
贺晓霞	重庆市北碚区教师进修学院	课程与教学论/中小学正高级	项目设计与项目管理
黄吉元	重庆市北碚区教师进修学院	教师培训/中小学高级	项目管理
刘 玫	重庆市北碚区教师进修学院	教师培训/中小学高级	项目实施、成果整理及撰写
马 骏	西南大学附属小学	小学数学/中小学一级	成果梳理撰写
雷忠玉	重庆市北碚区教师进修学院	教师培训/中小学高级	项目实施
杨 旭	重庆市北碚区教师进修学院	教师培训/中小学高级	项目管理
潘 刚	重庆市北碚区教师进修学院	教师培训/中小学高级	项目实施

案例十

多维协同、立体培训，提高质量
——基于国培计划（2019）
——中西部项目青年教师助力（信息技术"应用能力提升工程2.0"）项目的实践

华中师范大学培训中心（职业与继续教育学院）

主题类别：教师培训模式创新

关 键 词：多维度培训模式、协同联动

背景与问题

2018 年《教育信息化 2.0 行动计划》和 2019 年《教育部关于实施全国中小学教师信息技术应用能力提升工程 2.0 的意见》强调要始终坚持信息技术与教育教学深度融合，构建以校为本、基于课堂、应用驱动、注重创新、精准测评的教师信息素养发展新机制。教师信息技术应用能力提升工程 2.0 可以有效地通过聚焦问题、协同联动，线上线下、阶段推进，教师主体、分层分类，应用为本、模式创新，示范带动、引领发展等途径，建设一批教育信息化 2.0 项目校，整校推进全员教师信息技术应用能力的全面发展，推动信息技术与教育教学深度融合。主要包括全面提升校长信息化规划与领导力，信息化管理团队指导和管理能力，以及全体教师的信息化教学应用与创新能力。同时，形成一批卓越数字化教师的成长案例，建设并积累一批优秀的信息化教学资源。

华中师范大学是教育部直属的综合性重点师范大学，同时有作为教育信息技术国家工程实验室，信息技术与教师教育是学校的特长与优势，为基础教育教师的发展提供服务、提高教师信息技术应用能力是学校的重要职责之一，因此，学校把做好基础教育教师培训工作作为学校发展的重要战略定位。

通过明确目标，分工协作；线上线下结合，分层次分阶段实施；示范引领，辐射带动等举措，充分整合各方面的资源，调动参训各方的积极性，使培训取得了实实在在的效果。

方法与策略

（一）深入开展需求调研，制定培训方案，明确培训目标

了解培训需求，是制定培训方案的基础。在制定培训方案前，实地走访了遵义市教育局、仁怀市教育局、威宁县教育局，访谈师训科负责人；个别访谈或电话征求参训学员意见；并在项目县发放调查问卷 1056 份，了解参训教师的培训需求。经过分析，制定了切实可行的培训方案，拟出明确的培训目标：通过"走出去、引进来"，线上线下结合，分层次、分阶段的培训，提高培训实效性。

在明确总目标的前提下，我们还分别制定了区县管理员、工作坊主持人、工作坊坊员。使不同角色的参训学员都明晰培训目标，以及为实现目标应该怎么做。

项目的实施涉及教育行政部门、项目实施单位、专家团队、项目县、坊主、坊员等多个主体，要使整个项目团队形成强大的合力，除了要明确各自的目标外，还必须明确各主体的职责。因此，在项目开始前我们就制定了详细的职责分工，并通过与市、县教育行政部门开展项目对接会，明确分工，通力合作。

（二）组建本校＋本土化专家团队，确保培训的质量

为提高工作坊研修的针对性，我校依托贵州省高校教师、教科研机构专家、培训机构培训者、教研员和一线名校长和名师与校本部专家，组建专家团队。协同开展培训需求调研、制定培训方案、指导培训组织与实施、开发培训课程资源，确保培训内容接地气，课程内容系列化、培训效果高效化。

（三）实行多样化、多层次模式、信息技术 2.0 整校、整县推进，提高培训的效果

在项目实施中我们采取集中培训、工作坊研修、现场实践相结合的混合式培训方式。通过"走出去、引进来""线上线下结合"实施培训，充分利用我校教育大数据应用技术国家工程实验室和国家数字化工程技术研究中心的研究成果和专家队伍。培训期间，学员两次到华中师大集中培训共计 15 天、一次到深圳集中培训5天,学习期间学员深入华师一附中、深圳外国语学校等优质学校进行现场研修。同时两次组织本校及贵州当地的专家到7个项目县和38个项目校送教,让更多老师能够接受到省内外高水平专家面对面的培训。线上教学通过"三备两上一反思"进行,开展课例示范、协同备课、在线评课、磨课直播、研修指导、成果展示等研修活动,带动县域内薄弱学校全面开展信息技术2.0工程。

第一次集中培训,对工作坊坊主、骨干进行培训,再由坊主和骨干对本坊坊员进行二次培训。工作坊坊主、骨干培训的主要内容是:培训方案的解读、工作任务的明确,让工作坊骨干们明确信息技术应用能力提升工程的目的、意义以及主要内容,以提高工作坊骨干们推动项目开展的主动性。工作坊坊主、骨干对本坊坊员的二次培训内容:建立学习共同体,解读方案,明确项目的目的、意义和任务,了解和熟悉网络平台,掌握学习的流程和技能,提高坊员参与的积极性和主动性。

图10-1 威宁县、仁怀市第一次全员集中培训开班典礼

网络研修阶段一分为两个模块:一是网络课程学习的常规研修的开展;二是线下送教活动的开展,由专家团队到项目县,围绕研修主题以讲座等活动形式送教到县,对项目县的工作坊进行指导。

第二次集中培训,对工作坊坊主进行培训,培训的主要内容包括:交流经验,阶段性任务的汇报及问题梳理。根据发现的问题,探讨解决的途径,提高工作坊坊主的工作能力。

图 10 - 2　杨咏梅校长授课现场

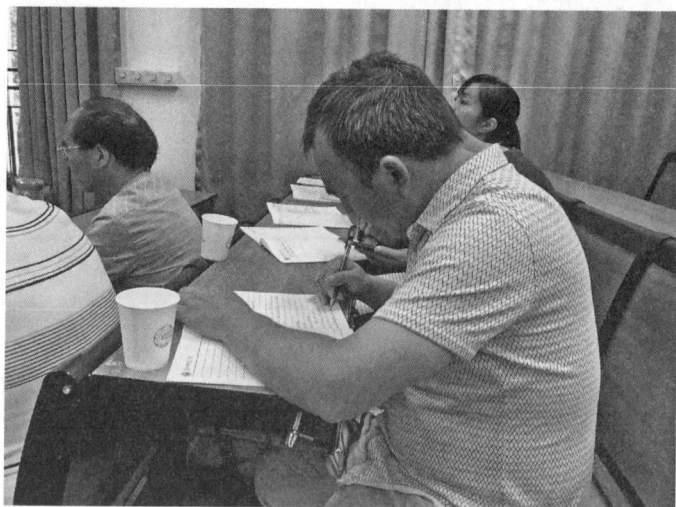

图 10 - 3　坊主们认真倾听和做笔记

图 10 - 4　坊主们积极讨论研修方案

网络研修阶段二：一是继续开展网络课程学习；二是根据每一阶段网络研修发现的问题，优化研修方案，开展信息技术应用能力提升主题研修活动。

第三次集中培训，对工作坊坊主、骨干的培训，培训主要内容是：成果汇集，发掘典型，总结提升，宣传推广。

图 10 - 5　第三次集中培训参观考察深圳市宝安区孝德学校

图 10 - 6 深圳宝安中学彭锻华校长授课

送教入校,由专家团队将信息技术应用能力提升的升级课题以讲座、会谈等形式带入学校,对培训主题进行知识结构的巩固与加深。

图 10 - 7 专家团队送教入校活动到绥阳县旺草镇中心学校

图 10 - 8　专家团队送教入县活动到绥阳县

图 10 - 9　专家团队送教入校活动到习水县土城小学

（四）建立学校与区域协同推进措施，确保校本研修制度得以落实

项目县教育行政部门以及管理者是确保项目顺利实施的重要力量。我校高度重视与项目县的协调沟通，从前期需求调研到培训方案对接，从坊主、坊员、校长、示范校遴选到工作坊建设，从集中培训到校本现场实践，从过程管理到成果生成,都与项目县密切配合,协同推进,效果良好。

(五) 加强培训过程管理,为培训提供组织保证

为加强培训管理,使培训规范、有序进行,成立贵州省级管理团队＋项目县管理队伍＋教育局师训科＋坊主＋管理员＋网络平台＋项目校校长逐层管理模式,分工明确,责任到人,落实到岗。项目启动前,通过深入调研,与项目县对接、交流与沟通,制定详细的实施方案和工作流程,落实培训各个环节和细节,分解工作任务。培训期间学校派出教师全程跟班学习并参与服务,还配备了班主任,对班主任提出明确要求,要求他们除做好常规管理外,还要为学员提供最好的服务,跟班听课,做好培训班资料收集与整理。班级选出班长,协助班主任进行班级管理,考勤实行签到制,实现了很高的到课率。

(六) 利用网络资源,为参训教师搭建心理疏导平台

在新冠病毒疫情发生后,学校利用教育部华中师范大学心理援助平台,联合华中师范大学心理学院对参训老师进行心理咨询、培训及辅导,让参训教师在疫情期间,有一个良好的心态对待生活、工作和学习。并开展捐款捐物活动,助力项目县克服困难,恢复正常的工作和教学。

成效与评估

为了使无形培训有形化,生成资源成果化,项目启动前,围绕坊员精品课例生成、坊主培训类课程开发、示范校课例研修校本模式创建等,预设培训成果,加强过程管理与指导,及时总结梳理经验,收集整理培训成果,通过我校出版社物化研修生成性成果,充实地方性课程资源,项目于 2019 年 11 月 20 日全面实施结束,学员参训率 100％,资金使用率 100％,学员合格率 100％,学员优秀率达 70％以上,使参训学校老师们对"信息化技术 2.0"有了一个全新的认识,了解或基本掌握"信息化技术 2.0"的要求并在课堂上能够基本使用。

图 10-10 工作坊坊主进行成果汇报

经验与展望

（一）完善培训前的需求调研和相关信息搜集与分析，使培训更有针对性

培训是一项科学性和实践性很强的工作，了解学员以前接受培训的状况和当前的培训需求及学校、教育行政部门和国家对特殊教育培训的需求是非常必要的。通过培训前的信息收集与分析，能充分了解培训中各利益相关者的培训期望，能搭建各利益相关者相互沟通的平台，为培训方案的设计，内容及方式的调整提供必要的信息参考。

（二）建立由本土专家参与的培训团队，使培训更接地气

在培训前期，作为培训组织者有侧重地选择一些有着丰富的教育教学一线经验的本土专家，直接参与到课程内容的设计、培训方法的选择、培训时间的安排等工作全过程。通过这种方式，既能使培训的内容更加贴合实际需求，也能培养一批成熟的本土专家，改变我省骨干教师师资不足的局面。

(三) 建立培训后期跟踪服务与反馈体系,对参训学员进行后续技术支持

我们的培训工作虽然结束了,但教师的学习没有停止。要让学员在培训中所学的教育教学理念转换在自己的教学行为中,要对培训后的情况进行跟踪与了解。所有的理论与知识必须在实践中进行检验,通过对学员的跟踪服务,我们既可以了解学员知识应用情况,也可以了解前期培训中内容设置的合理性与科学性。如果在培训工作结束后及时到学员所在学校进行跟踪指导,能更快地提升他们的专业水平。这正是我们下一步即将开展的工作。

案例实践情况

应用区域:遵义市、威宁县、仁怀市
应用项目:信息技术"应用能力提升工程 2.0 项目"
应用人数:6 602 人
国培计划(2019)——中西部项目青年教师助力培训(信息技术"应用能力提升工程 2.0")项目实施方案

一   **目标定位**

1. 总目标
根据《教育部办公厅财政部办公厅关于做好 2019 年中小学幼儿园教师国家级培训计划组织实施工作的通知》(教师厅〔2019〕2 号)和《省教育厅省财政厅关于做好 2019 年中小学幼儿园教师国家级培训计划组织实施工作的通知》(黔教师发〔2019〕66 号)等文件精神和贵州省教育厅的相关部署要求,通过聚焦问题、协同联动,线上线下、阶段推进,教师主体、分层分类,应用为本、模式创新,示范带动、引领发展等途径,建设一批教育信息化 2.0 项目校,整校推进全员教师信息技术应用能力的全面发展,推动信息技术与教育教学深度融合。扎实推进信息技术与教育教学深度融合,积极探索微课在课堂教学创新应用中的有效模式和方法,挖掘、推广各地区典型案例和先进经验,促进优质教育资源共建共享,推进高素质教师队伍建设和精品课程建设,提高教师与学生的信息素养。

2. 具体目标

(1)项目校

① 培养信息化教学的种子团队。通过培养学科信息化教学的种子教师,形成"校校有特色、校校有名师"的教育信息化 2.0 教学新生态,建立"互联网+"教师的教师发展共同体,引领基础教育向智能化发展。

② 构建信息化发展的工作机制。通过示范校领导者、管理者、种子教师、全体教师的分层分类培养,形成全校教师信息化教学应用新常态,构建以校为本的教育信息化自主发展长效机制。

③ 发挥项目校的示范引领作用。通过萃取优秀成果、区域经验交流等方式,发挥项目校的示范效应,带动区域其他学校,提高区域内学校的信息化应用水平。

④ 打造教育信息化的本土资源。基于项目校建设及其区域引领作用,形成一批优秀的本土信息化教学资源,以及教师信息化教学能力提升的经验与方法。

(2)校长

① 提高校长对信息化的认识。通过专家引领、名校观摩、交流互动,促进校长深入理解教育信息化 2.0 的内涵与发展目标,了解信息化教学示范校的建设意义与发展途径。

② 提升校长信息化的领导力。借助专题学习、网络研修、校本研修、观摩交流、实战演练等方式,全面提升校长信息化项目校建设的领导力和组织实施能力,具备引领与推进项目校信息化建设,以及带领其团队辐射、带动周边学校的双重能力。

③ 提高校长信息化应用能力。通过教学技术的学习与应用观摩,切实提高自身的信息技术能力和信息化应用水平,深入理解信息技术对教育教学变革的力量,懂得如何带领全校教师提升其信息化教学与创新能力。

（3）信息技术管理指导者

① 提高管理指导者的信息化教学能力。通过专题讲座、技术学习、示范观摩、网络研修、校本研修等方式，提高其信息技术能力、教学技术的应用能力、教学资源制作能力、信息化教学能力以及融合创新能力。

② 提高管理指导者的信息化引领能力。通过面授学习、参观学习、跟岗学习、校本研修与网络研修等方式，切实提高管理指导者的示范、引领能力，具备传授、指导、评价全员教师的信息化教学的能力。

③ 提高管理指导者的信息化管理能力。通过集中培训、参观学习、主题研讨、网络研修等多种方式，提高示范校管理指导者团队协作能力，推动示范校信息化应用水平的整体升级。

（4）项目校全体教师

① 提升教师信息化素养及信息化教学意识。通过多种方式的学习，提高学科教师的信息化素养，增强教师的信息化教学意识。

② 提高教师信息化教学设计与实施能力。通过集中学习、网络研修与校本研修等方式，基于学校的信息化设备和学科特点，积极开展信息化教学，提高其信息化教学的设计能力、实施能力与评价能力。

③ 提高教师利用信息化开展学习的能力。在网络研修与校本研修的团体学习环境中，获取教师在信息技术环境下的学习理念、方法与策略，提高自身利用信息技术开展自我导向学习的能力。

二　　总体安排

1. 网络研修学时：50 学时
2. 项目校校长集中培训：5 天
3. 工作坊坊主集中培训：18 天（分 3 次，6 天＋6 天＋6 天）

4. 全员集中培训：3 天(分 3 次,1 天＋1 天＋1 天)

5. 建坊原则：以本区或校为单位,就近建坊

6. 项目推进原则：必修选修,分层分类,减负增效

<table>
<tr><td>三</td><td>各角色遴选</td></tr>
</table>

学员遴选：区域连片、整校推进、具备网络研修条件；

坊主遴选：培训师培育对象、骨干教师、优先遴选项目校骨干；

校长遴选：项目校校长或业务校长、片区中心校业务校长或师训专干、县级管理员；

专家推荐条件：能组织线下集中研修活动,引领和指导信息技术应用能力 2.0 研修活动开展,当地具有一定影响力的业务骨干(教研员或名师)。

<table>
<tr><td>四</td><td>实施思路</td></tr>
</table>

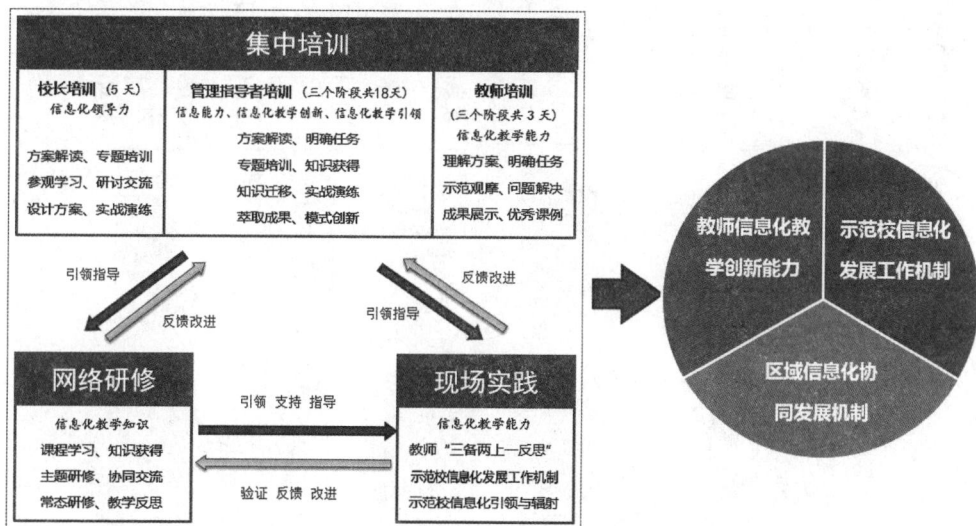

图 10-11 项目实施思路

国培计划（2019）——中西部项目青年教师助力培训（信息技术"应用能力提升工程2.0"）

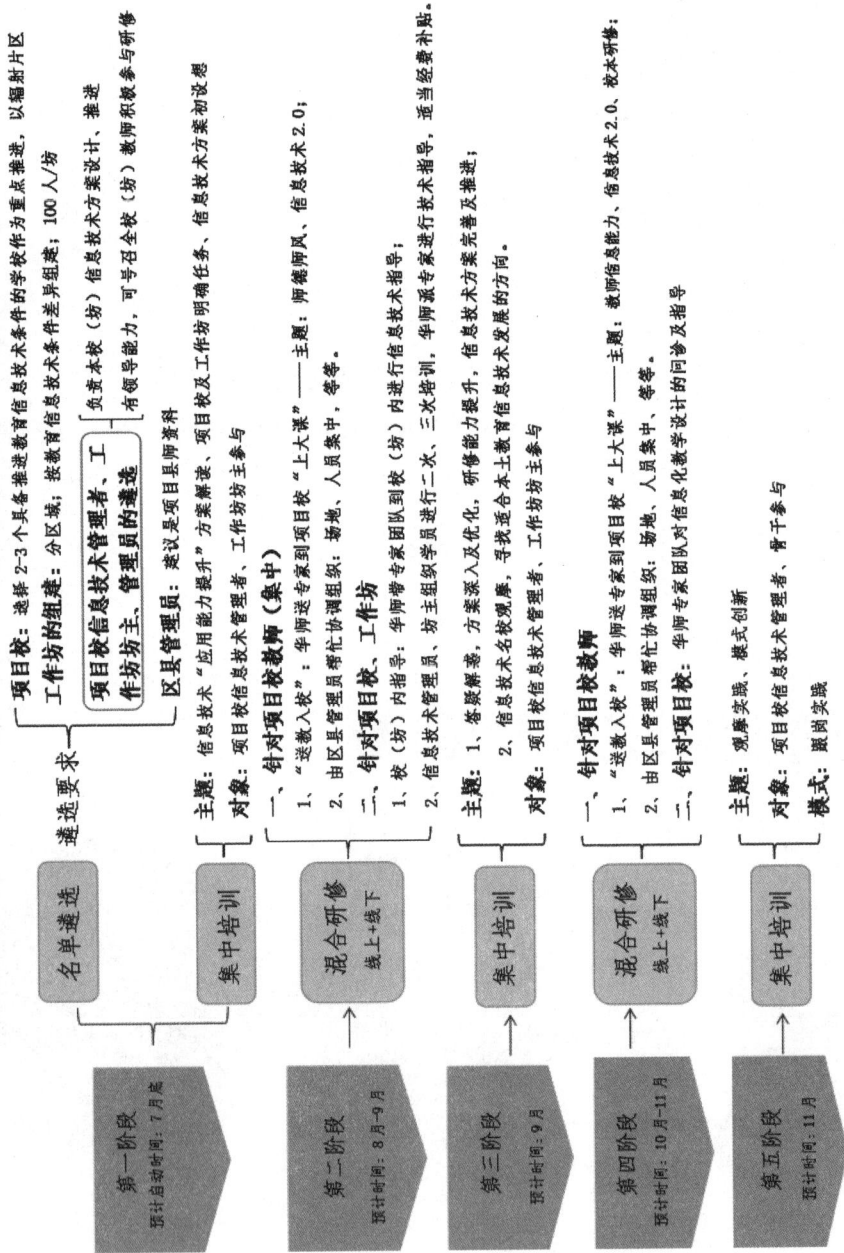

名单遴选

选送要求：选择2-3个具备推进教育信息技术条件的学校作为重点推进，以辐射片区
工作坊的组建：分区域，按教育信息技术条件差异组建，100人/坊
项目管理员：建议是项目员师资料
区县管理员：建议是项目员师资料

项目校信息技术管理者、工作坊坊主、管理员的遴选
负责本校（坊）信息技术方案设计、推进
省领导能力，可与全校（坊）教师积极参与教研

集中培训

主题：信息技术"应用能力提升"
对象：项目校信息技术管理者、工作坊主参与（集中）

混合研修 线上+线下

针对项目校教师（集中）
一、"送教入校"：华师送专家到项目校"上大课"——主题：师德师风，信息技术2.0；
1、由区县管理员帮忙协调组织：场地、人员集中，等等。
二、针对项目校、工作坊
1、校（坊）内进行信息技术指导；
2、信息技术管理员、坊主组织学员进行二次、三次培训，研修能力提升，信息技术方案初步设想

集中培训

针对项目校教师
主题：1、答疑解惑，方案深入反优化，研修能力提升，信息技术方案及完善推进；
2、信息技术名校观摩，寻找适合本土教育信息技术发展的方向。
对象：项目校信息技术管理者、工作坊主参与

混合研修 线上+线下

针对项目校教师
一、"送教入校"：华师送专家到项目校"上大课"——主题：教师信息能力，信息技术2.0，效本研修；
1、由区县管理员帮忙协调组织：场地、人员集中，等等。
二、针对华师专家团队对信息化教学设计的同步及指导
2、华师送专家团队到校进行技术指导，信息技术方案进行完善及推进，适当经费补贴。

集中培训

主题：观摩实践，模式创新
对象：项目校信息技术管理者、骨干参与
模式：跟岗实践

第一阶段 项目启动时间：7月底

第二阶段 预计时间：8月-9月

第三阶段 预计时间：9月

第四阶段 预计时间：10月-11月

第五阶段 预计时间：11月

图10－12 项目实施流程

190

1. 县级教育行政部门

遴选学员（整校推进）、坊主（县级以上骨干或名师）、项目校校长（校长、业务副校长或乡镇师训专干）、县级管理员（1—2 人），推荐县级专家（2 人）、示范校（每学段 1—2 所）；

为优秀坊主、坊员和项目县提供激励性政策支持；

协助培训机构开展项目的组织与实施，包括集中培训的组织管理、全员集中场地设施的提供、网络研修的督学督导等；

争创项目县，要出台激励性政策，打造 1—3 所示范校、10％优秀坊。

2. 华中师范大学

制定项目实施方案并组织实施；

负责组建省级项目专家指导团队；

为学校开展信息技术应用能力提升工程 2.0 研修提供线上与线下的专业支持与服务，指导项目校和工作坊开展网络线下研修活动；

负责校长、坊主和坊员的集中培训活动；

负责项目结项、研修成果汇集。

3. 专家团队

制定项目研修活动方案；

全程参与项目，对坊主和县域专家工作进行指导；

负责专家答疑；

审核项目校工作坊生成性成果。

4. 项目校

建立网络研修与线下研修整合的组织架构；

学校统一安排网络研修的时间,将培训纳入学校校本研修规划,制定网络研修与线下研修的规章制度,为项目实施提供政策支持和制度保障,为参训学员提供集中研修交通费用支持,为集中研修积极提供优秀案例和场地设施,发挥示范引领作用。

5. 坊主

负责确定研修主题、制定本坊研修计划;

负责集中研修活动组织、方案解读、平台讲解、坊内答疑、研修指导、作业批改、坊内推优、班级简报等培训的组织与实施工作;

争创优秀坊,坊内学员在完成主题研修活动必修任务基础上,有10％坊员完成选修任务,生成性成果有1—2个被推为优秀案例。

6. 坊员

制定个人研修计划;

认真学习网络研修课程,积极参加研修活动,完成各项研修任务;

争当优秀学员,优秀学员的研修成绩达到满分,并且在完成主题研修活动必修任务基础上,必须完成选修任务,生成性成果被推为坊内优秀案例。

案例开发档案

案例归属单位:华中师范大学培训中心(职业与继续教育学院)

案例开发时间:2019 年—2020 年

案例开发团队:

姓　名	工　作　单　位	学科背景/职称	主要贡献
卢子洲	华中师范大学培训中心(职业与继续教育学院)	教育学/主任(院长)、研究员	项目总负责人

姓　名	工　作　单　位	学科背景/职称	主要贡献
汪昌海	华中师范大学培训中心（职业与继续教育学院）	教育学/副主任（副院长）	项目总体设计
朱　虹	华中师范大学培训中心（职业与继续教育学院）	地理/副主任（副院长）	项目总执行
蒋立兵	华中师范大学培训中心（职业与继续教育学院）	教育学/副教授、博士	项目总体设计
余颖秋	华中师范大学培训中心（职业与继续教育学院）	中文/教师培训办公室主任	项目设计
王　静	华中师范大学培训中心（职业与继续教育学院）	学科教学/教师培训办公室副主任	项目实施
刘　权	华中师范大学贵州学习中心	行政管理硕士/贵州培训跟踪	项目实施

案例十一

构建 B－PDCA 培训模式　成就新时代"好老师"
——以重庆市荣昌区"国培计划（2019）"
青年教师助力培训为例

重庆市荣昌区教师进修学校

主题类别：教师培训模式创新

关 键 词：B‑PDCA 培训模式、青年教师、好老师

背景与问题

2019 年 6 月，重庆市荣昌区教师进修学校与西南大学共同承担了"重庆市'国培计划（2019）'荣昌区青年教师助力培训"项目。项目运行周期 6 个月，培训对象为荣昌区小学美术、小学数学、小学英语、小学语文、幼儿园教师，共计 250 人。本项目的设计与实施旨在解决基础教育领域师资培训的绩效问题，我们在项目中采取的精准化、场景化举措旨在克服培训项目实施中存在的学员在"知识——技能——行为——业绩"的转化过程中出现的"自然衰减"问题。那么，在基础教育领域师资培训的绩效方面主要存在哪些问题呢？一是传统培训整齐划一，规定时间可规定动作，未有效考虑不同乡镇、不同学校、不同个体的实际情况；二是传统的培训多以老师课堂讲授为主，学员更多以受训者的角色出现。老师通过自己的经验总结，把自认为是知识点的内容一股脑儿地传授给学员，很多学员在课堂上听得很激动，但是回到工作场景中会发现，其中能够运用到的知识很少；三是面向中小学教师全员发展的校本研修缺少个性化的培训资源，无法提供精准化的专业引领，进而导致"得到的不是想要的"的需求不匹配情况。四是对于远程培训的认识不到位，认为远程培训就是看看课件、刷刷分数，这些错误的观念导致学员在培训项目的远程环节应付了事。

如何有效提升师资培训项目的绩效、有效克服上述问题和缺陷，是师资培训项目亟需破解的问题。

问题解决思路

针对以上问题中的"传统培训整齐划一,规定时间、规定动作,未有效考虑不同乡镇、不同学校、不同个体的实际情况"。为了准确把握教师成长的关键阶段,提升教师核心素养与关键能力,教育部在 2019 年中小学幼儿园教师国家级培训计划组织实施工作中明确要求在培训设计中要做到"突出分层分类,遵循成长规律系统设计项目"。本项目的设计按照这一思路开展的,但同时,为能更有针对性制定培养方案,在项目需求调研阶段,荣昌区教师进修学校与西南大学的联合项目专家团队与参训学员所在学校相关领导、各学科区级教研员、学员代表开展了深度座谈与访谈,了解参训学员在教学、教研、科研方面的现状及相关实际需求。此外,在这次培训项目的设计环节我们还在参训学员中吸纳优秀人才,参与培训项目的顶层设计,正是这一异于以往"培训项目设计中学员与项目设计无关"的方式,引发了我们在这次项目中的进一步创新。

图 11-1 荣昌区"国培计划(2019)青年教师助力培训"启动仪式

针对以上问题中的"传统的培训多以老师课堂讲授为主,学员更多以受训者的角色出现。老师通过自己的经验总结,把自认为是知识点的内容一股脑儿地传授给学员,很多学员在课堂上听得很激动,但是回到工作场景中会发现,其中能够运用到的知识很少"和"对于远程培训的认识不到位,认为远程培训就是看看课件,刷刷分数,这些错误的观念导致学员在培训项目的远程环节应付了事"。本项目设计探索了基于混合环境下的全面项目质量管理的科学程序,以结果为导向,通过现场与互联网结合的方式,对不同层次青年教师设计与之相匹配的岗位绩效考核目标,并按照 PDCA 循环进行全面质量管理的培训模式。在该模式中,培训项目借助互联网技术与大数据技术精准对标区域、学校、个人三位一体协调发展:通过收集培训前、中、后青年教师课堂教学行为数据、教师学习发展数据、区域与学校战略发展数据,有效解决了培训项目绩效评估中存在的方式单一、标准模糊、脱离实际等问题。本项目以本地教师进修学校为主导、以高校协同实施培训项目的做法,通过构建 B-PDCA 培训模式,让联合培训团队以"互联网+"为手段,以青年教师具备能够培养合格的社会主义建设者与接班人的能力为目标,高效率、高效果、高效益地解决青年教师在育人过程中存在的实际问题。其中"B"是指在培训中,实现"线上与线下"的混合、"学"与"习"的混合、"学习与工作"的混合,"PDCA"是指在培训中,

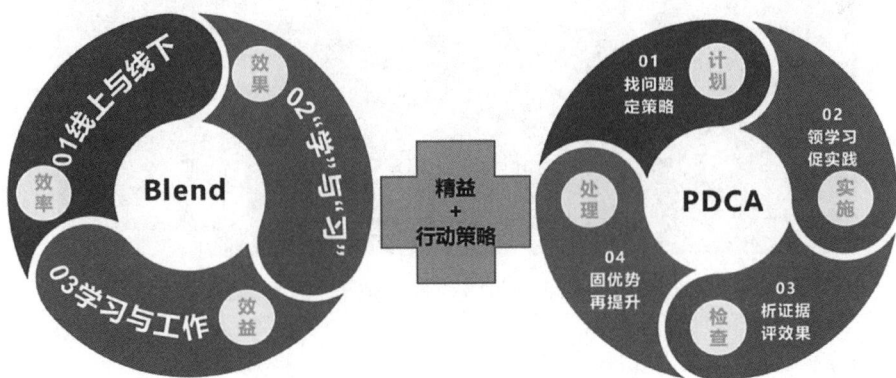

图 11-2　B-PDCA 培训模式图

按照 Plan(计划)、Do(实施)、Check(检查)和 Act(行动和改进)"四阶段八步骤"持续改进青年教师育人能力,并且循环往复,从而助力青年教师从合格到胜任的转变。

P阶段

第一步:三人行(高校教师、一线教研员、一线骨干教师)培训专家团队结合荣昌区的教育发展,深入一线学校,通过课堂问诊、问卷调查、集中座谈了解不同学科、不同年龄特点的青年教师对培训课程、培训内容、培训形式、培训资源、培训时间和培训师资等方面的需求,广泛听取基层学校的需要,结合荣昌区域教育发展实况制定了初步的培训实施方案。

第二步:四人行(高校教师、一线教研员、一线骨干教师、参训学员代表)项目设计团队在封闭式的两天时间里,运用头脑风暴法等多种集思广益的科学方法,把与培训主题相关的导致问题产生的所有原因统统找出来,并提出问题解决的最佳实施方案,修改完善培训计划、培训效果检测标准等。

图 11-3　联合项目团队实施方案研制现场图

D阶段

第三步:培训专家团队按照预定的培训计划、标准,设计与制作适合学员在混合环境中学习的课程资源与学习活动。

第四步：培训专家团队带领培训学员完成线上线下的课程学习,并通过线下集中、线上双向视频交互等方式参与学习活动。

第五步：培训学员将所学的知识应用到实际的课堂教学活动中,培训专家团队在此过程中通过西南大学课堂教学行为智慧分析系统对参训学员的育人行为进行数据采集,建立学员个人原始数据档案袋。

C 阶段

第六步：培训团队对采集到的证据进行总结分析,把完成情况同目标值进行比较,看是否达到了预定的目标。如果没有出现预期的结果,就意味该学员的培训是不合格的。

A 阶段

第七步：对已被证明的达到预期目标的参训学员,培训专家团队要提炼他们达成目标的有效措施,并进行标准化,制定成工作标准,以便后继的执行和推广。

第八步：培训学员所有问题不可能在一个 PDCA 循环中全部解决,遗留的问题会自动代入下一个 PDCA 循环,如此,周而复始,不断迭代螺旋上升。

这种做法,能够更好地在项目实施中强化应用驱动、实践导向、能力本位,通过开展项目式、任务式、体验式培训,解决教学实践中的实际问题,确保每位教师深度参与国培,培训成果能用、管用、好用,也为其他区域借助互联网技术与大数据技术开展青年教师助力培训提供了模式示范。

针对以上问题中的"面向中小学教师全员发展的校本研修缺少个性化的培训资源,无法提供精准化的专业引领,进而导致'得到的不是想要的'需求不匹配的情况"。本项目一改以往培训课程"ADDIE"开发模式的复杂思维,在充分调研了学员的需求后,按照具体学员的个性化需求采取"AID"敏捷课程开发模式的迭代思维对课程进行精准化的开发,如在 9 月份项目组对参训的 50 名小学数学教师的

图 11 - 4　学员达标测评现场图

（专家组来自：北京市西城区教育学院、西南大学、荣昌教师进修学校）

需求调研中，我们发现30余名教师对课堂上学生的倾听关注度不够，缺少对倾听方法的训练，学员急需接受关于"倾听"类的培训课程，而原有的课程资源库中没有这一项课程。在此需求下，本项目的数学项目实施专家团队按照 AID 敏捷课程开发模型，按照目标需求→小范围实验→反馈修改→产品迭代→获得核心认知→完善的技术路径，用3天的时间完成了"小学数学倾听"类的培训课程开发，解决了以往课程开发周期长，流程复杂难掌握，不能很好地适应互联网时代环境变化的缺陷。这一按"实际需要"快速开发培训课程的模式，由原来的个人开发转变为团队开发，通过需求聚焦，使培训团队中的学科专家容易进入角色，开发的课程为解决实际问题而去，目标明确，有效地增强了培训课程的实用性和有效性。项目运行期间，新开发的培训课程如表 11 - 1 所示：

表 11－1　本项目采取"AID"敏捷课程开发模式开发的培训课程专题与开发周期

参训学科	培训课程名称	课程开发周期
小学语文	功能性写作学习的中介设计	2 天
	功能性写作学习的任务设计	1 天
	新课程背景下小学语文习作教学研究与解决策略	3 天
	小学语文学科教学评一体化研究	3 天
小学数学	数学课堂中学生倾听与表达能力的培养	3 天
小学英语	小学英语教师课堂用语训练	2 天
	小学英语语音教学策略	1 天
	歌曲歌谣在小学英语教学中的实施与运用	1 天
小学美术	小学美术课情境创设艺术	1 天
	新课标下版画教育的创新与发展	1 天
幼儿园	幼儿数学认知活动观察指标设计	3 天

经验与创新

　　面对"国培 3.0"背景下的青年教师助力培训中所遇到的种种挑战,荣昌区教师进修学校借助高校的专业引领与互联网的技术优势,采用多元化的问题解决途径,逐一化解了研修过程中遇到的诸多困难,也带来了很好的研修成效,具体如下:

　　一、打造了本土培训团队。本土专家以任务驱动的方式,在西南大学导师的指导下设计了荣昌区基于 B－PDCA 培训模式的青年教师助力培训实施方案,有效地提升了本土培训团队的信息化素养、培训设计与实施能力,打造了一支"用得上、干得好"的区级教师培训团队,2019 年在本区进行了 40 次讲座,获得市级小学英语教学展评一等奖、市级骨干教师 1 人、区级骨干教师 2 人、市级论文获奖 5 人/次,还获优秀工作坊、工作坊(工作室)优秀管理员若干。

二、提升了青年教师从合格到胜任的转化率。在本次培训中项目专家团队主动打破边界,在参训学员中吸纳优秀人才,参与培训项目的顶层设计。项目专家与培训学员的深度融合使我们在项目流程梳理、课程设置、培训效果评测等方面的战略目标层层拆解到任务层面,基于结果的培训方案使得参训成员在学习中建立目标感,并始终围绕目标创造关键成果,同时培训专家团队通过信息化方式采集青年教师原生态的育人数据,并与预设的青年教师胜任能力标准进行可视化对比,通过数据的差异化分析帮助参训教师找到自身存在的不足,并为其定制个性化的解决方案,参训教师在培训中学习目标清晰、获得感强、满意度高,通过 B-PDCA 模式不停地反复循环、刻意练习,促使参训教师掌握胜任期所需要的各项能力,提升了青年教师从合格到胜任的转化率。2019 年学员参加示范课活动 90 人次,赛课 21 人次、论文获奖 21 人次,评先评优 10 人次。

三、构建了本土化的培训资源。B-PDCA 培训模式面向本区,紧贴青年教师成长的真实场域,培训专家团队依据参训学员的真实需求定制化开发培训课程资源,避免了以往培训中看着课程名字符合培训需要,但内容不符合本区实际情的"万金油"状态,通过定制化的开发,逐渐地建立了本土化的教师培训资源,为本区教师教育教学能力的发展提供了有效的帮助,2019 年已经完成荣昌区中小学教师资源平台的建设工作,包括本土教师培训团队培训课程资源 25 个专题,课堂实录资源 68 节,教育微故事 52 个,发表在学习强国平台慕课 9 个。

思考与展望

经过这次与西南大学协同开展师资培训项目的经验,我们越来越意识到与高等院校合作开展培训业务的重要性与必要性,为了更好地满足教师研修的需求,解决教师教学实践中的真问题,采用"B-PDCA 培训模式"对教师研修项目开展全过程的质量管理。在已开发培训模式基础上,拟引入西南大学的校本研修平台、教师教学行为分析平台,逐步实现区域内校本研修、学校校本研修的常态化数字研修,通过互联网与大数据技术,在未来的培训设计中,将更多聚焦学员的需求,更加注重培训项目设计、实施、评估与互联网技术的有效深度融合,比如在区域培训项目设计上采用分层分类进行培训课程的设置与研修活动的设置,组织区域内教研员、骨干教师采用"AID"敏捷课程开发的模式为不同对象、不同教学经验的教师开发"需要"的培训课程。同时,建好教师数据库为每一位教师建立数字化的成长档案袋,为教师的专业成长提供参考意见与改进建议,进而实实在在地助力每位教师成就新时代下的"好老师"。同时拓展国培影响力把"国培做示范"落到实处,继续发扬优势与特点,与荣昌地区教育发展的"三为课堂""四建"相结合。做实做好训后跟踪,以参训教师教育教学行为的持续改善为价值取向,组织培训团队深入参训教师所在学校,开展"四说两看一发现",即采取参训教师本人说、学生说、同事说、领导说的方式考察教师训后的发展变化;采取看参训教师课堂教学、看参训教师参加或组织校本研修,观察教师训后的教学、研究、学习行为改善状况;在对话与观察中发现参训教师的变化和新问题、困惑与需求,有针对性地开展跟踪指导,为乡村青年教师专业成长持续助力。

案例实践情况

之前已经试点应用到的区域和项目:重庆市荣昌区"国培计划(2019)"荣昌区青年教师助力培训项目、(2019)职业教育中心青年教师教学能力提升培训项目和(2020)荣昌区中小学岗前教师培训项目,共计357人。

目前本实践案例已经全面应用于荣昌区的教师培训项目,在后续项目的应用中,我们都沿用并进一步发展和完善探索出来的"B-PDCA培训模式",特别是在今年的疫情这样一个不利于培训开展的环境中,我们取得了很好的培训效果,在培训设计中,更加聚焦于学员的需求,更加注重培训项目设计、实施、评估与互联

网技术的有效深度融合,我们在培训项目中更加注重以下几点:

基于培训需求,精准对标区域、学校、个人三位一体协调发展:通过人工智能、大数据分析等互联网技术收集教师课堂教学行为、教师学习发展数据、区域与学校战略发展数据,将数据分析贯穿培训前、中、后。

基于培训主题,确定小切口、深入化的培训目标:聚焦区域、学科、青年教师发展将要解决的主要问题,倡导精准式对标型培训。

基于培训目标,建设个性化、实践性的培训课程:开发适应青年教师专业发展的慕课、微格式培训课程,支持教师有效选学,精准推送课程资源。

基于培训课程,创设线上线下相结合的混合式培训:以线上线下相结合为基本的培训原则,大力推进混合式培训,实现"互联网+教育"下的智能培训方式。

基于培训过程,创建交互式、可视化的培训过程数据监测:实时连接培训过程中的数据,深入挖掘,快速获得全局洞察,精准制定数据支持的培训决策。

案例开发档案

案例归属单位:重庆市荣昌区教师进修学校

案例开发时间:2019 年—2020 年

案例开发团队:

姓　名	工 作 单 位	学科背景/职称	主 要 贡 献
余晓堰	重庆市荣昌区教育委员会	地理/教委副主任	统筹送教工作,联系协同合作单位相关事宜。
夏忠严	重庆市荣昌区教师进修学校	数学教育/副校长	统筹送教工作,联系协同合作单位相关事宜、指导课程设计与送教培训实施方案。
叶伟虹	重庆市荣昌区教师进修学校	语文/教育发展部主任	培训验收、训后跟踪工作等。

姓　名	工作单位	学科背景/职称	主要贡献
赖安秀	重庆市荣昌区教师进修学校	小学语文/副高	培训方案设计、过程实施。
曾成林	重庆市荣昌区教师进修学校	英语/副高	负责区级教师培训团队组建与管理、培训经费统筹,项目统筹协调及实施后勤规划、过程管理。
潘小萍	重庆市荣昌区教师进修学校	英语/副高	培训资料准备、收集、汇总、过程管理、培训验收工作等;提炼培训模式创新。
莫　鸿	西南大学培训与继续教育学院	教育技术/师资培训部主任	负责项目规划设计、提炼培训模式创新。
卢卓娣	西南大学培训与继续教育学院	教育学/师资培训部项目主管	项目统筹协调及实施后勤规划、过程管理。

案例十二

秉承陕师大"西部红烛"精神，助力庆阳革命老区教师队伍建设

陕西师范大学教师干部教育学院

主题类别：教师培训模式创新

关 键 词：革命老区、教师队伍建设

背景与问题

一 背景

百年大计，教育为本；教育大计，教师为本。习近平总书记在党的十九大报告中明确提出："建设教育强国是中华民族伟大复兴的基础工程，必须把教育事业放在优先位置，深化教育改革，加快教育现代化，办好人民满意的教育。"这为我们在中国特色社会主义新时代不断推进教育改革发展、大力提高国民素质指明了方向。重视教师专业发展，培养高素质专业化创新型教师队伍，是办好人民满意的教育，落实立德树人根本任务的重要抓手。

陕西师范大学作为教育部直属、西部唯一的"世界一流学科"建设师范大学，在76年的办学历程中，坚守师范大学的初心，用理想、信念和情怀扛起了西部教育的大旗，铸就了"扎根西部，甘于奉献，追求卓越，教育报国"的"西部红烛"精神，被誉为"教师的摇篮"。在"西部红烛"精神引领下，陕西师范大学积极响应国家号召，以助力西部教师成长为使命，10万毕业生深深扎根并服务于西部，在西北地区，只要有基础教育的地方，就有陕西师范大学的毕业生。正是这支奋战在祖国西部基础教育的宏大队伍，守正不移，潜心育人，让陕西师范大学与西部基础教育的命运紧紧地联系在了一起，成为祖国西部一道亮丽的教育风景线。多年来学校又通过支援西部高校、共建教师教育创新试验区、发展远程教育共享、拓宽教师专业能力培训、开展教育精准帮扶等促进西部教育均衡发展，为西部教育事业发展做出具有示范性和引领性的贡献。

中国西部甘肃庆阳被誉为"永远的红区"。1934年,习仲勋等老一辈无产阶级革命家在庆阳南梁地区建立了陕甘宁革命根据地,在陕甘宁革命根据地创办了列宁小学、抗大七分校,毛泽东亲笔题写校名的陇东中学,是庆阳教育事业发展的精彩缩影和杰出代表。

2015年2月13日,习近平总书记主持召开陕甘宁革命老区脱贫致富座谈会,在听取大家发言后,习近平总书记发表重要讲话。他指出,加快老区发展步伐,做好老区扶贫开发工作,让老区农村贫困人口尽快脱贫致富,确保老区人民同全国人民一道进入全面小康社会,是我们党和政府义不容辞的责任。对这个问题,我一直挂在心上,而且一直不放心,所以经常讲这个问题,目的就是推动各方面加紧工作。习近平总书记强调,发展教育、医疗卫生、公共文化、社会保障等事业,实现基本公共服务对老区城乡居民全覆盖。

"美丽园丁"教育基金会以"弘扬优秀乡村教师的美丽心灵,提高他们的教学水平,使美丽的教师更加美丽,培养一代又一代美丽的学生,为建设美丽的中国贡献力量"为宗旨,秉承"援助一个学生只能改变一个家庭,支持一个教师却能改变若干个家庭,甚至几代人"的先进理念。基金会善心义举,积极助力革命老区庆阳基础教育发展。借助高校优质教育资源、梳理庆阳教育的问题与需求,以教师培训为抓手,策划庆阳基础教育质量整体提升计划,助力庆阳市教师队伍建设和基础教育质量迈上新台阶。

陕西师范大学与"美丽园丁"教育基金会、庆阳市人民政府合作,实施"庆阳革命老区基础教育质量提升协同创新计划"。针对庆阳优质教育资源相对匮乏、跨区域交流平台较少、教师队伍整体水平不高的现状,从教育发展规划制定、心理健康教育体系构建、教育科研成果推广、师资队伍培训、特色学校建设等方面对庆阳革命老区提供全方位的支持。

在此过程中,将"西部教师摇篮"陕西师范大学的教师教育资源优势与"美丽园丁"教育基金会的善行义举相结合服务革命老区庆阳教育的发展。探索出"非政府组织(Non-Governmental Organizations)+高等院校(University)+地方政府(Government)＋中小学校(School)"相融合的"N－U－G－S"教育帮扶模式,进一步推动了庆阳基础教育发展,较好地履行了高校服务社会的使命,彰显了社会公益组织和师范大学共同的社会责任与担当。

"N－U－G－S"教育帮扶模式集中了四方的优质资源,协同服务于庆阳革命老区基础教育发展。其中"美丽园丁"教育基金会提供资金支持,统筹资源;陕西师范大学发挥教师教育优势,承担制定规划、构建体系、教师培训、成果推广等工作;庆阳市政府发挥政策、组织与资源配置优势;中小学校积极配合大学和政府做好教师教学实践、校本研修等工作。

二　解决的主要问题

为切实加强庆阳革命老区基础教育师资队伍建设,推动区域教育改革发展,拟通过"美丽园丁"教育基金会、庆阳市委市政府以及陕西师范大学三方合作,致力于解决以下问题:

1. 教师队伍整体水平偏低,发展相对滞后,师资力量较为薄弱,特别是农村学校音乐、体育、美术、英语、科学等薄弱学科教师较为缺乏;

2. 教育科研水平低,创新能力不足,深化教育综合改革步伐较慢的问题;

3. 学校管理和教学水平不高,教学质量较低,特色品牌学校较少;

4. 优质教育资源不足,城乡教育发展不均衡问题;

5. 缺乏针对性和长效性的教师培训体制机制的问题;

6. 教育交流机会较少,缺乏跨区交流平台的问题。

问题解决思路

陕西师范大学坚持以党的十九大、习近平总书记关于教育的重要论述为指引,以建设新时代"四有"好老师、"四个引路人""四个相统一"教师队伍,落实立德树人根本任务为目标。从教育发展规划制定、人才培养、特色学校建设等方面对庆阳革命老区进行支持。

经过为期三年专业化、全方位的培养培训,我校秉承提升教育水平与均衡教育发展,满足个性需求与补齐共性短板,培养名校名师与推动示范引领,优质资源共享与多元协同创新的原则,主要实施了"六大工程":

(一)深化区域教育综合改革试点工程

1. 研究制定区域教育发展规划。陕西师范大学组织专家到庆阳进行调研,研究庆阳教育改革和发展中基础性、方向性、战略性的重大问题,指导庆阳市准确定位教育发展方向,高起点、宽视野、全局性谋划教育发展的顶层设计、战略重点和科学路径。指导庆阳市制定《庆阳市教育事业"十三五"发展规划》和《庆阳市"十三五"教师专业发展规划》。

2. 搭建教育改革与创新基地。依托陕西师范大学协同创新平台,建立基础教育质量评价与提升协同创新中心庆阳实验基地,进行基础教育综合改革试点,共同探索庆阳市基础教育发展新模式。

(二)基础教育科研成果孵化推广工程

1. 基于学生发展需求的课堂教学能力提升项目。在需求分析的基础上,使参与研究的学校达到以下"三大变化":① 培养一批教学理念先进、具有较强教学研究能力的高水平教师队伍;② 促进区域内学校学业质量和学习效率的提升与均衡发展;③ 形成体现学校特色、学科特色的多样化教学模式和教研模式。

2. 中小学德育课题研究项目。指导庆阳市开展学校德育课题研究,探索如何把社会主义核心价值观与中华优秀传统文化、人类优秀文明成果、庆阳红色文化相融合,研究形成遵循教育发展规律、符合庆阳市德育工作实际和学生身心成长规律的课题成果,指导全市中小学德育工作。

3. 校园文化建设提升项目。对若干所不同学段、不同类型学校,通过特色引领、以点带面的形式,持续推进校园文化体系构建。通过理论培训、实践指导、工具使用、学校诊断、重点问题调查研究、文化层次提升等方式,推进特色示范校建设。

4. 科研成果推广和人才交流项目。每年庆阳市与陕西师范大学都会选派人才前往对方单位进行挂职锻炼,并定期举办高层论坛。建设"陕西师范大学庆阳学生综合实践教育实习基地",陕西师范大学每年选派一定数量的博士生、硕士生、本科生等到庆阳,通过博士服务团、志愿者活动、寒暑期社会调研等多种方式开展教学实践。此外,陕师大从本校的科研课题中遴选出在全国影响力大、具有推广价值、适合庆阳教育发展实际、能够改进和持续提升教学质量的科研成果,在庆阳建立实验基地进行推广。

5. 区域中小学心理健康教育体系构建项目。我校持续帮助庆阳市构建心理健康教育指导专家队伍,搭建心理健康发展平台,指导庆阳市按照国家标准建设中小学心理健康教育咨询室,开展心理健康教育教师培训。

(三)人才队伍建设工程

通过开展庆阳名师培养、卓越教师培养、骨干班主任培训、教育管理干部培训等项目,充实庆阳教育人才梯队。借鉴国际上有影响力的教师培训经验,在舒尔曼理论的基础上构建了"整合技术的学科教学知识"理论模型(Technological Pedagogical Content Knowledge,TPCK),为培训提供了理论依据。PCK 为"教师个人教学经验、教师学科内容知识和教育学的特殊整合"。随着信息技术的发展与互联网的成熟,PCK 也逐步与信息技术融合,形成了 TPCK 的理论。TPCK 是指把技术转化为解决教学问题的方案的一种多维综合性知识,由教育技术知识、学科知识、教学法知识、学生知识、教学情境知识等相互作用综合而成。在各类教师培训中,我们注重运用 TPCK 理论,指导专业的教师专业发展。

1. 名师培养。为了帮助名师成长,系统设计培训课程。师德师风与理想信念:学习习近平总书记关于教育的重要论述、教育政策解读、模范教师事迹、名师成长案例,深入发掘红色文化资源,引领教师坚定理想信念。教育基本理论:开设教育哲学、国内教育政策与改革热点、国际教育发展现状等课程,帮助教师开拓教育视野,掌握教育教学改革理论和实践的最新进展。教育研究方法:开设教育科学研究方法、教师行动研究、教研成果撰写等课程,提高教师研究能力与科研指导能力。学习理论:开设学习理论、学习科学、中小学生认知特点与成长规律、学生身心健康等课程,提高教师育人能力。学科教学:开设学科素养、学科知识、学科教学知识、学科前沿问题、学科教学艺术,提升教师的专业素养。教师专业发展:开设教师教育理论、教师心理健康、名师成长案例分析、名师工作室建设等课程。现代信息技术:开设教育信息化 2.0 背景下的混合教学,提高教师信息素养。综合素养:开设人文社科、自然科学、文体艺术等方面的拓展课程,提升教师的人文素养和科学素养。

培养注重五种结合:通识培训与个性化培养相结合、理论学习与实践反思相结合、导师指导与自主学习相结合、集中学习与网络研修相结合、个人成长与专业引领相结合。采取以下培养方式:① 集中研修,依托陕西师范大学优势专业,开展丰富多样的培养工作。② 跟岗研修,组织教师到省内知名学校进行跟岗培训,拓展教育视野。③ 域外研修,与全国知名高校合作,开展域外提高研修,到国内知名中小学跟岗实训,通过专家报告、交流研讨、情境体验、影子实训等方式,开展高级研修。④ 导师指导,组织四个导师团队,即学科导师由省内外熟悉基础教育、在学科教学方面有研究成果的高校教师担任;教育理论导师由全国教育学专业的高校教师担任;实践导师由全国教学名师、正高级教师担任;写作导师由出版社资深编辑担任。四个导师团队共同对教师进行个性化培养。⑤ 网络研修,建设网络研修平台,设计内容适当、针对性强的网络课程,用于学员远程自修。⑥ 课题研究,教师在导师团指导下,确定个人研究方向,以学科理论研究、学科教学实践问题为重点,承担和完成一项课题研修,开展促进个人专业发展的理论与行动研究。⑦ 在岗研修,组织教师根据所在学校与本学区教育教学实际,开展课程标准、核心素养、教材、考试、教研、教育技术、教学活动等多角度的个人及团队研修。承担校内听课、评课、专题学术报告、讲座。承担校内外示范交流课,主持校内外学科教学研究活动,承担对青年教师的教学指导及培养。通过培养,为庆阳打造了一批具有现代教育素质和开拓创新精神的市级名师。

2. 卓越教师培养。这个层次的教师面临教学成熟期向专家期转型,能够熟练驾驭课堂,教学经验丰富,从关注教材逐渐过渡为更加关注学生,积累了丰富的实践经验和个性化智慧,但有些教师到达专业发展高原期,发展停滞,亟需进一步拓展教育理念、提升教育研究能力、改进课堂教学。此项目每年从县级以上优秀教师中选拔教师到陕西师范大学进行 3 周培训,通过"集中培训＋跟岗实践"的方式,集中培训依托陕西师范大学的教育学、心理学以及各优势专业,采取专家讲座、案例诊断、教学观摩、课题研究、名著研读、课程选修、学术交流等形式开展。跟岗实践组织教师到省内外知名学校进行跟岗培训,开展教学观摩、教学研讨等活动。促进教师师德修养、教学观念、专业知识、教学技能和科研能力等方面全面提高,并凝练个性化的教学风格,使其成为全市教育科研的引领者和学科教学的带头人。

3. 骨干班主任培训。每年分学段选派有一定发展潜力和培养前途的骨干班主任在陕西师范大学进行系统的学习培训。通过"集中培训＋跟岗实践＋导师指导"等方式,全面提升骨干班主任的教育管理水平,打造研究型、专家型班主任队伍。

4. 教育管理干部培训。每年组织中小学校长、副校长,教务主任、政教主任到陕西师范大学进行为期 15 天的培训。通过培训,使学校教学管理干部能掌握履行岗位职责必备的知识和技能,提升依法治校能力,改变相对滞后的教育管理理念、方法以及改革创新、科学决策和驾驭复杂局面的能力,提升学校管理干部的制度和文化设计力、领导力、执行力,为庆阳市中小学校长队伍培养后备力量,促进中小学管理队伍整体水平提高。

(四) 特色示范学校群创建工程

依托陕西师范大学在教师教育方面的资源优势,以及教师干部教育学院作为"西安市名师名校长培养基地"的优势,遴选与学校有密切合作关系的国内知名学校与庆阳市中小学、幼儿园建立合作关系,帮助创建特色学校。借助西安市"名校+"教育联合体的构建模式,助力庆阳市创建基础教育改革创新实验区,搭建西安市与庆阳市名校结对合作平台,实现资源共享、共同提升。重点围绕学校管理、文化创建、师资队伍建设、课堂教学改革、校本教研、学生发展、家校协同等方面打造学校示范样板,以点带面、辐射引领,提高庆阳市中小学校办学水平,推进庆阳市基础教育改革步伐。

(五) 陇东讲堂高端带动工程

依托师大资源,整合全国师资,每年邀请高校教授、国家教学名师、百家讲坛主讲、杂志主编、教研员、一线优秀教师赴庆阳做专题报告或上示范课。培训内容丰富,针对性强。老师们很喜欢名师讲座、示范课、专家点评、互动交流、校内研讨等内容。名师示范课采取同课异构形式,要求两位名师选取同一课题上示范课,有助于受训教师对比异同、取长补短,选取掌握更适合自己的教学方法。专题讲座选取教师最需要解决的问题进行交流,拨开受训教师心中谜团。在互动交流环节,教师与名师面对面,分享自己的经验,找到自己的不足,树立未来发展的信心。发挥名师和专家的示范引领作用,有效缓解了农村和偏远地区优质教育资源匮乏的窘境,同时也较好地解决了教师参加继续教育过程中工学矛盾和经费不足的难题,对推动区域教育发展起到积极作用。

(六) 农村教师素养全面提升工程

开展了农村学校骨干校长培训、学科骨干教师及培训团队培训、农村紧缺薄弱学科教师培训、农村全科教师培训等项目。通过实施,最终全面提高了广大教师和校长的"五个水平"和"五种能力",实现了庆阳基础教育的"四大突破":提高了广大教师和校长的师德修养、政策水平、理论水平、教学水平、育人水平。提高

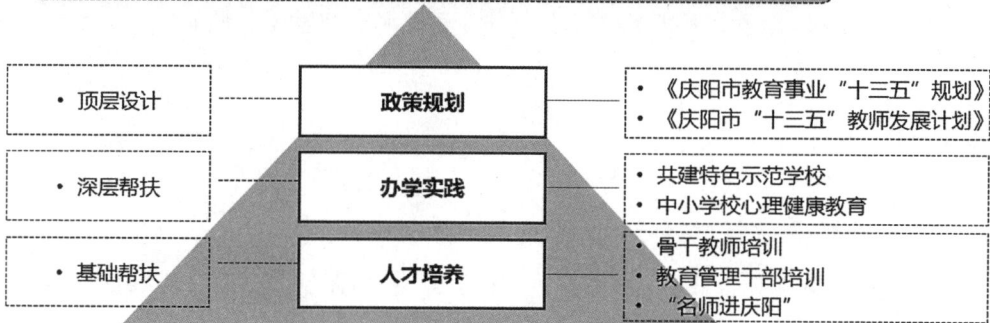

图 12-1 "N-U-G-S"教育帮扶框架图

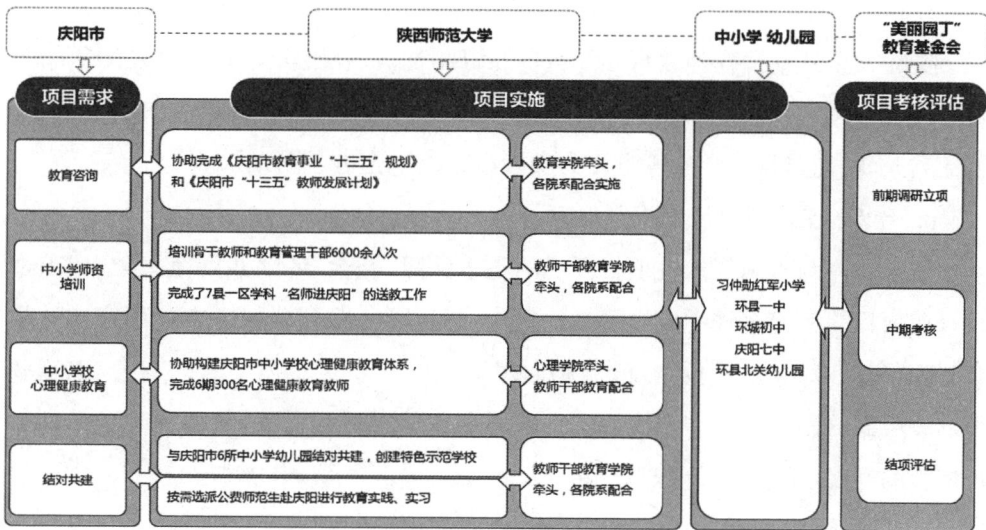

图 12-2 "N-U-G-S"教育帮扶路线图

了中小学教师校长的课改能力、信息技术能力、依法从教能力、教育教学反思能力、教育科研能力。进而惠及每位学生全面发展,实现庆阳基础教育管理体制机制创新上有突破、教师队伍整体素质提升上有突破、特色示范校创建上有突破、质量提升上有突破,全面提高教育的发展层次、发展水平和发展品质。

经验与创新

1. 精准帮扶,弘扬"西部红烛"精神

陕西师大秉承扎根西部、教书育人,坚守担当、奉献祖国的"西部红烛"精神,为庆阳革命老区设计并实施突出专业引领的递进式教师培训。为庆阳市设计人才队伍规划,开展庆阳市名师培训、卓越教师培训、骨干班主任培训、教育管理干部培训等。

2. 系统设计,整体推进区域教育发展

陕师大充分发挥教师教育办学特色和资源优势,在充分调研和反复沟通的基础上,从制订教育发展规划、构建心理健康教育体系、推广教育科研成果、培训各级各类人员、创建特色学校等方面为庆阳教育提供全方位帮助。

3. 建章立制,完善规范机制保障

完善的体制机制是推进项目开展的基本保障,基金会、陕西师范大学、庆阳市政府在项目的实施过程中成立了专门机构,制定了一系列确保三方顺利合作的规章制度,如保障制度、评价制度、激励制度等。既有项目总体层面的制度,也有教师发展层面的制度。这些制度规定了三方主体的责任和义务,从而保障了培训三年持续的开展,并取得了预期效果。

4. 协同创新,探索"N-U-G-S"教育帮扶模式

三年来,我校秉承陕师大"西部红烛"精神,探索实施"N-U-G-S"教育帮扶模式,整合各方力量,全力助力于庆阳革命老区的教师队伍建设。"N-U-G-S"

教育帮扶模式是实现社会公益组织、高校联合开展教育精准帮扶的有效途径，也是实现"优势互补、资源共享、协同发展、互利共赢"的重要举措。

"N-U-G-S"教育帮扶模式突破了传统的政府主导模式，更好地发挥非政府组织的作用，在区域教育发展中建立"非政府组织＋高等院校＋地方政府＋中小学校"合作模式。四方主体通过建立共同的制度规范，制定基于庆阳教育发展的共识性的规划和包容性的措施，形成了多主体、多层次的合作互动机制。

这种教育帮扶模式的创新主要体现在以下几方面：1. 构建开放多元的合作主体。教育帮扶坚持开放共享的原则，充分发挥非政府组织、高等学校、地方政府和中小学校的积极性和主动性，四方协同发挥作用。2. 理顺多元主体间的权责关系。确定不同层次责任主体在教育帮扶中的地位，合理配置各方权力和责任，凝聚多方力量，实现共同目标。3. 建立优质教育资源共享机制。充分利用现代信息技术，通过区域内共建共享，实现课程、师资、教育信息和技术、教育设施等方面优势互补。4. 建立制度化的区域合作机制。以资源共享为基础，以制度建设为核心，以政策为保障，共同实现区域教育发展的"善举"。

思考与展望

经过三年的培养，我们对于庆阳革命老区教师队伍建设进行了深入的反思，并提出后续改进计划：

1. 实施三类骨干教师体系建设

在前期培训的基础上，为庆阳市实施三类骨干教师体系建设。到 2022 年，初步构建起涵盖教学名师、学科带头人、教学能手三类骨干教师体系，初步形成遴选与培养、管理与使用一体化的骨干教师管理体制和运行机制，造就一支能够在推动基础教育改革发展、全面提升基础教育质量中发挥带头作用的骨干教师队伍，进而带动全市基础教育师资队伍整体素质的提高。

通过三类骨干教师体系建设,为庆阳市打造三支骨干教师队伍:一支具有良好的政治素质、优秀的职业道德、扎实的理论素养、先进的教育理念、精湛的业务能力、独特的教学主张、高超的育人水平、突出的教学教研业绩、显著的示范引领作用,在全市乃至全省基础教育领域有较大影响力的市级教学名师队伍;一支具有良好的思想政治素质、优秀的职业道德素养、先进的教育教学理念、较强的教育教学能力、较高的教育科研水平,教学教研成效显著、并在全市本学科领域能起到示范引领作用的市级学科带头人队伍;一支具有良好的思想政治素质、优良的职业道德素养、教学理念先进、教学方法创新、教学经验丰富、教学效果显著,在全市课程教学改革中有一定影响力的市级教学能手队伍。

2. 实施校长骨干体系建设

在庆阳市每年遴选正校长、德育副校长、教学副校长进行专业培训。

通过入校诊断,请专家团队前往培养对象所在校园进行诊断式培训,全面评估学校办学情况,根据存在的问题制订改进计划和质量提升策略。组织深度学习,组织参训校长采取选修课程、研读名著、同伴互助、名家讲坛等形式,引导参训校长自主学习,针对有关教育问题进行深入地理论探究和实践探索。开展名校访学,安排参训校长到知名校园访学,扩展理论和实践方面的视野,丰富办学思想;学员之间互访学习,在实地考察中学习先进的办学理念和方法,及时更新教育教学和管理的思维方式,进一步凝练办学思想。开展跟岗培训,组织参训校长前往西安市知名学校跟岗学习,与西安市知名校长深度交流,参与"西安市名校长领航研修共同体"活动,提升治校理念和管理能力。加强示范提升,实施结对帮扶计划,与当地边远贫困地区通过"手拉手、结帮对"的形式,通过定期送教、资源共享等方式,将学员所在学校的优质资源引出去,让帮扶单位的教师走进来,形成有效互动,促进学校发展和校长素养提升。

通过培训,为庆阳市培训一批政治素质过硬、思想品德高尚、教育理念先进、教育视野开阔、文化素养深厚、办学特色鲜明、治校业绩突出的校长,提升自身在新形势下治理学校和课程教学的领导力,从而确保所在学校教育教学的稳定、健康和可持续发展。为每位校长创建校长线上线下的工作室,每个工作室不少于5位同行校长,以工作室为依托引领辐射整个庆阳教育。发挥辐射带动作用,进一步推进庆阳市基础教育优质均衡发展。

3. 实施新高考培训

遴选高中正副年级组长开展短期集中培训,通过培训明确年级组长的岗位职责、加强校本教研制度的落实,增强校本教研活动开展的计划性、针对性,提高学科组长指导教学的能力,促进学科教师专业化发展,落实新高考学科教学常规、教研常规,提高年级管理及组织教学的能力和水平,进行学科整体规划,构建校本课程体系,构建教师专业发展团队。

通过培训,帮助参训学员深入领会新高考的改革与发展方向,掌握教研教学组织新方法,加深高中教研的理解和认识,优化知识结构,正确把握年级组长工作规律。学习借鉴优秀同行管理经验,提升教学管理的水平。

4. 建设特色示范校

在庆阳市遴选2所中小学,通过为期三年个性化专业性的指导,打造成效突出、示范一方的特色学校。通过特色创建工作,帮助学校树立以学生为中心的理念,切实落实学生发展核心素养,推进课堂教学方式与组织形式变革,激发教师成长的活力和潜能,提高教师整体素质。指导学校特色化办学理念,构建高品位校园文化环境,建设特色化校本课程,建立科学的评价体系,营造家校合作的育人环境,全面提高学校教育教学质量。通过三年的建设,使学校在办学质量提升的基础上,形成特色理念、特色课程、特色教学、特色教研、特色管理,培育独特的学校文化精神和稳定的办学风格,并在全市形成较大的影响力,引领示范更多学校走向优质特色发展之路。

案例实践情况

经过实施三年的项目,初步实现了庆阳基础教育由"输血"向"造血"转变,进一步推动了庆阳的教育发展。

1. 制定相关政策规划,加强庆阳教育顶层设计。陕西师范大学通过深入调研,协助庆阳市政府制定了《庆阳市教育事业"十三五"规划》和《庆阳市"十三五"教师发展计划》,积极为庆阳市教育事业建言献策,为促进地区教育发展绘制了新的蓝图。

2. 分层分级分类培训,促进庆阳教师队伍整体素质提升。三年来,按照庆阳市的要求,对庆阳市教育管理干部、骨干教师等实施了分级分类培训,累计培训教师及教育管理干部6 140人次,并形成了具有师大特色、符合庆阳实际的培训模式。三年来,参训教师职称、职务显著提升。截止2019年6月,60名教师在培训后晋升了职称。骨干教师专业引领作用得到充分发挥,累计指导青年教师2 109人次,承担省级以上教师培训任务达200余次,完成国家级教师培训任务70余次。参与省级以上学术会议、交流活动100余次,国家级学术交流40余次。

3. 名师进庆阳送教活动,实施教育精准帮扶。组织6次名师进庆阳送教活动,覆盖庆阳七县一区,累计参与教师近7 000人。采用名师示范课、同课异构、互动研讨、专家点评、专题报告等形式,有效促进了庆阳市教师专业水平提升。

4. 心理健康教育咨询,构建心理健康教育体系。完成了《庆阳市中小学心理健康教育优化方案》和《庆阳市中小学心理健康教育咨询室建设标准和方案》,指导庆阳市8所中小学建立心理健康教育咨询室,完成了6期300名心理健康教育教师培训任务。

5. 教育教学科研成果孵化,促进教学科研能力提升。遴选实验学校对骨干教师进行学思维活动的总体推广。经过培训,教师的教学设计、教学策略等都有了很大程度的提高,教师对思维型的课堂教学理念理解也更为深刻。学思维活动课程受到学生的热烈欢迎。

6. 创建特色示范学校,实现城乡办学深度融合。陕西师范大学附属中学、附属小学、附属幼儿园、曲江一中帮助庆阳市环县一中、环县环城初中、习仲勋红军小学、环城小学、北关幼儿园、庆阳七中建立特色学校,并将庆阳七中、环县二中作为公费师范生实习基地。

7. 协同创新,探索"N-U-G-S"教育帮扶模式。三年的项目实践,我们逐渐探索出利用社会资金、高校资源支持西北地区教育发展的新模式。在"美丽园丁"教育基金会的资金支持与积极协调、庆阳市政府的高度重视和通力配合、陕西师范大学的认真策划和精心组织下,探索出"非政府组织(Non-Governmental Organizations)+高等院校(University)+地方政府(Government)+中小学校(School)"的"N-U-G-S"教育帮扶模式。

此模式充分利用非政府组织资源优势,支持庆阳革命老区教育发展,解决制约发展的根本问题;利用高等学校教育优势,帮助庆阳革命老区教育发展,实现高校自身价值和服务社会的功能;利用地方政府政策优势和组织优势,开展扶贫先扶教、治贫先治愚的工作,推动教育发展;利用中小学校一线资源,最终实现统筹资源、多方配合,是项目实施的重要支撑。

案例开发档案

案例归属单位:陕西师范大学教师干部教育学院

案例开发时间:2015 年—2018 年

案例开发团队：

姓　名	工 作 单 位	学科背景/职称	主 要 贡 献
苏争艳	陕西师范大学	教师教育/副教授	项目规划与指导
杨　斌	陕西师范大学	教育管理/副研究员	项目规划与指导
王兴华	陕西师范大学	教师教育	项目实施、课题调研、成果汇总
高　珊	陕西师范大学	教师教育	课题调研、成果汇总
程正勇	陕西师范大学	信息技术	技术支持,成果汇总

案例十三

走优质、协同、均衡、务实的县域基础教育发展之路
——基于北京师范大学—江西省广昌县
"精准扶贫—基础教育质量提升项目"的实践探索

北京师范大学继续教育与教师培训学院

主题类别：教师培训项目创新

关 键 词：县域教育、优质均衡、课堂变
革、学校特色

背景与问题

一 背景

《国家中长期教育改革和发展规划纲要(2010—2020年)》明确提出"把促进
公平作为国家基本教育政策，重点是促进义务教育均衡发展……""率先在县
(区)域内实现城乡均衡发展，逐步在更大范围内推进。"2016年7月11日，国务
院印发《关于统筹推进县域内城乡义务教育一体化改革发展的若干意见》，要求
按照全面建成小康社会目标，加快缩小城乡教育差距，促进教育公平，统筹推进
县域内城乡义务教育一体化改革发展。基于我国"以县为主"的教育管理体制，
县域教育发展是我国教育发展中基础的基础，县域教育的优质均衡发展对全面
提高教育质量，造就社会主义事业的建设者和接班人伟大事业起到至关重要的
作用。

江西省广昌县位于江西省东南部，是一个人口约25万的小县城，县内农业人
口比重大，市场经济发展缓慢，曾是国家级贫困县，直至2018年2月才顺利脱贫摘
帽退出国家级贫困县行列。经过多年的探索和发展，广昌县委县政府意识到要想
抓好脱贫质量巩固提升，实现老百姓根本脱贫、长久脱贫，首要任务须解决教育问
题。广昌县将教育摆在优先发展的位置，实施教育强县战略，扎实推进教育"两步
走"：一抓硬件建设，全面完善教育基础设施；二抓软件建设，全面启动强师提质工
程。此番举措促进了全县城乡办学条件不断改善、师资队伍日益雄厚、义务教育

均衡发展,努力营造出扶贫先扶智的教育环境,探索出符合县域实际、彰显育人特色、可持续发展的教育路径。

北京师范大学作为中国教师教育的一面旗帜,作为全国教师教育行业的排头兵,在培育优秀英才、服务祖国教育事业的同时,北师大在服务中国基础教育发展,建设教师培训平台、师资队伍和教育资源等方面具备良好的经验。北京师范大学继续教育与教师培训学院作为全国教师专业发展的行业引领者,长期以来积累了丰富的资源和经验。

二 　问题

(一) 县域教育发展全局视角方面：广昌县域优质教育资源总量匮乏,城乡发展不均衡下带来教师队伍发展不平衡,县域教育领军人物成长较慢

广昌县教育在广昌教育人的努力下,取得了丰硕成果,但横向比较,广昌教育缺乏在抚州市、江西省乃至全国具有话语权的领军人物,这严重影响了广昌教育的"教育高峰"发展,不利于形成县域内的自身"造血"队伍能力建设,进而也会影响到县域教育的整体提升。

广昌县经济支柱产业以物流运输业为主,产业格局造成了广昌县农村以老年人和孩子为主,乡镇经济以农业经济为主。同时,随着城镇化建设进程,农村人口集中到县城居住,又促使县城人口以及各项资源的集中。"农村弱"和"城镇挤"现象突出,从教育发展角度而言,存在乡村优质教育资源紧缺,乡镇教师流动性大,青年教师留不住留不下,老教师职业倦怠严重,乡村生源不断流失导致学校办学积极性受到较大影响,乡村教育发展缺乏高水平师资的引领和指导等问题。县城教育发展不堪重负,教师们的工作任务繁重,教学管理工作时间远多于教学研究时间。如何能够对教育教学的现状进行研究,并分析问题寻求破解之道,提高学校教育教学的质量,促进县域优秀教师向更高层次更高水准发展,积极形成学科

领军引领性力量等关系到县域教育深度发展的工作等。因此,仅仅依靠广昌县域教师队伍自身,难以在教育的内涵发展以及优质教育资源的增长提升方面实现较大程度增长。

(二)县域教育师资队伍建设方面:教师队伍发展亟需高水平的专业引领,未形成县域教育发展的人才梯队,县域教师教研力量有待增强

县域教师队伍中,骨干教师多为教育教学岗位的成熟型教师,有着多年教育教学经验的积累,但从个人专业发展规划的角度来讲,骨干教师们走入职业发展的高原期,急需更多的引领;教师队伍中有很多的新教师不是师范类院校毕业,缺乏系统的学生心理认知和学科知识结构方面的知识,走上新的岗位,需要较多的教育教学管理经验的学习与训练;县城学校办学规模不断扩大,大班额问题严重,教师承担着繁重的班级管理和课堂教学任务,缺乏专业高效的引领而无法高效地推进工作;农村学校孩子父母常年在外工作而导致"留守儿童"较多,学校和教师对于留守儿童给予了很多关爱,收到了非常好的育人效果,但仍需要在儿童发展规律与心理健康、习惯积累等方面进行专业引领和指导;县级教研机构人手和专业师资力量有限,在引领全县教师实现专业发展方面是"小马拉大车"。

(三)县域教育学校发展层面:县域内学校发展规划不清晰,学校文化缺乏系统设计,学校未能将办学经验上升凝练成办学核心理念,办学品质缺乏可持续发展的不竭动力

学校管理工作中办学理念、课堂教学、课程建设、教师专业发展、班主任队伍建设、德育活动设计与开展等系列活动聚焦点较为分散,未能围绕"办学理念"和"育人目标"维度上形成合力,需要在接下来的办学发展中进一步深化。课堂中存在学生主动性未能得到有效发挥,课堂教学整体效率不够高等问题。

我国有2 800多个县级区划,非常多的县域遭遇着与广昌县教育同样的困境。因此,亟需有更多更专业的力量加入到推动县域教育优质均衡发展的工作之中。

2017年4月,江西省广昌县人民政府与北京师范大学友好协商,共同论证,确立开展"北京师范大学——江西省广昌县'精准扶贫——基础教育质量提升'项目"。以广昌县基础教育质量提升项目为契机,北京师范大学面向县域、农村,建设以专业力量向农村地区持续输入智力资源、教学资源、教学服务的机制,服务县域基础教育学校和教师队伍的发展,最终服务学生的发展,为助力国家教育战略的落地贡献力量。

问题解决思路

| 一 | 项目愿景 |

项目以"赋能教师向上生长的力量,促进每一位广昌学生的发展,让每一所学校都成为特色学校"为愿景。

项目愿景从三个维度阐述:

学生发展方面,通过项目的实施,提升课堂教学质量,最终能够促进每一位学生的发展;

教师价值观引领方面,希望通过项目的培养,项目学员都会成长为广昌县教育发展的"金种子",能够在岗位中看到"向上生长"坚韧不拔的"力量";

学校建设方面,通过项目的实施,帮助每一所学校办成有方向、有理念的学校,将育人目标落实到学校教育学生的每一个细节之中。期待能够让"每一所学校都成为特色学校"推进广昌县域义务教育阶段优质均衡的发展。

一、项目组织系统

(一)项目总系统:建构以学员专业发展为中心的专业发展支持系统

本项目由广昌教育体育局、北京师范大学项目组构成责任共同体,围绕"以学

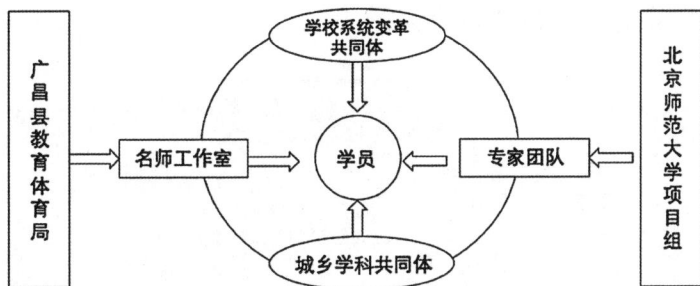

图 13-1 项目总系统：建构以学员专业发展为
中心的专业发展支持系统

员为主体"的项目实施系统：北师大组建专家团队陪伴学员专业成长；广昌县教育
体育局结合县教师进修学校、县教研室名师工作室力量带动学员做培训"本土化"
转化，项目学员中有 5 名学员承担着县名师工作室主持人重任，能够深度参与到
"培训——实践——示范引领"的过程中；学科共同体是不同学校的同学科教师组
成的学习共同体，有助于专家团队分组指导，小组内团队合作；学校系统变革共同
体，每位学员结合学校的岗位，参与学校系统变革的研讨、方案的制定，在学校变
革中发挥先行示范作用。

（二）项目子系统：学校系统变革共同体

本项目选定广昌县 8 所小学为项目校（县城
4 所、乡镇 4 所），每校由校长、2 名语文学科骨干
教师、2 名数学学科骨干教师、1 名英语学科骨干
教师为培养对象。项目培养对象是学校成立的
"学校系统变革小组"的核心成员，将校长与中层
骨干教师的结合培养，能够使培训成果及时在岗
位实践中推进。项目通过三年周期，最终把培训
成果落实在课堂教学改革中、推动学校内涵发
展，示范引领县域整体教育质量的提升。

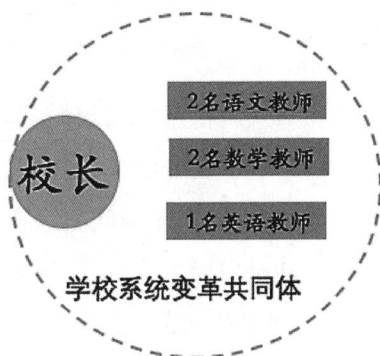

图 13-2 学校系统变革共同体

(三) 项目子系统: 城乡学习共同体

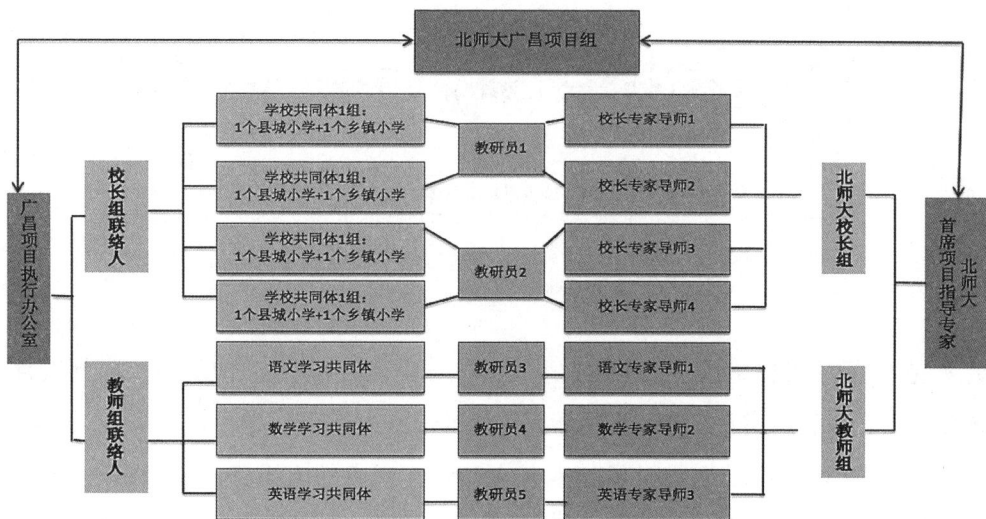

图 13-3　城乡学习共同体

城乡学习共同体由广昌县教育体育局总体协调管理,广昌教师进修学校项目执行办公室具体组织,北师大项目组整体安排工作任务及配套专家支持。

二　培训内容

项目实施根据校长和教师培训群体的岗位胜任需求,以培训主题为中心,以提交"小颗粒"任务成果为导向,以推进项目计划为抓手,将研修学习与实践创新相结合,将培训成果与问题解决相结合,将个人成长与引领同伴发展相结合,从经验型实践走向理论型实践,形成螺旋式、系统式的专业成长路径。

(一) 学校层面: 抓实校长队伍建设,"以校为本",打造学校特色,营造课堂改革氛围

校长组第一年: 围绕"学校特色规划"主题。通过理论讲座、案例分析、跟岗实

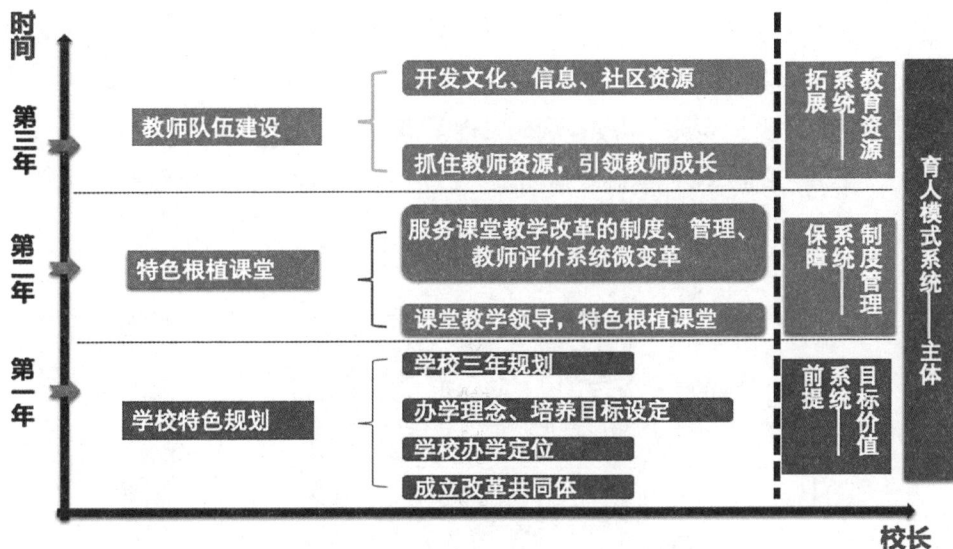

图 13-4　校长组三年培训内容设计

践、学校特色 SWOT 定位工作坊,学校特色战略解码工作坊、学校特色 SDP 规划图,确定学校办学理念系统与实施路径,指导完成文本成果《学校特色建设实施方案》。同时,通过项目实施过程中工作坊活动的开展,让校长的办学理念展向学校教师、学生、家长等利益相关者,聚焦学校发展方向,凝心聚力,达到理念与目标的统一。

校长组第二年:围绕"特色根植课堂"主题。完善学校制度管理系统是学校运行的保障。通过界定特色课堂概念、特色课堂关键要素、课堂教学模式、课堂教与学的评价,将学校特色文化扎根在课堂,引领指向核心素养的课堂变革,指导完成文本成果——《学校特色课堂建设实施方案》。以学校课堂教学的优化为抓手,以研带教,带动教师队伍基于课堂教学的改进实现学科核心素养的建构与深化。

校长组第三年:围绕"教师队伍建设"主题。通过指导学校教师分层分类培养体系、教师评价制度、教师发展资源建设、教师成长特色活动设计,搭建教师成长的支撑系统,指导完成文本成果《学校教师队伍建设》方案。在校长研究学校教师队伍分层分类专业发展的工作中,北师大项目组专家助力各校校长思考如何激发教师教育热情,提升教育教学专业能力的各项举措,帮助项目学校形成基于本校实际的教师专业发展策略与思路,落地关键举措。

(二)教师层面:抓实学科教师团队,"以学生为主体",指向核心素养,提升课堂效率

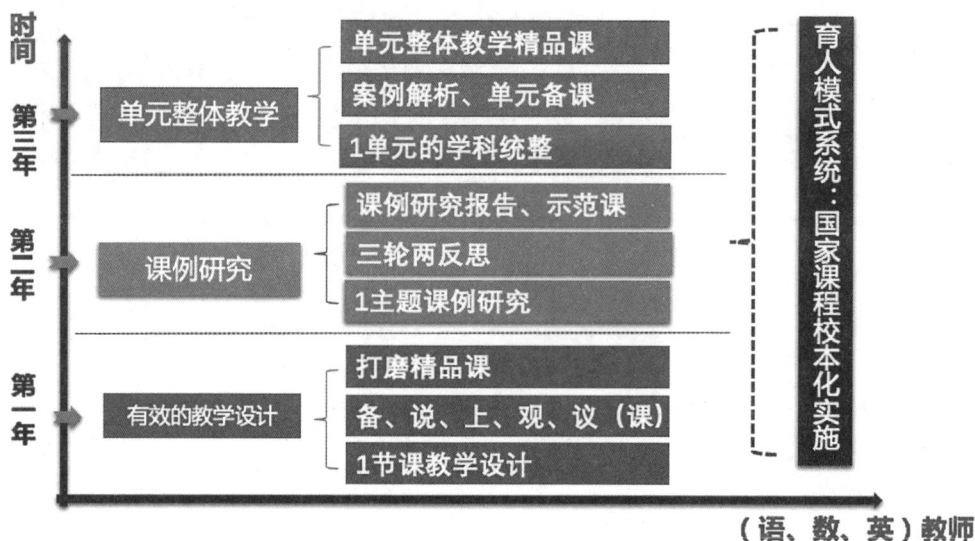

图 13-5 教师组三年培训内容设计

教师组第一年:围绕"有效的教学设计"主题。通过课标解读、学科素养理论讲座、教学设计理念、教学目标制定、学生活动设计、作业设计,以及教学备课、说课、上课、观课、议课各环节的指导,引领教师向"以学生为主体"的教学转变。教师组学员根据教学进度安排,专家团队打磨完成形成精品课,每人提交《教学设计》文本及执教视频。

教师组第二年:"基于学校特色课堂的课例研究"主题。通过指导课堂观察方法、量化工具设计与分析、研究主题方向的案例分析,实施"三轮两反思"的课

236

例研究,提升教师研究能力。教师组学员以"学习共同体"小组为单位,专家团队指导研究过程,学员提交《课例研究报告》、课堂观察量表数据、以及执教视频资料。

教师组第三年:围绕"单元整合教学"主题。通过单元主题设计、单元目标、单元活动、单元评价的设计与实施,提升教师的课程整合能力,为学校的课程开发打下基础。教师组学员提交《单元整体教学设计》及配套资料。

(三)培训实施方式

本项目每学年研修主要采取集中面授、异地名校跟岗、实地指导、线上课堂、线上个性化跟踪指导、共读一本书、展示交流的培训方式。

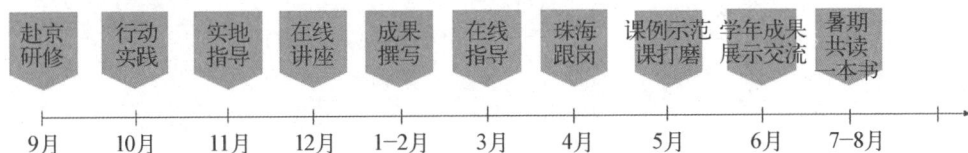

图 13-6 项目第二年实施安排

经验与创新

1. 创新点一:基于学员工作场景下问题解决式"工作坊"培训

针对培训中,学员希望能够习得"手法",基于真实工作场景有解决实际问题等的培训需要,北师大广昌项目在集中研修、实地指导阶段,设计课程以工作坊的形式开展,累计实施 12 次工作坊。

在设计工作坊课程中需要把握四个原则:一是工作坊应以需求为前提,以问题解决为过程;二是注重成果产出,工作坊结束时能够作出解决问题的框架;三是工作坊的组织实施人员,需要聚焦"解决问题"的一线专家和项目组设计流程的老师一起合作组织;四是工作坊作为群体参与的开放性学习形式,需要相对宽松的环境和支持性的条件,场地便于分组活动,进行直观的信息交流,最好室内温度、湿度、光线适宜,带给参与者放松的交流环境。

案例介绍:学校特色定位工作坊

案例背景:2017 年 5 月项目启动会阶段,北师大项目组专家与项目组成员分别进入 8 所项目学校开展学校特色定位工作坊。

案例流程:

表 13-1 《学校特色定位工作坊》实施流程表

时 间	活动内容	发言人员/组织人员	活动要求	备 注
8:30 前	布置会场 分发材料	北师大项目组人员、学校相关人员	根据工作坊场地要求布置会场,分发材料	材料包括:工作身份贴、表情贴、彩笔、签字笔、便利贴
8:30—8:35	主持人介绍专家、领导、参与人员,以及活动目的、流程、要求	北师大项目组人员	各组人员认真倾听	
8:35—8:45	Check-in,工作坊导入	北师大项目组人员	每位参会人员介绍自己姓名、职位,用一个词描述最近的状态	
8:45—8:50	主持人介绍表 1	北师大项目组人员	各组人员认真倾听	工作人员发放表 1
8:50—9:10	各组讨论完成表 1		各组人员积极参与	主持人和专家走近各组观察,专家统计关键词中的高频词
9:10—9:25	完成表 1 后请第 1 组学生、家长、校长代表展示发言,每人 5 分钟	北师大项目组人员、专家	各组人员认真倾听	主持人、专家可做追问
9:25—9:30	主持人总结表 1,介绍表 2,说明填表注意事项	北师大项目组人员	各组人员认真倾听	工作人员发放表 2
9:30—10:00	各小组人员分别贴表情贴,共同统计数据完成表 2		各组人员积极参与	专家、主持人分别参与一个组的活动

时　　间	活动内容	发言人员/组织人员	活动要求	备　　注
10:00—10:15	请每个组 1 位代表用 5 分钟讲述自己在学校工作/学习中最开心的事	北师大项目组人员、专家	各组人员积极参与	专家可做追问
10:15—10:20	主持人说明由表 2 到表 3 的填表规则	北师大项目组人员	各组人员认真倾听	工作人员发放表 3(三组共 1 张)
10:20—10:35	各组人员根据表 2 数据,在表 3 上画出各组的雷达图	北师大项目组人员	各组人员积极参与	专家和主持人观察小组画图
10:35—11:35	专家点评	专家	各组人员认真倾听	专家根据各表的完成情况,对雷达图进行解读,对学校的发展提出合理建议
11:35—11:45	Check-out 结束工作坊	每位参与者	每位参与者用一句话总结参与工作坊的感受	主持人做简要总结并致谢

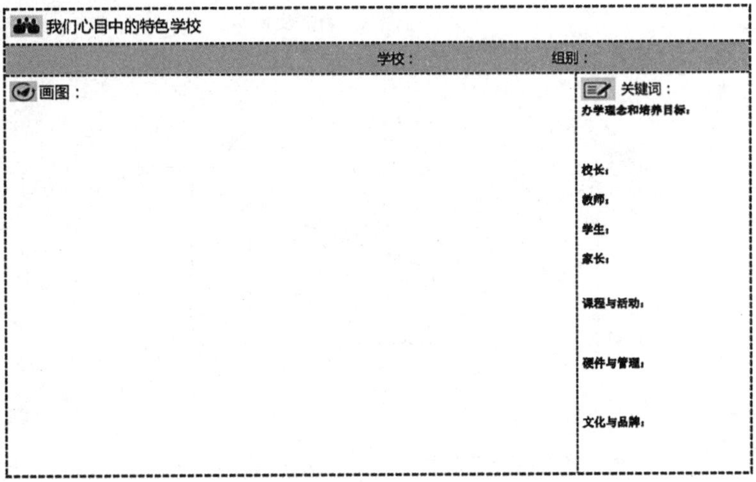

图 13-7　《学校特色定位工作坊》工具图表一

🔍 大家眼中的学校工作：

工作方面	具体内容	特别开心 😄	开心 😊	一般 😐	不开心 ☹️	特别不开心 😖	组内满意度合计	等级
教学	晨读							
	预习/指导预习							
	备课							
	打磨课件							一级 0-25 二级 25-50 三级 50-75 四级 75-100
	上课/听课							
	批改作业/做作业							
	课后/自习辅导							

图 13-8　《学校特色定位工作坊》工具图表二

学校：　　　　　　　组别：

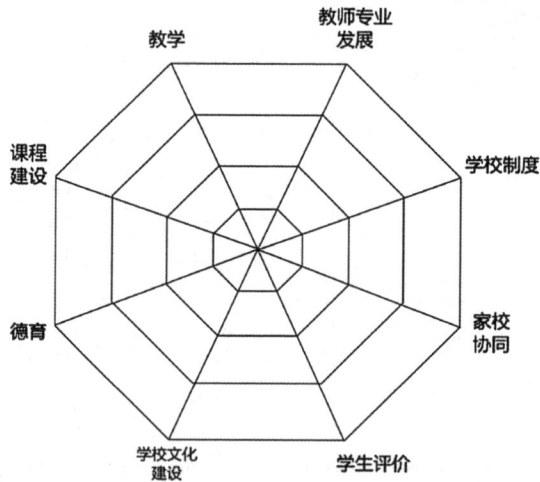

图 13-9　《学校特色定位工作坊》工具图表三

240

教师在本次工作坊 check-out 环节中谈到:"在工作坊交流中心情很畅快,对学校的新面貌有了期待""对学校定位有了新认识,对教育事业有了更深的坚持""能用平等、直观、简单的方式消除隔阂、拉近距离,打开心扉、获得真实信息。如果用在教学上,教师不要那么高高在上,教学用形式生动、简单、形象的方式,学生接受起来就轻松容易多了。"

2. 创新点二:"专业情感＋专业技能＋专业知识"共生的"浸入式"青年教师培养模式

项目学员教师组 80％学员是 90 后青年教师,通过项目三年的持续培养,让青年教师成长为区域教育发展的生力军、区域教育变革的先行者。项目主要通过五项措施:一是更新教育理念。通过专家讲座与跟岗学习,让教师了解"核心素养、学生为主体、深度学习、支架理论、多任务设计、儿童心理发展阶段特点"等理论研究与实践案例,启发教师对教育的理解,对课堂的反思,思想的转变引起教师教学行为的改进。二是夯实基本功。项目第一学期按照教学流程"备课、说课、上课、观课、议课",每位教师围绕"一节课教学内容",导师进行"一对一、手把手"指导每个步骤。活动学员问卷中教师谈到"最大的收获是课堂教学如何围绕教学目标展开以及教育要注意的细节""要熟悉课标,语文教学做到一课一得""要让学生作为学习的主体,让更多的学生发表看法,把话说清楚""教学设计中知道了一节课要有一个整体性,各个环节之间要紧密相关,环环相扣。"三是树立日常教学中的研究意识。项目第二年指导做"课例研究"过程中,理论专家与导师从"研究选题、文献查阅、研究方法、课堂观察量表、开题答辩、中期汇报、研究报告撰写、结题答辩"跟进指导学员每阶段研究过程。课例研究指导带给学员最大的感受是"研究是教师成长必须要做的事情""课堂观察量表的自主设计让研究更注重科学证据""我们能够把日常教学中的问题转化为教研组的课题去做"。四是提升班级管理能力。项目组教师学员大多都是班主任,培训在提升专业能力的同时,改进提升了班主任工作。比如,在学生习惯培养方面,甘竹镇中心小学刘长琳老师每日检查学生书包整齐情况、作业书面整洁、坐姿站姿等习惯,他从珠海跟岗回来给同事说"习惯有时比成绩更重要"。在学生心理辅导方面,广昌第五小学刘玲老师分享班主任故事时谈到"作为一名教师,除了传道授业解惑,还是孩子心理成长的重要见证者,教师要无条件赏识孩子"。五是对教师职业认同的精神引领。很多农村青年教师是通过"特岗"考试、地方"三支一扶"考试进入教育系统工作,她们对师范专业缺乏系统而理性的认识,对师范专业的认识甚至停留在日常观感层面,应引导学员确立自身的职业角色。一方面,在培训班级中运用"向上生长的力量"理念。每学年让学员通过自己理解定义,项目论坛中设计"青年教师成长 8 分钟发布会"发表成长中的转变,潜移默化地帮助教师确立起职业认同感。另一方面,身边榜样的引领。项目中导师认真严谨地批注修改教学设计,北京跟岗学校教师每日繁忙而敬业的工作安排,项目小组成员为研究展示课熬夜加班的磨课……这些周围榜样的日常点滴,增强了青年教师的进取精神,强化了她们的职业自豪感、认同感和归属感。

3. 创新点三:基于"金字塔型"专业引领模式下的城乡一体化教研模式

课例研究是一种教师所擅长的、基于实践情境的反思性研究。经过近 20 年的实践,课例研究对教师专业发展与学校教学变革迈向成功具有重要作用。北师大广昌项目以"课例研究"为载体,以"三轮两反思"为组织实施方法,使区域教研实现"教学与研究一体化",城乡学校课堂变革联动推进,探索出区域教研城乡联动的课例研究新模式。

区域教研力量的强弱直接关系到区域教育质量的发展。城乡教育的均衡发展很大程度上需要依靠区域的联片教研去补平短板,弥补差距。作为北京师范大学这一专业引领力量,在助力县域教育质量提升过程中与县域本土力量专业发展形成的是金字塔型的专业发展路径。

第一轮:北京特级名师同课异构活动。项目实地指导阶段,累计安排 12 名北京特级名师与学员教师"同课异构",提供给教师们一个参照和比较,引发教师间

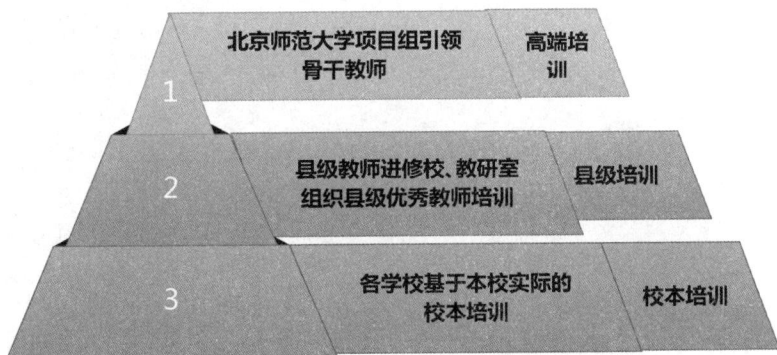

图 13-10 城乡一体化教研模式

教学智慧的碰撞,提高教研教学效果。第二轮和第三轮:城乡学校联动"同课异构"。课例研究共同体按照城乡学校教师搭配分组,小组长根据成员的能力及特长协作分工,比如备课共同分工承担;课题观察表,由小组长、副组长承担;第二轮授课,组员承担;第三轮授课,组员承担;课堂观察,小组成员共同承担;课堂文字整理,轮流承担等。通过课例研究带动了学校间教研工作的交流,加强了学科引领的专业性。课例研究成果辐射:打磨形成研究课,名师工作室"送教下乡"。通过专家在过程中的指导和项目学校间的"同课异构"研究,项目课例研究学习共同体形成"一节研究课"。学员中承担名师工作室的教师,在主持开展名师工作室活动中,向非项目教师进行展示和研讨。课例研究的层层推进,凝聚了学科教师间的"合力效应",促成区域教师间的知识共振、信息共振、心理共振。项目从理论到实践再到本土化实践与辐射,带动营造出课堂改革的区域教研氛围。

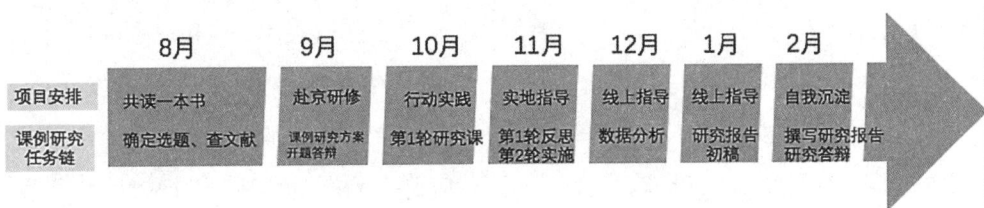

图 13-11 课例研究"任务链"

4. 创新点四：项目组"三师护航""向上生长的力量"slogan、及时性评价等具体举措，打造出精细化培训管理文化项目并将培训细节落地，铸就项目品质。

（一）三师护航团队

项目采用"1+3"协同护航团队，一名学员将有三位不同层次的老师陪伴学习：一是专家导师"导学"，为每位学员配备专业成长导师，项目导师团队主要聘请一线名师名校长进行三年持续指导，项目理论导师根据培训主题邀请高校教授。学科组邀请北京市特级教师、学科教研员担任导师，导师负责学员专业的学习任务指导；二是地方名师"助学"，学员按学科组成学习共同体，每学科均有广昌名师工作室成员，负责组织项目教研活动、帮助指导学员成果转化、辐射项目成果；三是项目组班主任"促学"，项目组成员全程陪伴学习，了解学员问题与需求，督促任务完成进度，及时与专家导师沟通指导重难点，辅助学员查阅拓展文献、优秀案例等。

（二）项目文化

文化具有导向功能、约束功能、凝聚功能、激励功能、辐射功能、品牌功能。项目实施前期调研，县域内存在乡镇年轻教师向县城流动频繁等问题，乡镇教师日常工作事务繁杂、学习无"助"，呈现出无力或无心学习、应付性学习、浅层次学习的样态，这成为县域内乡镇教师专业发展的现实阻因。县域基础教育质量整体项目实施注重通过项目文化激发带动乡村教师自发自觉的学习动力。一是建立共同的愿景价值观。广昌项目理念"向上生长的力量"，传递正能量，唤醒教师成长的自觉，唤醒教师职业的使命担当。二是项目关键环节注重仪式感。项目启动会有项目宣誓环节，学员庄重宣誓加入项目，为区域教育做贡献；集中研修开班有班旗、班歌；2020年10月项目结题论坛中设计"向上生长的力量"新手教师发布会，鼓励项目中年轻教师作为广昌教育的"后浪"讲述教师成长故事，传递根植于梦想的教师职业发展追求。三是运营管理学员微信群。为增加学员项目黏性、班级凝聚力，提高学习微信群的日活率。项目班主任每日分享教育政策、教学方法、教学前沿等文章;项目学员自发地分享学校重大活动、教学教研等动态;项目专家及时答疑解惑学员问题等。项目文化成为项目结束后一种无形推动的力量,促进项目的可持续性。

(三) 学员评价

针对区域项目周期长、重产出的特点,需要通过评价及时反馈和激励学员,让学员保持对区域项目的积极性。一是过程性评价。项目实施过程中每项活动均有成绩,如集中研修阶段综合得分包含考勤、上课纪律、课堂发言、学习心得;说课比赛设计说课评分表;教学设计作业质量;同时,做到及时评优鼓励,如"共读一本书"活动设置优秀读书心得奖;说课比赛优秀奖等。二是阶段性激励。项目实施"双向"激励,即北师大项目组证书奖励、地方行政组织证书奖励。广昌县委县政府每年教师节召开"教师节大会"专设奖项奖励表现突出、进步比较大的学员;北师大项目组根据每学年学习情况,综合评出"年度优秀学员"。三是日常互动激励。专家导师在沟通教学、日常答疑中鼓励学员;北师大项目组班主任在活动中、微信互动中都及时激励学员。

思考与展望

一　思考

1. 保持项目周期内学员的稳定是保证培训效果扎根落地的重要举措。北师大广昌项目实施期间,项目第三年有 3 所学校校长调离,新任校长由于前期没有参加系统培训,对学校特色教育工作推进缓慢;教师组学员,由于地方教育政策"乡村教师满五年服务期"可以参加县城学校招聘考试,农村青年骨干教师每年都有流动,对学校课堂改革进程也有影响。建议实施区域项目前期,选拔能够持续跟进三年的项目学校校长和教师,确保学校变革每年按计划进展。

2. 区域校长缺乏展示交流平台。相对于教师能够参与很多教研展示活动和比赛,校长在专业成长平台的资源比教师少。建议区域教育局能够成立"名校长工作室""校长办学思想交流会"等形式,帮助实现校际间的碰撞与交流。

3. 教师队伍在城乡二元结构间如何最大程度发挥专业引领作用,是值得进一步思考和解决的区域发展课题。依据现行体制下,青年教师大部分要先到农村学校锻炼5年,5年后,青年教师基本上都会通过考试被选拔到县城,同时,一波波的新教师又一年年的加入到乡村教师队伍中去。积极通过县城名师带教、专业学习共同体的方式缩小城乡青年教师成长差距,同时也让农村教师心有所属,安心工作,这应该作为下一步县域教师队伍发展的重要事业来抓。

二 展望

1. 区域教育领军人才梯队正在逐步形成。经过三年项目培训,造就了一批区域教育领军人才。他们现在是具有先进的教育思想,能够深刻把握区域教育特点,能够创新教育实践的学校校长、名师工作室主持人,今后能够在学校变革、区域学科创新研究中,引领推动基础教育高质量发展。

2. 学校发展从有规划到有品质,中间的距离需要学校的课程改革工作作为桥梁,下一步需要结合学校发展实际,充分挖掘和利用好地域资源,在学校办学理念指导下,以学校教师队伍素质能力为基本参考,建设符合学校办学追求的课程体系,真正给孩子们的人生成长搭设跑道。

3. 培训课程体系化,提高培训实效性。由于县域教师本身工作繁忙加上家庭负担,难以抽出较多时间参加教师培训。培训责任主体应该根据教师教龄发展和周期性发展需求,进行体系化、递进式课程设计,保证教师参与"不重复、有针对性"的培训,提供校长与教师专业发展的"支架"。

4. 农村教育需要探索新的发展模式。面对"振兴乡村"的时代背景,农村教育的发展需要探索出一条与乡村社会发展、城镇化进程相适应的路径,可以采取"精准扶贫"持续发力,建立城乡一体化的教育管理和投入制度,优质教育资源共享模式,农村教师队伍培养与流动机制,特色农村课程的开发和实施等切实可行的措施,走优质、协同、均衡、务实的县域基础教育发展之路。

案例实践情况

经过项目三年实施,项目学员累计赴北师大集中培训 3 次 30 天,异地跟岗 2 次 12 天,专家组实地指导 7 次 35 天,特级名师送课 11 节,网络研修 8 期,参与理论专家 30 人,实践专家 46 人,在专家组、项目组、学员、地方行政力量的齐力推进下,项目取得了初步成效。

(一) 学校层面: 提升学校文化内涵

第一,学校价值观系统建立。项目三年逐步螺旋推进学校特色建设,项目学校在办学内涵上均有提升,完成办学特色"从 0 到 1"。广昌实验小学的"雅实教育"、广昌第二小学的"成长教育"、广昌第三小学的"和爱教育"。第二,特色引领学校全方位发展。项目组按照"突破学校重点、带动组织活力"的思路,项目学校第二年确定学校特色的突破口,局部带动整体发展。比如广昌第三小学以"和爱社团课程"为特色突破口,广昌县长桥乡九年一贯制学校作为农村学校以"阳光班级"为特色突破口,带动学校特色的整体推进。第三,校长个人领导力的提升。根据《义务教育学校校长专业标准》规定的"规划学校发展""营造育人文化""领导课程教学""引领教师成长""优化内部管理""调试外部环境"六个专业标准,项目培训设计通过案例讲座、实地指导、跟岗观摩、学校特色系列工作坊、返岗实践等环节,开拓校长办学方向和思路,吸收先进经验和做法,在实践中提升校长的综合素养。

(二) 队伍层面: 培养了广昌教育的中坚力量

项目教师组培养对象从年龄和教学经验上分析,包含名师、青年骨干教师、新任教师、中青年教师。项目实施三年,项目学校选拔了有工作干劲、最具潜力的青年骨干教师进入北师大项目。项目三年的螺旋进阶培训课程,夯实了学科知识、规范了研究范式、拔高了课堂设计思路、转变了思维方式,项目学员综合素养的提高,使得这一批教师从乡村走向县城,从新任教师走向名师,从教师岗位走向管理岗位,成为学校、学科、区域基础教育的中坚力量。

(三)课堂层面:指向核心素养的课堂变革

随着核心素养的提出,课堂教学正在经历一场崭新的变革,课堂教学从"知识本位时代"走向"核心素养时代",这就需要在项目实施期间强调"学生立场",对广昌原有的传统课堂教学指导做出相应的调整和改进,目前从学员课堂研究中,取得了一些显著成效。第一,课堂理念的转变。专家的讲座,赴北京、珠海的跟岗学习,学员们从教育前沿阵地感受到把课堂还给学生后呈现出生机勃勃、激发思维的课堂。教师对"核心素养""学科素养"的内涵理解更加深刻。第二,课堂方式的创新。为了培养学生表达、思维、合作、探究的素养,项目学员课堂上尝试应用问题链设计、微话剧表演、小组合作中老师的引导、游戏化教学的互动、图视化教学思维导图的应用等,课堂教学的互动氛围明显有变化,学生在课堂能够积极主动参与,更自信。第三,课堂评价的转变。一方面,从教师课堂评价角度,项目学校设计了特色课堂评价表来引导教师的教学行为;另一方面,从学生课堂评价角度,教师能够结合学生个体进行正向评价。

(四)学员个人层面:提高了教师自我效能感

通过培训问卷数据评估,教师普遍自我效能感在提高。第一年项目学习,大多数老师在公开课、跟岗交流、教学反思发言中都缺乏自信,"农村学校各方面都弱"的想法禁锢了教师大胆创新实践。三年研修期间,学员北上北京、南下珠海、对话专家、参观名校、与专家"同课异构"、参加各类赛课说课,项目学员综合素质均有提高。项目结题评估问卷中有老师也写到"我更自信了,心态更加好了""增强了职业自信、职业幸福感"。

（五）区域层面：带动了区域教育改革氛围

项目学校的特色建设、课堂改革、教师队伍建设，通过不同形式不同层次营造了区域基础教育改革的氛围。第一，项目课程设计注重辐射非项目学员。研修期间，在网络研修、实地指导、共读一本书、课例研究、学校特色建设工作坊阶段，邀请非项目学员参与观看北师大专家线上讲座、实地指导听评课，学科小组进行课例研究，在办学理念研讨中，启发教师课堂教学、班级管理、校本教研的思路，推进学校系统变革的步伐。第二，县名师工作室"送课下乡"活动的引领。项目学员中有5位县名师工作室成员。项目培训主题与名师工作室活动有效结合，名师对项目研修理念与方法的"本土化"实践，促进了其他项目学员的返岗实践，带动了城乡学校教师同步发展。第三，项目学员学习成果的带动。项目期间，学员通过二次培训汇报、参加省市教学公开课比赛、申请省市课题研究、总结优秀案例集，能够让同事感受到正向的教师职业价值观、专业成长的速度、乐于合作分享的团队精神以及学员心态气质的变化，都潜移默化地赋能引领着同伴的成长。

（六）固化成果：沉淀项目经验形成辐射

质量提升项目实施三年以来，项目学校校长与教师们的辛勤探索取得了累累硕果，尤其是在项目组引领下的课堂教学变革更是成为了推动学校系统变革的"最大动力"。以"课堂改革"为核心，我们特别选取了三年项目实施中关于课堂方面的一些实践成果与大家分享，出版了《系统变革，从学校课堂改革开始》丛书上下册(ISBN9787514386660)。同时，项目组在《中国德育》杂志发表广昌3所特色学校的学校变革系列文章，制作《向上生长的力量》宣传片，出版《京师逐梦、如莲绽放》项目画册。

改革的举动推动着每一所小学内部管理的优化，课堂的变革引发着每一位学员教学理念与教学行为的转变。一系列的努力让广昌小学教育发生了巨大的变化，学校品牌越发响亮，教师教学愈发高效，城乡协同一体化发展格局不断深化。2018年7月29日，广昌县经省人民政府正式批复同意脱贫退出。广昌县脱贫攻

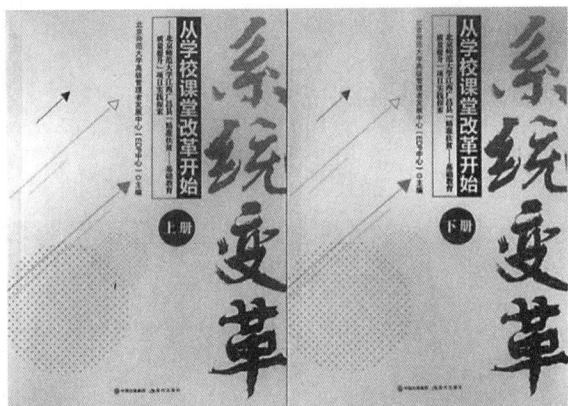

图 13-12　项目成果:《系统变革:从学校课堂改革开始》

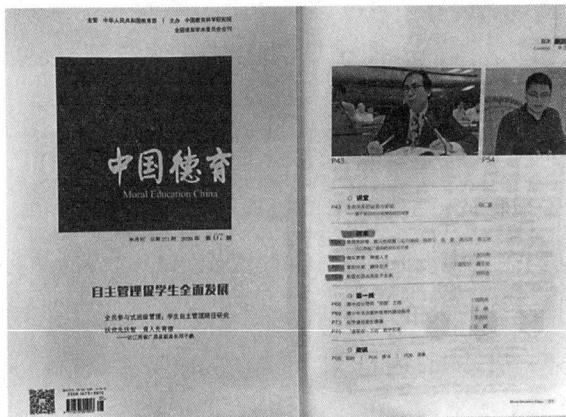

图 13-13　项目成果:《中国德育》刊登项目学校文章

坚战的胜利也包含着广昌县教育系统人的付出与努力。2019年11月,江西省抚州市基础教育现场推进会在广昌举行,抚州市领导对广昌县的教育工作给予高度肯定。2020年10月,"碰撞·扎根·引领"——北师大江西广昌县域高质量教育发展论坛暨北师大广昌县"精准扶贫基础教育质量提升"项目结业仪式圆满举行,"办好每一所学校,成就每一位教师,幸福每一个孩子"的广昌县域教育改革追求,正一步步从蓝图变为现实。

案例开发档案

案例归属单位：北京师范大学继续教育与教师培训学院

案例开发时间：2017 年—2020 年

案例开发团队：

姓　名	工　作　单　位	学科背景/职称	主　要　贡　献
朱生营	北京师范大学继教院	教育经济学/院长	项目总指导
宋　萑	北京师范大学教育学部	教师教育、课程与教学论/教授	项目指导
秦晓虹	北京师范大学继教院	数学/副主任	项目指导
邢忠梅	北京师范大学继教院	汉语言/副主任	项目设计实施与案例撰写
陈玉洁	北京师范大学继教院	教育学/项目高级主管	项目设计实施与案例撰写
李　杰	北京师范大学继教院	教育学/项目主管	项目参与
郭梦园	北京师范大学继教院	教育学/项目主管	项目参与

案例十四

以中华优秀传统文化教育为重点的教师育德意识和育德能力培养研究

上海市西南位育中学

主题类别：教师培训模式创新

关 键 词：中华优秀传统文化、中和位育、中小学教师、育德意识、育德能力

背景与问题

一　背景分析

1. 新时代的政策要求

2017 年 8 月，教育部制定颁发的《中小学德育工作指南》强调大力促进德育工作专业化、规范化、实效化，努力形成全员育人、全程育人、全方位育人的德育工作格局，为中小学德育工作指明方向，增强中小学德育发展的时代精神，更好地完成立德树人根本任务。十九大报告中强调："中国特色社会主义文化，源自于中华民族五千多年文明历史所孕育的中华优秀传统文化。"育人先育德，育生先育师。立德树人工作作为发展教育事业的根本任务，也对教师队伍的育德意识和育德能力提升提出了新时代的新要求。

2. 新技术的应对探求

近年来，教育界探讨的一个热点话题——人工智能。面对人工智能时代的挑战，学校教育和教师职业会不会被取代？教育是很讲究价值引领和情感关怀激励的，越是处于一个机器"横行"的人工智能时代，越是呼唤着人类独特的价值目标感等真正有温度的东西，所以在未来社会，类似培训机构里的只会灌输知识的老师会被淘汰，但有着育德意识和育德能力的学校教育中的教师永远不会落伍。

3. 新徐汇的教改需求

《徐汇区教育改革和发展"十三五"规划》强调,徐汇教育聚焦"提升全体教师的育德意识与育德能力,提高德育工作的整体水平"。徐汇教育要对标一流教育,落实"双高""两全"目标,进一步完善教育人才的培养与激励机制,建设一支优秀的校长和教师队伍是改革与发展的关键举措,而教师应具备立德树人的意识、能力和实效,也应该是一流教育、优秀教师队伍的一个方面体现。

4. 新西位的价值追求

西南位育中学自建校初期,就提出了"向德育要质量"的口号。倡导课课有德育,人人都是德育工作者、个个都是心理按摩师,到现在致力探索"人人参与、个个担当、处处渗透、时时熏陶"的德育机制,追求的是使学生在课堂和学校中收获学科知识和思想道德的双丰收,实现自觉成长,因此,全面提升育德意识和能力,这也已经成为全体西位老师的价值追求。如何让每位老师通过教书实现育人,于无痕中体现学科的育人功能,做"四有"教师,如何让自身经验进一步辐射、推广,是西南位育一贯的办学追求。

二　　现状分析

1. 教师职前教育中缺乏关于中华优秀传统文化教育培训内容

朱学尧在《教师育德能力的现状与提升》中指出:"根据调查得知,教师在职前的大学学习过程中没有学习过学科育德知识;41.73%的教师不知道'柯尔柏格的认知发展理论'。由此可见,教师的学科育德知识严重匮乏。"在当前的师范教育内容体系中,尚没有设置育德意识与育德能力培养的相关学科,因此教师上岗前未能系统地学习相关理论与基本技能,更缺少对于中华优秀传统文化的系统学习。

2. 教师育德意识与育德能力有效性欠佳

杨小玲博士指出："中小学教师所育之'德'应包含'德性和德行'，但在现实教育情境中，德育知识化倾向严重，仅重视道德认知，忽视道德情意、态度和行为，窄化'育德目标'，是一种本末倒置的教育，造成认知和情感、知德和行德的割裂，形成一种畸形病态的道德教育。"纵观各级各类的学校教育改革，无不把德育教育置于重要的位置。然而从现实的情况看，由于德育教育知识化倾向明显，传统学校德育教育的有效性一直广受诟病，德育教育真正内化到学生的思想和灵魂的效果欠佳，因此，有必要通过持续的变革切实提升德育教育的有效性，实现"德性"与"德行"的有效衔接。

3. 教师对"育分"与"育人"关系处理不当

随着德育教育改革的推进，"全员德育""全过程德育"的理念越来越深入人心，这也就意味着每一个教师都是"德育工作者"，都应该具有育德意识与育德能力。多年来由于受到市场化环境下功利主义风气影响和应试教育的推波助澜作用，育人之本常常被"育分"之实所冲击，不少教师存在"只教书不育人"的问题，缺少育人意识，很多教师教学能力突出，育德意识与育德能力则相对较弱。同时，从当前的情况看，教师职前教育中普遍缺少育德意识和能力的针对性教育，也没有相应的学科支撑；职后教育中，尽管上海当前非常注重教师的育德意识和育德能力的培养，但主要培训对象是班主任，对广大非班主任教师进行育德意识与育德能力的培训的内容还较少。因此，提升教师育德意识和育德能力，既是教育教学改革对教师的迫切要求，也是教师专业发展的必然要求。

4. 学校原有德育教育基础需进一步整合提升

在西南位育中学的办学历史中，德育教育一直是重点和特色领域，特别是学校的中华优秀传统文化教育是学校的亮点。首任校长庄中文以传统文化为根基，倡导"中和位育"，坚持"高雅务实"的办学定位；现任校长张建中承前启后，提出

"文化立校"的办学思路,努力凝炼"中和位育"学校文化。围绕传统文化,学校开发了校本读物《五常新说》,组织开展"弘扬中华传统文化,培育时代新人"系列教育讲座,形成多门针对教师师德与育德能力提升的区级校本研修课程,这都为学校德育教育打下坚实基础。着眼于新时代学校的改革与发展,有必要系统梳理这些德育教育特色和经验,进行系统化、课程化设计与开发,通过教师育德意识与育德能力提升,促进学校德育教育有效性进一步提高。

问题解决思路

一　目标转化:基于顶层设计的系统性组织设计的研发

(一) 内外结合,建构"六维度"立德树人目标体系

现代社会的进步和教育的发展在很大程度上扩展了教师育德意识与育德能力的内涵和外延,对于学校而言,首先应该关注的是教师思想政治素质和道德素养的提升,按照习近平总书记对教师提出的"四个引路人"与"立德树人"要求,合理确定教师专业成长的目标体系。在综合分析学校教师队伍建设实际情况基础上,学校教师培训项目核心组提出"思想有高度、学养有厚度、心灵有温度、育德有效度、创新有力度、辐射有广度"的教师育德意识与育德能力专业发展"六度"目标体系。

"思想有高度"对应教师队伍在理想信念和道德情操上的要求;"学养有厚度"对应教师队伍在扎实学识上的要求;"心灵有温度"对应教师队伍在仁爱之心上的要求;"课堂育德有效度"就是要求教师要能够充分利用课堂教学的主渠道,主动追求德育有效性;"活动创新有力度"就是要求教师在教学活动中强调体验性和新颖性,不断创新活动形式、载体;"经验辐射有广度"就是要求教师在实践中不断提炼和总结教书育人的经验。

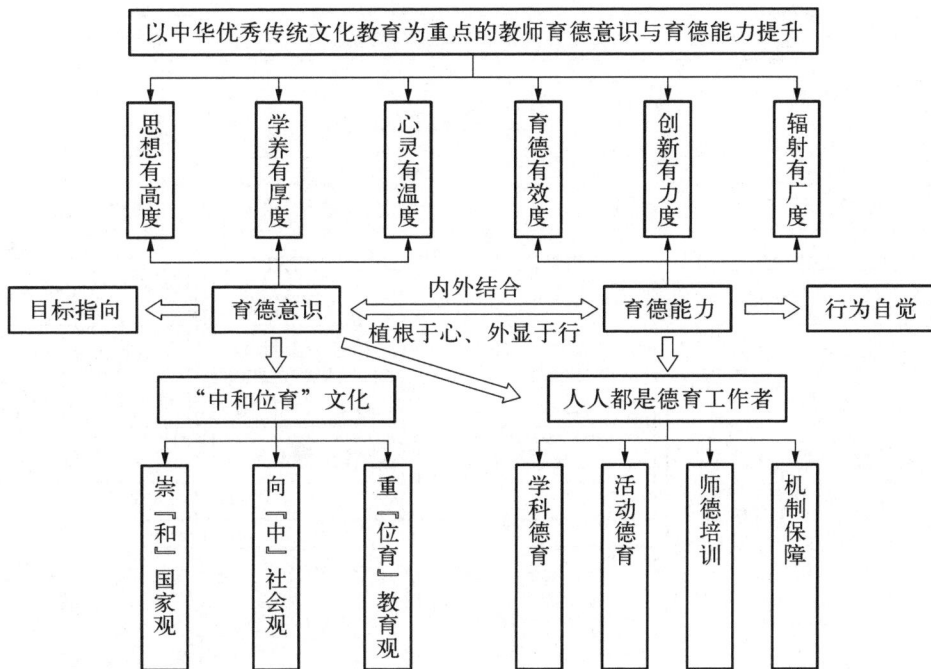

图 14-1

根据表述,六个方面的发展维度实际上可以分成两个体系:"思想有高度、学养有厚度、心灵有温度"是内隐体系,是人格化的特质,指向教师内在的师德素养和精神世界;"育德有效度、创新有力度、辐射有广度"是外显体系,是行为化的特征,指向教师的实践能力与外在行为表现。两个方面的体系内外结合,既很好地契合了习近平总书记对新时代教师队伍建设的要求,也为每一个教师设定了专业成长的框架体系,便于教师积聚育德意识与育德能力的内外合力。

(二) 多方协同,搭建"全覆盖"研究组织

在以上研究目标界定之下,学校教师培训项目核心组的研究思路及内容主要划分为在项目核心组组织下的五个研究组织部分,具体结构如下图:

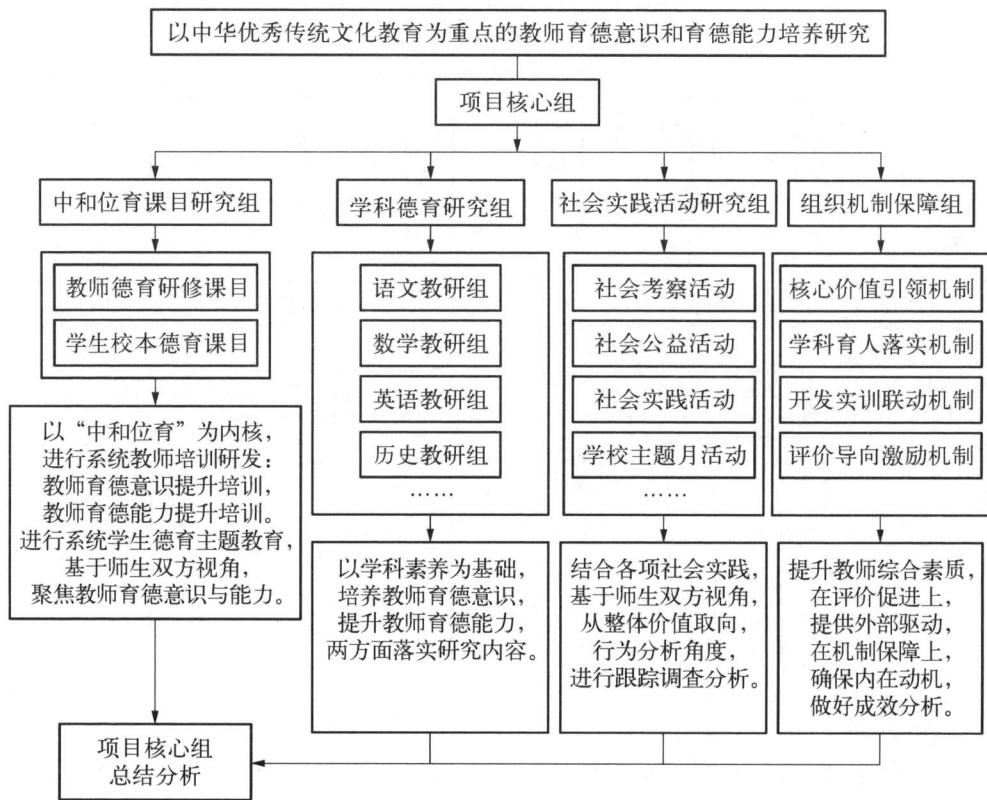

图 14 - 2

　　　德育聚焦："中和位育"德育课目模式的创生

（一）"八本宝典"是"中和位育"的生动呈现

《追求完美,力求发展》《西南位育二十年德育工作探析》《西南位育人的成长轨迹》与《五常新说》四本书,由上海教育出版社出版《我的办学理念与探索》《激发成长自觉——"中和位育"引领下的求索》《中和育人——浸润中华优秀传统文化的德育探索》与《位而善育——学校党建工作的理念创新与实践变革》四本书,围绕学校办学理念,突显"中和位育"文化,共同营造学校强大的文化气场,发挥文化育人功能。教师德育培训课目培训内容中用活、用精、用透这"八本宝典",教师育德意识必将得到显著提升,乃至实现"质"的飞跃。

(二)"完全中学"是"德育贯穿"的完美优势

发挥"完全中学"优势,进行七年一贯制的"七个年级七个德育主题"的师生德育培训课目模式探究,有效提升教师育德意识与育德能力的连贯性与体系性。"中和位育"理念是推动德育课目不断优化的不竭动力,但系统性课目模式的开发与优化,除了离不开理念领衔、坚定有力、调控有序的总策划外,在管理链中的顶层是校级与中层领导,核心链接是年级组长,他们不仅要传达本项目的整体思路与阶段性部署,还要引领班主任与教师去具体实施,故本项目建立由每个年级"拳头"教育项目活动支撑的德育课目架构。

表 14 - 1

内容	年级	分层目标	传统美德教育内容	总目标
弘扬传统美德培育时代新人	预一年级	1. 孝敬谦恭——爱从这里起步	孝敬父母、尊师重道、谦虚礼貌教育	培育尚人格修炼健康性格
	初一年级	2. 发愤乐学——树立正确苦乐观	立志勤学、团结友爱教育	
	初二年级	3. 奋斗自立——迈好青春第一步	勤奋节俭、求索创新教育	
	初三年级	4. 敬业自强——做最好的自己	敬业尽责、自强不息教育	
	高一年级	5. 定位立志——站在人生新的起跑线上	诚实守信、爱国爱民教育	
	高二年级	6. 挫折磨炼——成才的最好学校	人贵有耻、整洁健身教育	
	高三年级	7. 学会负责——做一个堂堂正正的中国人	严己宽人、清正廉洁、天下为公教育	

(三)"中和位育"德育课目模式的基本架构

围绕学校现有文化成果的"八本宝典"与完全中学特色的"七个年级七个德育主题"形成的"中和位育"德育课目模式基本架构。学校分年级开展培养"弘扬传统美德,培育时代新人"课目,需要具备相应育德意识与育德能力的教师,方能实现"培育高尚人格、修炼健康性格"的目标,故"中和位育"德育课目模式的基本框架具体如下:

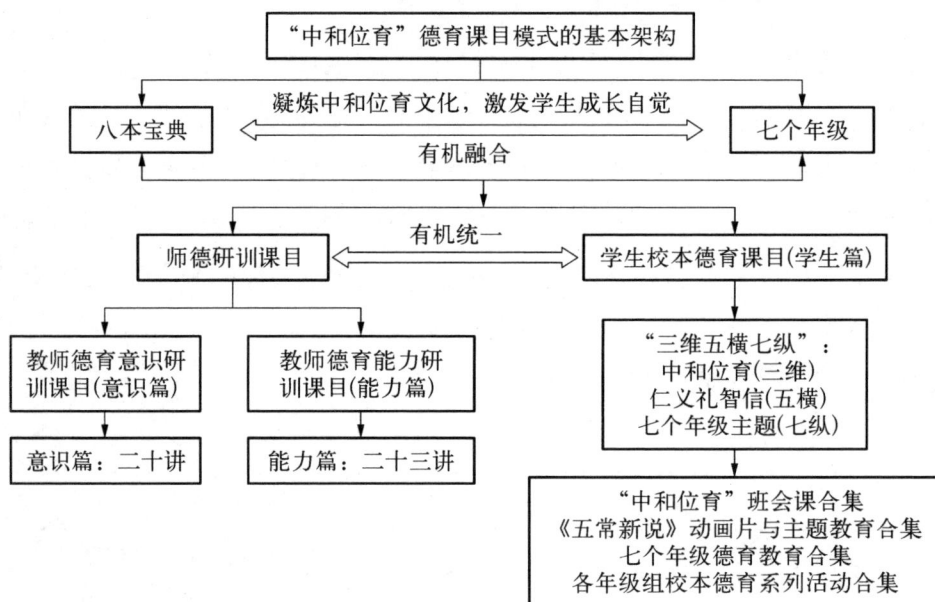

图 14－3

将师德研训课的开发和教师有效的深度学习相结合,形成结构化的课目体系。教师德育研修与学生校本德育课目包含三个模块,即"意识篇""能力篇"和"学生篇"。"意识篇"围绕"八本宝典",聚焦教师的育德意识,西南位育中学的育人之道,唤醒教师的德育教育自觉,共二十讲内容;"能力篇"聚焦教师的育德能力,即通过课目的实施提高教师从事德育教育的基本技能,特别是结合学科教学、学生活动、班集体生活等开展德育教育的能力教学,共二十三讲;"学生篇"突出"三维五横七纵",以"中和位育"(三维)为立足点,以《五常新说》"仁义礼智信"(五横)为切入点,以"七个年级七个德育主题"(七纵)为研究点,聚焦学生德育提升,打造"中和位育"班会课合集,《五常新说》动画片与主题教育合集,七个年级七个德育教育合集,以德育课堂显性提升教师育德意识与育德能力。

<table>
<tr><td style="background:#ccc;padding:4px">三</td><td>课堂翻转: 推进课程全面育人的学科全员育德工程探索</td></tr>
</table>

本项目以学科全员育德工程推进课程全面育人,项目组紧紧依托"教研组""备课组",组织了学校的教研组长、骨干教师等召开了多次流水式座谈会。在学校层面,邀请了各方、各学科专家到校,在不同层面为教师、教研组、项目组把脉诊断,寻找有效的研究突破方向与研究推进路径。最终,每个教研组推选了项目负责人(主要由教研组长、副组长或学科骨干教师担任),全体教研组内教师作为课题成员,开展细化研讨,最终每个学科都确立细化的子项目。具体见下表:

表 14-2 以中华优秀传统文化教育为重点的教师育德意识和育德能力培养研究学科子课题一览表

学 科	学科子课题名称	学科育德五步法
语文	以课本剧为抓手提升语文学科活动育人的实效性研究	① 课堂育德的备课层面:要精准调研、把握状态 ② 课堂育德的内容层面:要研究教材,挖掘素材 ③ 课堂育德的方法层面:要汇集案例,探索策略 ④ 课堂育德的评价层面:要融入作业、进入试题 ⑤ 课堂育德的拓展层面:要拓宽视野,延展功能
数学	通过案例分享提升教师的育德意识与育德能力	
英语	以英语文本阅读为抓手提升教师育德素材积累的实践探究	
物理	科学思维实验探究提升物理教师学科核心素养的研究	
化学	借助实验探究场域理论在教师育德意识与能力培训中的实践	
生物	中学生物教学中渗透环境教育及生命教育的探索	
政治	教师间协同育德机制的有效模式研究	
历史	历史学科落实家国情怀教育的探索与实践	
地理	构建教师育德意识和能力培养为重点的地理校本师训	
体育	中华传统体育项目校本体育项目的探究与研发	
信息	大数据时代教师德育胜任力的转向调查与路径研究	
艺术	艺术教研中把握德育时机的探索研究	

基于学科特色的"以中华优秀传统文化教育为重点的教师育德意识和育德能力培养研究学科子课题"项目的实施使老师们更主动结合日常教学和活动思考德育的空间、方式和可能,更加丰富老师们开展德育工作的方法和技巧,更加激活老师的德育意识,更加凸显教师作用在学生成长成才上的积极价值。

(一)"融会贯通"的应用:个人修习与小组成长,扩展学识与解决难题并行

在教研组层面由子课题负责人领衔,将组织、管理、评价与教研相结合,以备课组为单位,推进学科德育的逐步落实。在学科德育拓展课目和活动方面,把与学科相关的中华优秀传统文化熏陶的各类教育选修课、拓展课与实践课等,逐步模块化、程序化、规范化地整合成学科德育系列课程,建立以教导处为主导,由每个年级"拳头"教育活动项目支撑、课内课外联动、体验与践行融合的学科德育课程。

(二)"励新励行"的识见:建立学科育人落实机制,强化全程育德责任心

通过各类研训在教师中达成共识,传递研究成果,即所谓教师人人都是德育工作者,是让所有的老师在学科教学中,使学科知识通过学生学习的过程,成为学生精神发展和德性成长的智力基础;教学组织和形式能够对学生形成合作、包容的心理品质起到潜移默化的作用;教学过程所营造的自由、民主、平等的氛围,能够有利于学生形成创新精神和追求真理与正义的品性;教师在教学中严谨的治学态度和敬业精神,在学校生活中体现的人生准则和处世规范,能够成为学生的示范和榜样。可以说,这就是师德最核心的体现,为此,项目以"融课堂"为突破口,形成了"学科育德五步法"。在教育工作场景中提升师德水平。

1. 课堂育德在备课层面:要精准调研、把握状态

德育的一个重要原则就是以学生的思想现状为起点,而非以德育要求为起点。体现在学科德育中,就如要了解学生的知识储备和经验作为新知识教授的起点一样,教师要制定适切的情感、态度、价值观目标,不能想当然地进行预设,必须

首先了解学生的思想动态。通常的做法是通过观察、访谈等途径了解学生的所思、所想。例如，为使民族精神教育更符合学生的心理特点、认知规律，使教育更富有实效，一位政治课教师从国家意识、公民人格、文化认同三方面对任教班级学生进行问卷调查和个别访谈，了解学生对民族精神内容的认知水平、求知欲和态度以及对中外民族精神的看法等。调查发现，学生对民族精神的认识大部分停留在抗战时期民族英雄的浴血奋战、不怕牺牲上，而对当代先进人物的精神了解较少。可见，学生并没有较全面地理解二十一世纪所需要的民族精神。教师在此基础上设计具有针对性的教学三维目标，提升教学效果。

2. 课堂育德在内容层面：要研究教材，挖掘素材

实施渗透三部曲：第一步：开学初，由各教研组列入学期计划，备课组定期德育备课，制定本学科中提升育德意识育德能力的计划，并进行年级德育目标与教材内容的统整，保证校本德育目标的落实；第二步：在对教研组、备课组考核评价中，加入情感态度价值观完成情况的权重；第三步：开发学科育德成果。

3. 课堂育德在方法层面：要汇集案例，探索策略

本着凸显完中优势，凸显各学科的育人优势的原则，学期结束要求每位教师撰写教学中德育渗透的个案，由教导处和政教处联合开展优秀个案的评比表彰，并编撰收录，期待总结出具有西南位育特点的课堂育人新策略。

4. 课堂育德在评价层面：要融入作业、进入试题

各学科将注重在考核评价中对德育内容的反馈；老师们在平时作业、阶段性作业、平时小测验和期中、期末考试五个层面的考核评价中均要体现出对学生德育的考察。如高一年级语文学科在相继上完《合欢树》《我们是怎样过母亲节的》等反映美好亲情的课文后，老师布置的作业就是请每位学生为家人做一件有意义的事情，引导学生学会感恩和珍惜亲情；在高一物理的测验中，老师们在题目选编上将"C919"首飞成功，"神州十一号"等素材作为题干来考察天体运动、人造卫星等知识点，让学生在审题、解题的过程中培养民族自豪感。

5. 课堂育德在拓展层面：要拓宽视野，延展功能

在学校必修课程中，进行专门性学科德育渗透；在拓展型课程中，进一步开设"中华文化经典诵读""中国古诗词""中国历史人物概述"等中华传统文化普及类课程，以及"百家姓""上海方言""弄堂游戏""走进徐家汇"等特色课程；在研究型课程中，引导学生进行"多伦路文化地标面面观""上海近代史遗迹探访"等课题调研，使中华传统文化教育更具亲和力，与近代历史紧密对接。

经验与创新

一　以强基础为基点，以"全景式、全程化"实现课题实践的全覆盖

"文化立校"是学校发展的百年大计，"以文化人"是学校建设的第一要务，学校凝炼中和位育文化，激发学生成长自觉，以"中国梦·西位梦·我的梦"作为凝心聚气的有效形式，关注每个教师的发展方向，关注每个学生的成长轨迹。学校结合自身办学理念，以"中和位育"传统文化弘扬工程提升教师师德素养。提升教师师德素养，必须承接学校的办学理念，来培养教师的专业自觉，使教师在符合现代社会需要的教师专业行为中体现教师的师德水平，通过对教育真谛的把握，用符合学生身心发展的方式来教育学生，激发学生的成长自觉。

二　以融课堂为重点，通过学科全员育德工程推进课程全面育人

课题组紧紧依托教研组、备课组，最终每个学科都确立细化的子项目。通过项目的实施，使学科老师结合学科特点，更主动结合日常教学和活动思考德育的空间、方式和可能，使老师们开展德育工作的方法和技巧也更加丰富，老师的德育意识更加激活，教师在学生成长成才上的积极价值更加凸显。

三	以活动为支点，形成活动与课堂育德双向联动的实践德育

教育的根本目的在于使人得到全面和谐的发展。人的情感、态度、价值观是在长期的教育实践活动中养成的，也是在参与社会活动中逐步形成的。社会实践活动具有实践性和操作性的特点，学生在各种类型、各种内容的活动中体验创造性的学习实践过程，有利于促进身心全面发展，不断适应未来社会的需要。在课堂育德的基础上，把活动育德这一层面的培训内容与策略建构出来，使之互相呼应，有效联动。

三年多来的项目探索过程，在时间、地域、教师精力等各方面可控阻力的影响下，项目组科学架构，各部门合力共进，全体教师全身心投入，使提升教师育德意识与育德能力探索与实践取得预期成效。

1. 形式变化：从"传授"到"共进"

"以中华优秀传统文化教育为重点的教师育德意识和育德能力培养研究"让所有教师在德育研训与学科育德中摆脱"单打独斗"的尴尬局面，能真实开展协同教学、同伴互导，并在合作中促双赢。使教师育德意识和育德能力提升的参与态度实现从"被动"到"主动"的转变，教师德育的专业能力实现从"分散"到"系统"的结构提升，德育研训从单向"传授"转变为教师"共进"。同时通过课题组长与课题成员、子课题组长与子课题成员、备课组长与组员等的整合带动更多年轻教师成长，实现全体教师育德意识与育德能力的集体"共进"。在"师德之星"评选活动中，近三年中每年涌现出的师德教师比例显著提升。

2. 性质变化：从"分散"到"系统"

"以中华优秀传统文化教育为重点的教师育德意识和育德能力培养研究"既保留了各学科的特色，又寻求各学科德育的共性，以本学科德育促其他学科德育，在研讨交流、学习切磋中，实现教师育德意识与育德能力成果的系统化。建立课题团队,以教师德育专业发展与学科德育疑难问题解决为重点,以小组研磨精品课为重要手段,以学校"优秀德育个案评比表彰"为展示平台,建立跨学科优势互补、合作共赢的学习型团队,成就系统性德育成果。

3. 效果变化:从"1+n"到"n+1"

传统的学生德育工作,主要由班主任负责,学生德育呈现"一师多生",即"1+n",对学生来说"自始至终"只有一位班主任,学生的德育个性化发展需求不一定能得到满足;同样,对于班主任而言,也缺乏同伴助其解惑,很难实现育德意识与育德能力自我突破。"课程全面育人的学科全员育德工程"的实践,让所有任课教师都是学生的德育导师,年级组内的非任课教师也可给予学生专业德育指导与渗透,对学生来说是"3+1""5+1"甚至是"12+1",如此将"1+n"的德育模式,成功转变为"n+1"的德育新模式,使一名学生配备多位德育导师,在言传身教中,学生可博教师之长;一生亦有多伴,学生与导师间思维碰撞中相互提升,最终实现师生共成长的良好局面。

思考与展望

"以中华优秀传统文化教育为重点的教师育德意识和育德能力培养研究"在实践中仍不断有新问题出现。诸如,新入职教师或因自身原因较长期请假的教师,因时间关系,无法接受全校系统性的德育实训研修,在教师时间精力有限的前提下,如何进行差异性德育实训研修,需进一步探索;在学校基础上,如何激励教师走向更专业更大的德育实践平台,进一步挖掘教师育德意识与育德能力;在深入课堂后,如何在课题研究带教方面,提升教师薄弱的科研能力。诸多问题还有待进一步实践、探索与不断研究。

在区综合改革项目"教育科研研·修·导·管一体化实施"的总体思路与统整实施引领下,在中学学段研修课程指导之下,本课题组将继续秉承在"研修活动中研究,在管理过程中指导"的理念,将教研以聚焦主题的研究探讨为主要开展形式,将学校工作管理、评价与学术研究指导相结合,形成较为行之有效的研究方式,在日常教学中继续稳步推进。"研·修·导·管一体化"的实施,使课题组催生新思维模式。区教育学院教科室对课题指导与管理的系统设计与实施,让全体课题组成员改变了课题研究者角色定位的思维模式,有了更新的识见,让本项目更明确在后期持续研究中,秉承课题计划制定时既要考虑需要解决的教育教学实际问题,又要考虑探寻问题解决的方法,还要考虑自觉认识背后的理论、原理和规律。最终实现科研兴师、科研兴校,为促进区域教育发展做出贡献。

案例实践情况

本项目实施至今,通过 540 次校本培训、青年教师专题培训、新入职教师培训,以及常规的案例分析收集、通过备课组分享,已经在西南位育扎根落地,申报为区教育局教科研重点课题,被选为上海市育德意识育德能力基地校,初步取得一定的成效。

案例十五

核心素养发展背景下的本土 STEM 教师培养
——北京市丰台区 STEM 教师专项培训项目实践

北京势动教育科技有限公司

主题类别：教师培训项目创新

关　键　词：核心素养、STEM 教师、本土化

背景与问题

　　"素养"是在教育过程中逐渐形成的知识、能力、态度等方面的综合表现,其对应的主体是"人"或"学生",是相对于教育教学中的学科本位提出的,强调学生素养发展的跨学科性和整合性。从这一角度而言,核心素养是对素质教育内涵的解读与具体化,是全面深化教育改革的一个关键方面。从党和国家层面来看,核心素养体系是党的教育目标的具体体现,是连接宏观教育理念、培养目标及课程与教学目标的关键环节,也是建构科学的教育质量评价体系、推进教育问责的重要基础和依据。2016 年《中国学生发展核心素养》总体框架提出了中国学生的六大核心素养:人文底蕴、科学精神、学会学习、健康生活、责任担当、实践创新。而以项目式学习为主要学习方式的 STEM 教育,结合艺术和人文领域,强调在真实的任务中学习,强调在动手实践中学习,这样的学习过程是培养学生团队合作、解决问题、理性思维、批判质疑、勇于探索、技术运用能力的最好方式。因此,STEM 教育是培养学生核心素养很好的载体。北京市丰台区在落地核心素养,深化教学改革、课程改革过程中,将 STEM 教育作为本区教育工作创新的突破口,通过 STEM 教师专项培训项目开始进行 STEM 教师的本土化培养。

　　STEM 是科学(Science)、技术(Technology)、工程(Engineering)、数学(Mathematics)英文首字母的缩写,是一个动态发展的概念。STEM 教育强调跨学科整合,其学习方式主要体现为:基于问题的学习、基于项目的学习、基于设计的学习,这些方式对于培养学生跨学科解决问题的能力,培养学生的 21 世纪应有

技能,包括沟通交流能力、合作协作能力、批判性思维能力、创造创新能力等都发挥着重要作用。STEM 教育不是简单地把四门学科进行线性叠加,而是把原本独立、分散的不同领域的学科知识和技能以问题解决为基础,以多样的学习活动形式支持学生在解决问题的过程中实现不同学科知识与方法在不同情境中的整合、运用和迁移,并进一步生成新思路、新方法、新技术和新产品。

根据《中国 STEM 教育调研报告》(中国教育科学研究院 STEM 教育研究中心,2019 年 10 月),教师对 STEM 教育的认知和实际教学能力情况主要表现为:

一　STEM 教育理念得到广泛认可,教师能力自我评价相对保守

1. 多数教师认可 STEM 教育的跨学科性

如图 15-1 所示,《中国 STEM 教育调研报告》在教师对 STEM 教育的描述中,认可度排在前三位的分别是:"涵盖科学、技术、工程、数学等跨学科的融合性课程"(68.82%),"STEM 是一种跨学科的学习方式"(67.29%)和"STEM 是一种以项目学习、问题解决为导向的课程组织方式"(63.75%)。

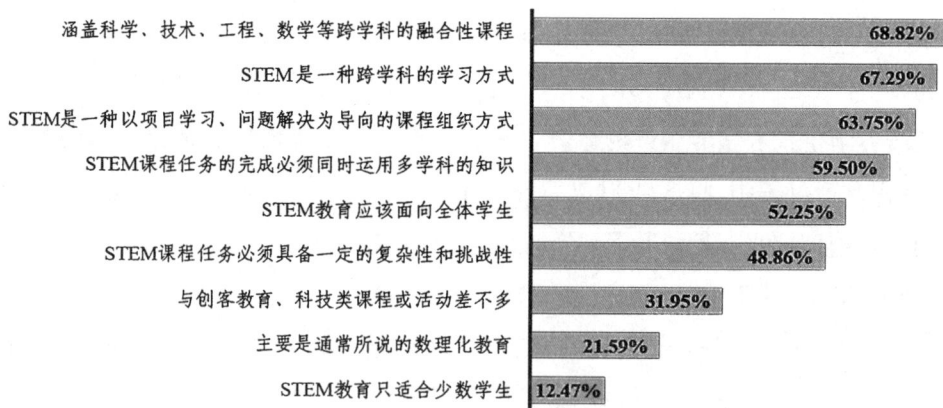

描述	认可比例
涵盖科学、技术、工程、数学等跨学科的融合性课程	68.82%
STEM 是一种跨学科的学习方式	67.29%
STEM是一种以项目学习、问题解决为导向的课程组织方式	63.75%
STEM课程任务的完成必须同时运用多学科的知识	59.50%
STEM教育应该面向全体学生	52.25%
STEM课程任务必须具备一定的复杂性和挑战性	48.86%
与创客教育、科技类课程或活动差不多	31.95%
主要是通常所说的数理化教育	21.59%
STEM教育只适合少数学生	12.47%

图 15-1　教师对 STEM 教育描述的认可比例

2. 大部分教师认可 STEM 教育的目的是培养创新精神与实践能力

关于 STEM 的教育目的,调研报告共设置了 9 个选项。根据调查结果,81.79％的教师认为开展 STEM 教育的目的是"培养学生的创新精神",75.42％的教师认为开展 STEM 教育的目的是"培养学生的实践能力",69.52％的教师认为其目的是"学习科学研究的方法、发展综合运用知识的能力"(详见图 15-2)。

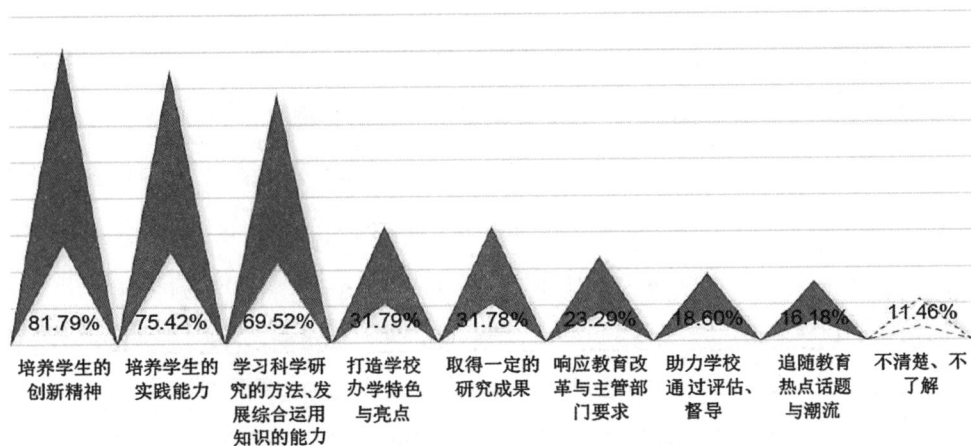

图 15-2　教师对 STEM 教育目的的认识比例

3. 半数教师认为 STEM 教育应面向全体学生

对 STEM 教育的对象调查显示,49.14％的教师认为中小学开展 STEM 教育首先应该面向全体学生,36.72％的教师认为首先应该面向对创新学习明显感兴趣的学生,只有5.93％的教师认为应该面向少数学习成绩优异的学生(详见图 15-3)。

4. 教师的 STEM 教育能力自我评价普遍较低

与理念认识相对较高形成明显对比的是,教师在关于 STEM 教育能力的许多方面上,自我评价都不是很高,这也许是因为在我国 STEM 教育近年才成为一个热点,广大教育工作者对于如何落地还处于一个摸索阶段。而且从教育基本规律来看,理

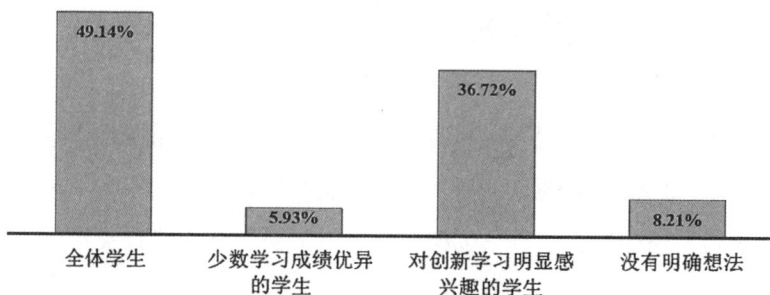

図 15 - 3　教師对 STEM 教育对象的认识

念或知识层面的内容相对能力层面更容易掌握。调研数据显示,教师在这个领域中许多问题的平均得分都在 4 分以下(总分 5 分)。例如,"我对 STEM 内容有足够的了解,能够有效地教 STEM 课"平均得分为 3.51(总分 5 分,下同);"我相信我能回答学生们提出 STEM 相关问题"平均得分为 3.57;"教 STEM 相关内容的时候,我有足够的信心回应学生提出的问题"平均得分 3.69;"我了解目前的 STEM 职业"平均得分为 3.35;"我了解去哪里了解更多关于 STEM 职业的信息"平均得分 3.45;"我了解指导学生或家长去哪里查找有关 STEM 职业的信息"平均得分 3.48;"我了解为了教授学生 STEM 职业方面的知识,可以去哪里找资源"平均得分 3.50 等。结合这些数据,同时对比教师对 STEM 教育理念的认识,可以发现广大教师在理念层面已经得到了较为科学的认识,但是在 STEM 教育的实际教学能力方面还有待加强。

二　师资问题是学校在推进 STEM 教育中面临的首要困难

如图 15 - 4 所示,学校在推进 STEM 教育工作中遇到的主要困难有师资力量不足(65.18%)、课程资源缺乏(61.09%)、经费投入不足(60.51%)和学校基础设施落后(44.75%)。STEM 教育需要优秀的跨学科整合教学的专业人员或者能够进行跨学科合作教学的师资。要求教师具备相关学科教学基础,并具备进行科学探究和指导学生的科学探究的能力,通过跨学科整合 STEM 教育资源,具备解决无法用单一学科或研究领域解决的现实问题。

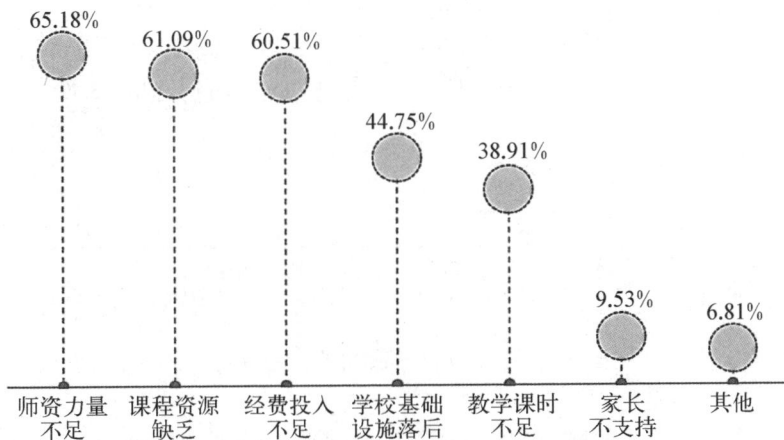

图 15 - 4　学校在推进 STEM 教育工作中遇到的主要困难

师资力量不足	65.18%
课程资源缺乏	61.09%
经费投入不足	60.51%
学校基础设施落后	44.75%
教学课时不足	38.91%
家长不支持	9.53%
其他	6.81%

三　学校最希望获得有关 STEM 教育理念、方法与基础理论的培训与指导

在 STEM 教学活动中,学校期望获得重点支持的方面有教师教研指导(77.63%)、预算外的教学活动经费(53.50%)、校外教学活动基地(45.72%)和教学活动方案(39.88%),详见图 15 - 5。

通过以上调研结果可以看到,STEM 教育在学校实施面临的最大瓶颈就是师资问题。中国 STEM 教育最缺少的是技术与工程教育,而教师培养主体师范院校中没有相应的课程,导致技术工程类教师在中小学奇缺。目前,小学科学课程中增加了 STEM 内容,而且从一年级就开始开设,这对小学来说带来了双缺口的问题:第一,科学教师的数量严重不足;第二,现有的科学教师不能胜任 STEM 教育

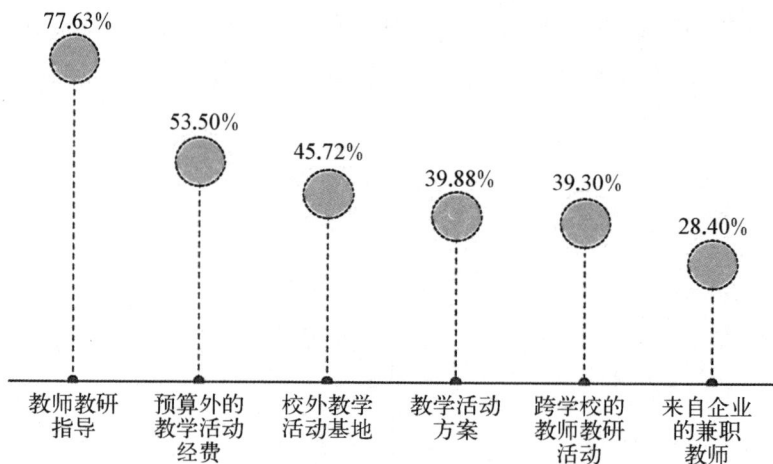

图 15-5　学校希望在 STEM 推广中得到的支持

的教学。此外,受应试思想影响,部分一线科学教师的理念转换不到位,驱动力不足,且教师现有的评价机制没有提供跨学科教师的发展空间和上升通道。而对初高中来说,如何开展 STEM 教育,面临着谁来授课的问题。

　　一名合格的 STEM 教师可以引导学生用跨学科的方法解决真实世界中具有挑战性的问题,打破学科之间的壁垒,使学生在运用多学科知识解决问题的过程和经验中,实现核心素养的提升。因此,培养本土 STEM 教师是当务之急。通过建立和完善适合国情的本土化 STEM 教师培训方案,加强具有跨学科背景的师资力量的培养,帮助教师们获得 STEM 跨学科教学经验。

问题解决思路

　　STEM 教师是从事 STEM 相关学科的教育工作,并进行跨学科整合教学的专业人员,是发挥 STEM 教育扩展与深化学科教育,提供跨学科研究与实践,培养学生高阶思维,促进创新型人才培养的主力军。北京势动教育科技有限公司协同北京教育学院丰台分院自 2018 年起在丰台区持续开展 STEM 教师专项培训工作,在三年的培训过程中逐渐完善培训方案,进行本土 STEM 教师培养方式的实践与探索。

一　研究标准,建构 STEM 教师培训框架

1.《STEM 教师能力等级标准(试行)》及其指标

中国教育科学研究院 STEM 教育研究中心于 2018 年发布了《STEM 教师能力等级标准(试行)》(以下简称"《标准》"),成为规范与引领 STEM 教师在教育教学中有效开展 STEM 教育活动的准则,作为开展 STEM 教育、STEM 教师培训、STEM 教师评价工作的重要依据。

《标准》的指标体系见表 15-1:

表 15-1　《STEM 教师能力等级标准(试行)》指标体系

维　度	类　别
一、STEM 教育价值理解	(一) STEM 教师理解(2 条内容)
	(二) STEM 教学理解(3 条内容)
	(三) STEM 培养对象理解(2 条内容)
二、STEM 学科基础	(四) 科学素养(4 条内容)
	(五) 数学素养(1 条内容)
	(六) 工程实践(3 条内容)
	(七) 技术应用(1 条内容)
	(八) STEM+(1 条内容)
三、STEM 跨学科理解与实践	(九) 跨学科理解与实践(4 条内容)
四、STEM 课程开发与整合	(十) STEM 课程开发与整合(4 条内容)
五、STEM 教学实施与评价	(十一) 创设 STEM 教育情境(2 条内容)
	(十二) 实施 STEM 教学(4 条内容)
	(十三) 评价与反馈(3 条内容)
	(十四) 反思与提高(1 条内容)

2. 制定 STEM 教师培训框架

依据《标准》，结合丰台区区情、教研与教师培训工作实际情况，我们开发制定了分层培训框架。将培训体系设置成普及入门、进阶成长、突破提升三个层次，分别设定培训目标，确定培训对象，设计培训内容，详见表 15-2。

表 15-2　培训体系与内容

培训层次	普 及 入 门	进 阶 成 长	突 破 提 升
培训目标	·了解 STEM 教育发展背景与现实意义	·了解 STEM 教育与学科教学的关系，运用 STEM 教育理念辅助学科教学	·具备能够独立组建与管理 STEM 教学团队的基本能力
	·能够辨别 STEM 教育与传统课堂的区别	·能够运用设计思维、项目式学习等方法开展 STEM 教学活动	·掌握 STEM 课程规划、建设与实施方法
	·初步认识编程技术及相关硬件，能够运用该技术完成一项简单任务	·能够运用 STEM 教学方法设计一项 STEM 课程	·能够带领团队开展 STEM 教育科学研究
	·撰写一份 STEM 课例设计(活动)方案	·能够根据 STEM 课程目标设计课程评价方案	·通过开展 STEM 教育教学活动，形成多种教育创新成果形式
培训对象	中小学幼儿园一线教师	中小学幼儿园骨干教师	中小学幼儿园校园长、教学管理人员
培训内容	·STEM 教育发展背景与趋势	·STEM 教育与学科教学	·STEM 教学团队建设
	·STEM 教育中国化发展路径	·设计思维	·STEM 课程体系建设
	·STEM 教育相关应用技术	·STEM 教学方法	·人工智能教育应用
	·学校观摩与案例分享	·STEM 教学评价	·STEM 教师能力等级标准与评测系统
	·STEM 课程体验	·STEM 课程设计	·教育管理与领导力
	·STEM 课例(活动)设计等等	·教育科学研究方法等等	·教育创新成果孵化等等

二　本土调研，聚焦问题与需求

为了进一步掌握一线教师开展 STEM 教育教学工作遇到的问题，明确培训需求，项目组设计了调研问卷，通过问卷星软件分别开展了前期需求调研、中期阶段调研、后期效果调研。通过前期需求调研，了解到参加培训项目教师的个人基本情况、课程开设情况、学习需求等信息，为培训执行方案的设计提供依据。

以 2019 年为例，培训项目中（基础班），参加培训的学员来自全区 49 所中小学，共 96 人。涉及数学、化学、小学科学、科学与社会、美术、劳动技术、物理、信息技术、语文、英语等学科。其中前期需求调研共收回有效问卷 76 份。

1. 参训学员的个人基本情况

如图 15-6、图 15-7、图 15-8 所示，在 2019 年的培训项目中，女性教师占比 69.74%，男性教师占比 30.26%。持有研究生以上学历教师比例为 25%，本科学历教师 72.37%，专科及以下学历教师 2.63%。小学教师 36.84%，初中教师 40.79%，高中教师 22.37%。

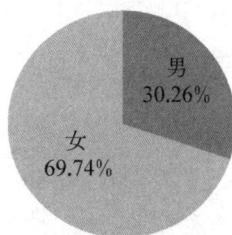

图 15-6　学员性别

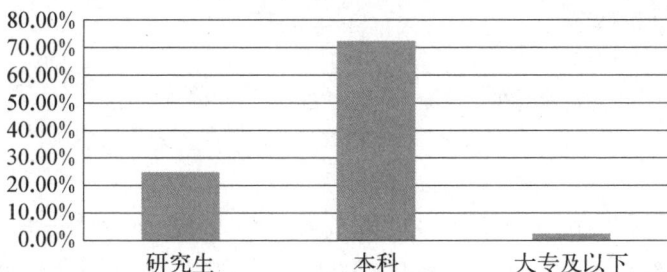

图 15-7　学员学历

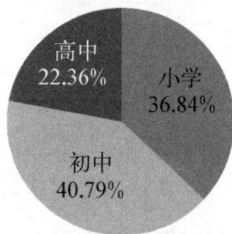

图 15-8　教授学段

以上这些数据可以看出，本期培训学员以女性为主（69.74%）；持本科学历的教师是主力军（72.37%），同时持研究生以上学历的学员教师比例为 25%，参训学员中本科及以上学历人员占比高于丰台区教师总量中同等学历人员占比；学员中以初中教师(40.79%)和小学教师(36.84%)为主,且两个数据比较接近。结合丰台区师资队伍和教学实际情况,基本可以得出结论：学员的动手实践能力可能会有一定制约；高学历教师参加培训的比例高于全区一般情况,他们的专业素养高,更加丰富的专业知识储备和学习方法为 STEM 教学开展提供理论保障；初中和小学阶段教师对 STEM 教育的关注度更高,义务教育阶段开展 STEM 教育和教师培训工作的需求明显。

2. 教师所在学校 STEM 课程开设情况

如图 15-9 所示,在 2019 年学员中,其所在学校已经开设 STEM 课程的占34.21%,没有开设的单位占 65.79%。通过与学员的沟通交流得到的信息是,学校开设 STEM 课程主要以社团竞赛目的为主,没有面向学生大众的通识课程项目；无论是否已经开设了 STEM 课程,师资数量和师资能力都是导致 STEM 课程没有得到普及的最主要原因。

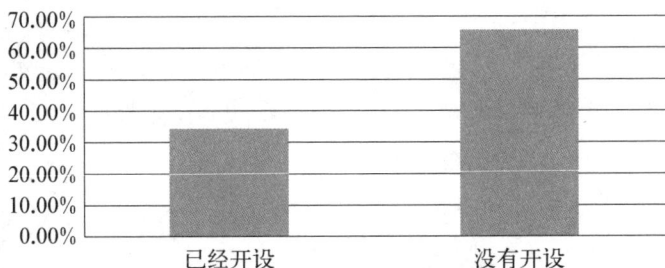

图 15-9　教师所在学校课程开设情况

3. 学习需求

如图 15-10 所示,学员参加培训前对 STEM 教育的了解情况：完全不了解的占比为 40.79%,浅显了解的为 57.89%,深入了解只占 1.32%,学员普遍对 STEM 教育一知半解,近四成的老师甚至一无所知。这与国际人才竞争需求,以及我国近年来大力倡导的科创教育和已经写入课标的跨学科学习能力形成鲜明对比。从零起步开展 STEM 教师培训工作是丰台区的实际需求。

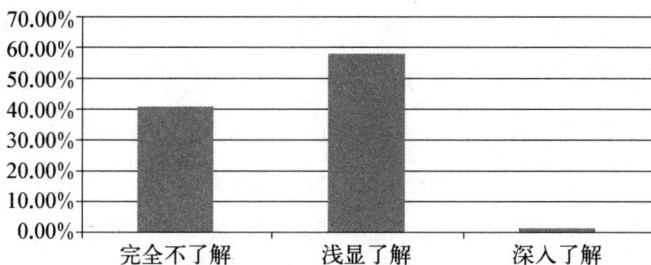

图 15 - 10　培训前对 STEM 教育的了解

在学员希望的学习内容调查(多选 1—3 项)中,选择"STEM 系统理论"的为
17.45%,"优秀的课程案例"24.36%,"相关应用技术及其操作技能"18.55%,"学
校实施 STEM 教育成果经验分享"17.45%,"STEM 课程设计方法"20.73%,"其
他内容"1.45%,详见图 15 - 11。"优秀的课程案例"和"STEM 课程设计方法"是
老师们最想学习的内容,也是 STEM 教育本土化发展最需完善的内容,更是
STEM 教师培训项目中应重点设计的部分。

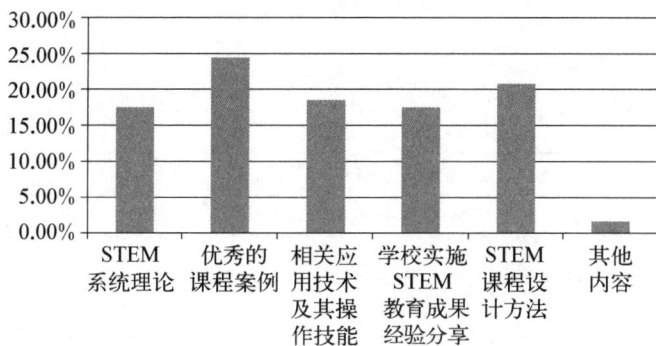

图 15 - 11　培训前希望学习的内容

三　　落地方案,开展本土化 STEM 教师培养的三阶培训方案实践

根据对《中国 STEM 教师能力等级标准(试行)》的分析和研究,在 STEM 教

师培训框架下(见前文),结合丰台区区域教育工作实际情况,滚动设计并实施普及入门、进阶成长、突破提升三阶培训方案,以线上线下相结合的形式逐步深入开展本土化STEM教师培养工作实践。目前已制定完成基础班、骨干班两套培训方案,其中基础班方案经过2018年试运行并优化后,于2019年正式开始实施,2020年开始执行骨干班方案,同步根据执行情况规划突破提升(第三阶段)的培训方案。

1. 基础班培训内容设置与考核办法

根据对学员开展的前期需求调查,基础班学员的培训方案以了解STEM教育发展背景与现实意义;能够辨别STEM教育与传统课堂的区别;初步认识编程技术及相关硬件,能够运用该技术完成一项简单任务;撰写一份STEM课例设计(活动)方案为培训目标。由此设计了理论与实践共计104学时的培训内容。

(1) 理论部分(20学时)

主　　题	内　容　要　点	实　施　形　式
STEM教育发展概况	国际STEM教育发展情况介绍	线下/专题报告
	中国STEM教育发展现状及现实意义	线下/专题报告
	中国STEM教育的未来展望	线下/专题报告
STEM教育简介	STEM教育简介	线上/讲座
	STEM教育核心概念	线上/讲座
	STEM教育概论	线上/讲座

(2) 实践部分(84学时)

主　　题	内　容　要　点	实　施　形　式
课程体验	确定主题项目课程体验	线下/体验课
	技术应用项目课程体验	线下/体验课
课程设计工作坊	学习体验	线下/工作坊
	适宜主题	线下/工作坊
	学生画像	线下/工作坊

主　　题	内　容　要　点	实　施　形　式
课程设计工作坊	课程主题	线下/工作坊
	课程线	线下/工作坊
课程设计关键问题	科学探究与科学实践	线下/案例分析
	设计思维与工程实践	线下/案例分析
	学习支架	线下/案例分析
	展示与评价	线下/案例分析
技术应用	3D打印技术体验	线下/体验课
	机器人与人工智能技术体验	线下/体验课
	物联网技术体验	线下/体验课
	基于信息技术课程的STEM教育实践	线上/讲座
观摩	外区(外埠)优秀案例学校观摩	线下/实地观摩
	本区试点案例学校观摩	线下/实地观摩
	现场观摩课	线下或线上/观摩课
教学设计与教学实践	教学设计与优化	线下/分组教研
	磨课与试讲	线下/分组教研
	方案展示	线下/专家点评
作业与总结	阶段作业(2次)	线下/作业
	培训总结	线下/作业

（3）考核办法

通过考勤、作业、教学设计、小组活动、培训总结五个方面对学员培训过程及成果进行考察,分别赋予评分及权重作为考核及评优依据。最终成绩等于所有考核项成绩之和。标准如下:

序号	考核指标	成绩核算标准	权重
1	综合出勤率	实际出勤数÷应出勤总数×100。培训班班主任应严格考勤管理,培训结束后班主任负责根据课程安排统计各学员出勤率。	20%
2	培训作业	根据培训老师发布的作业题目提交考核作业; 共需提交两次作业,每次作业50分。	20%

序号	考核指标	成绩核算标准	权重
3	教学设计与实践	教学设计与实践部分共需提交以下五项材料(共计100分): ① 教学设计方案(30分) ② 课程PPT(20分) ③ 学生任务单(10分) ④ 课程所需材料清单(10分) ⑤ 课程具体实施过程照片不少于10张(30分)	35%
4	小组活动	以小组为单位开展针对课例设计的教研活动,进行课例讨论、说课、磨课,鼓励在学生中试讲: 组员考勤(50分) 活动质量(50分)	15%
5	培训总结	由专家老师打分确定,满分100分。	10%

2. 骨干班培训内容设置与考核办法

根据培训框架,骨干班学员的培训方案以了解STEM教育与学科教学的关系,知道如何运用STEM教育理念辅助学科教学;通过对编程及硬件的进一步学习,能够运用该技术及硬件完成一项综合任务;能够运用STEM教学方法设计一项STEM课程;能够根据STEM课程目标设计课程评价方案为目标。在这个阶段的培训方案中,为了进一步深入STEM教育理论学习与实践探索,拓宽STEM教师专业发展路径,设置了教育科学研究方法系列课程,以及10余个可供学员在线观摩的课程资源。同时对接国内权威STEM相关活动项目,拓宽教师专业发展渠道。培训周期延长至1学年,学时设置为208学时。

(1) 理论部分(56学时)

主题/模块	内　容　要　点	实　施　形　式
教师专业发展	STEM教育与学科教学	线下/讲座
	教育科学研究方法	线下+线上/系列讲座
	《STEM教师能力等级标准(试行)》及评测系统	线下/专题报告
	中国STEM教育2029创新行动计划	线下/专题报告

（2）实践部分（152 学时）

主题/模块	内 容 要 点	实 施 形 式
课程设计与实施	基于活动的课程设计	线下/工作坊
	STEM 课程目标设计	线下/工作坊
	STEM 课程评价设计	线下/工作坊
	课程方案设计与优化	线下/分组教研
	试讲	线下/分组教研
	听评课	线下/专家入校
交流与观摩	国家级 STEM 领航学校观摩	线下/实地观摩
	国家级种子教师工作经验分享	线下/工作坊
	观摩课	线上/观摩课

（3）考核办法

分为网上学习（在线学习、讨论发帖、阶段作业）和线下学习（综合出勤率、课程/教学设计方案、培训总结）两大部分进行考核。标准为：

分 类	考核指标	成绩核算标准	权 重
网上学习	在线学习	100×（实际网络学习时间/网络视频总时长）	50%
	讨论发帖	2 次有效发帖,每次计 50 分	25%
	阶段作业	2 次阶段作业,每份合格作业计 50 分	25%
线下学习	综合出勤率	100×（实际出勤数/应出勤总数）	30%
	课程/教学设计方案	课程/教学设计(25 分) 授课 PPT(25 分) 学生任务单及材料清单(25 分) 教学实践视频及照片(25 分)	40%
	培训总结	每人 1 份,800 字以上。	30%

在培训中期阶段调查和后期效果调查中，分别收回有效问卷72份和68份。在对所有培训内容与环节的设置满意度调查中，认为"非常有帮助"的超过60.00％，认为"有一定帮助的"超过30.00％，选择"没有帮助"的不足3.00％。

与前期需求调研数据相比较，接受基础班培训的学员在培训后"对STEM教育了解程度的回答"，选择"完全不了解"的比例由40.79％下降为0，选择"浅显了解"的由57.89％下降至42.65％，选择"深入了解"的由1.32％猛增至57.35％，详见图15-12。

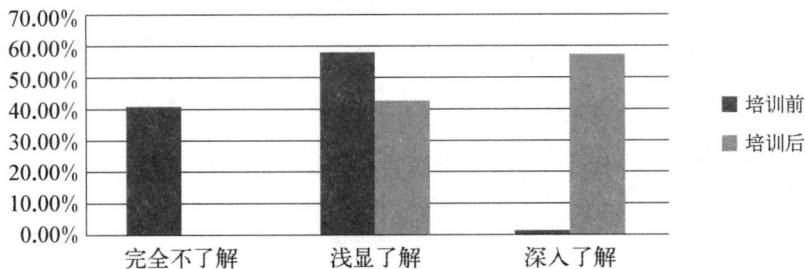

图15-12　对STEM教育了解程度对比

STEM培训内容需求的变化情况，"STEM系统理论"的比例由17.45％下降至9.87％，"优秀的课程案例"比例由24.36％微升至24.46％，"相关应用技术及其操作技能"比例由18.55％变化为19.28％，"学校实施STEM教育成功经验分享"比例由17.45％升至21.08％，"STEM课程设计方法"比例由20.73％升至23.32％，"其他内容"由1.45％降为0，详见图15-13。

在对"持续参加STEM教师培训的意愿"调查中，选择"肯定参加"的比例为97.00％，选择"不会参加"的比例为3.00％，详见图15-14。

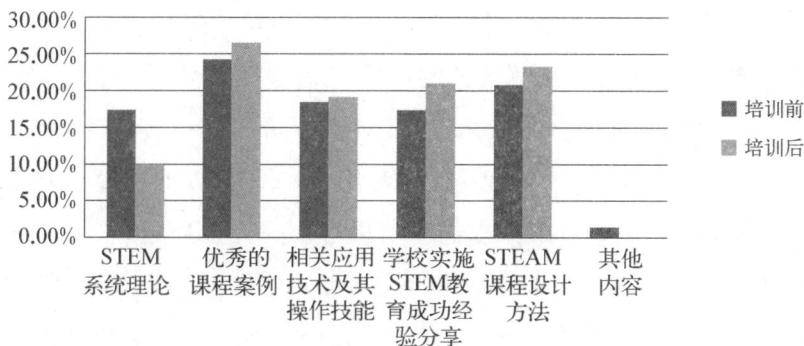

图 15 - 13　STEM 培训内容需求对比

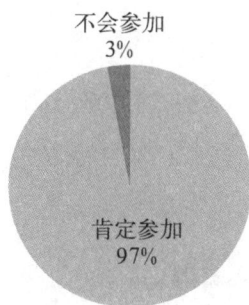

图 15 - 14　持续参加 STEM 教师
培训项目的意愿

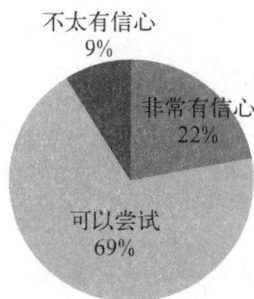

图 15 - 15　是否有信心开展
STEM 教育实践

在对"是否有信心开展 STEM 教育实践"问题的选项中,选择"非常有信心"的占比为 22.00%,"可以尝试"的比例为 69.00%,"不太有信心"的比例为 9.00%,详见图 15 - 15。

对培训工作整体评价的调查中,"非常满意"的占 76%,"比较满意"的占比 21.00%,"一般"的占比为 3.00%,"不满意"的没有,详见图 15 - 16。

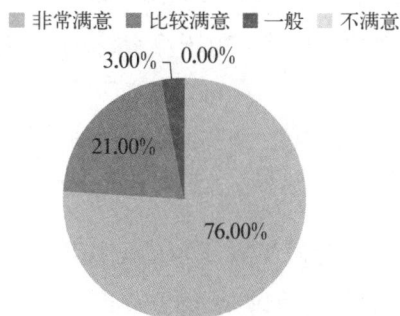

图 15 - 16　对培训工作的整体评价

由以上数据可以得出结论：本培训项目使教师对 STEM 教育的认识水平取得了显著提高，增加了教师在学校开展 STEM 教学工作实践的信心，提升了持续参加 STEM 教师培训项目的意愿，学员对整体培训工作满意，该阶段的培训取得了令人满意的效果。同时，优秀的课程案例和 STEM 课程设计方法在普及入门阶段培训后仍然是教师最需求的学习内容。除此以外，相关应用技术及其操作技能和学校实施 STEM 教育成功经验分享的学习需求也有一定增加，说明教师们更加注重 STEM 教学实践，为进阶提升（骨干班）阶段培训内容的设计提供依据。

经验与创新

一　聚焦核心素养，立足本土

本项目的设立初衷以立德树人为宗旨，聚焦核心素养，探索立足本土的教育创新模式。在对新教改、新课改、新考改政策的综合把握下，结合世界发展趋势和本区域特点，采用 STEM 教育形式重新定义教师身份，从教师的现实需要出发制定本土化 STEM 教师培训方案，充分体现核心素养对团队合作、解决问题、理性思维、批判质疑、勇于探索、技术运用能力等方面的要求。

二　打破学科界限，以跨学科分组学习的方式进行项目管理

用 STEM 学习的方式培养 STEM 教师。教师分组参加培训，多学科混编共同学习、教研、进行课程课例研发。学员在完成小组任务的过程中直接面对学科本位无法解决的现实问题，综合运用项目式学习、设计思维、科学探究与工程实践等 STEM 学习模式对培训内容加以验证、体会、内化。

三　阶梯式分层实施

根据一线教师工作的实际情况，规划 STEM 教师发展路径，分层确定培训目标，制订培训方案。普及入门、进阶成长、突破提升的三阶分层培训方案，为学员教师提供了 STEM 教师专业成长和发展路径，引导学员从"小白"教师到骨干教师、从实践教学教师到专家型教师的转变。

四　复制与借鉴意义

经过近四年的实践积累，该项目在培训方案设计方法、分层培训课程体系构建、专家资源库建设、教师原创 STEM 课程案例等方面逐渐沉淀了丰富的资源，对以区域开展本土 STEM 教师培养具有实际的借鉴参考价值。北京市东城区、朝阳区等教师培训管理部门根据本地区的实际情况对培训方案加以调整优化后，分别开展了本区的 STEM 教师培训项目。2020 年疫情期间，外埠一些地区也在积极地进行本地区 STEM 教师培训工作方面的咨询和准备。该项目对 STEM 教育在中国的本土化发展起到了积极的推动和示范作用。

思考与展望

一　进一步优化和完善分层培训方案

该项目的普及入门阶段（基础班）方案已经经过 3 年 6 期培训的验证，2020 年正在进行进阶成长（骨干班）方案的打磨、优化和试运行，同时开展突破提升（领航班）阶段培训方案的设计。一套相对完善的 STEM 教师本土化培训方案还需要持续的设计和开发。整个方案也将在快速发展的教育大潮中经历不断地迭代和优化。

二　加强 STEM 与学科教学的联系

STEM 教育并不是要摒弃分学科的教学模式,相反,STEM 教育为学科教学提供了非常宝贵的学科实践载体,学科教学更为 STEM 教育的深入开展提供了丰富的知识来源和理论基础。随着新一批国家课程标准的出台,STEM 教育已经非常深入地融入到了我国基础教育阶段的核心内容中。2017 年教育部颁布的《义务教育小学科学课程标准》,专门增加了技术与工程领域内容,突出了 STEM 教育和跨学科学习的方式和内容。2018 年颁布的普通高中各学科课程标准,STEM 教育出现在多个学科课程标准中。例如《普通高中生物学课程标准(2017)》就要求"注意学科间的联系",强调"生物学和数学、技术、工程学、信息科学是相互作用,共同发展的"。STEM 教师培训方案需进一步把握学科课程标准,充分发挥 STEM 教育与学科教学之间的相互支撑作用。

三　进一步调动区内社会资源

进一步调动区域一切社会资源为教师提供 STEM 培训和教学素材,开展STEM 教学活动。以丰台区为例,丰台区内工业和传统文化资源丰富,新建成的大兴国际机场、航天三院、二七机车厂、中国人民抗日战争纪念馆、北京汽车博物馆等都是很好的 STEM 项目选题和活动资源。我们将引导教师和学校深度挖掘,结合传统文化,丰富开展教师培训的素材资源和学生科技创新领域的学习资源,扩大 STEM 课程的选题范围。

| 四 | 结合劳动教育，使 STEM 成为劳动教育的有效载体 |

继《中共中央国务院关于全面加强新时代大中小学劳动教育的意见》出台后，《大中小学劳动教育指导纲要（试行）》也于近日发布。劳动是创造物质财富和精神财富的过程，是人类特有的基本社会实践活动，与 STEM 教育理念一脉相承。结合劳动教育，培训教师在科学素养培养的前提下通过大量的工程实践教育过程，将使学生的工匠精神得到进一步的培养和发挥。通过建立项目化课程和主题式课程的方式，将劳动教育精神内涵渗透到学习活动中。

案例实践情况

| 一 | 应用区域与项目 |

北京市丰台区 STEM 教师专项培训
北京市东城区 STEM 教师培养项目
北京市朝阳区"拔尖人才"计划 STEM 教师培训项目
北京市朝阳区 STEM 人工智能教育指导师培训项目
北京市海淀区 STEM 教师工作坊
北京市西城区教育研修学院学术年会工作坊

| 二 | 累计应用人数 |

2018 年以来，全国累计培训教师超过 1 200 人。

三	应用方式及成就

1. 形成原创 STEM 课程案例资源库

课程开发的任务目标促使教师重新审视并改善自己的知识结构、能力水平和综合素质,不断地对教师提出新的挑战,不断推动教师的专业成长。培训方案将课程(课例)开发作为小组培训任务目标,学员通过对 STEM 教育理念的运用,结合科学、生物、物理、化学、技术等不同学科背景,学员在本项目中整合了学科内及跨学科资源,开发了《定格动画》《让世界充满爱——手语翻译大师》《自动现场救援车》等 81 项原创课例设计(丰台区),既对跨学科知识加以运用,又融入了人文背景要素,为学生核心素养培养提供了载体,逐渐形成了丰台区原创 STEM 课程案例资源库。

2. 为 STEM 校本化发展创造条件

在培训项目实践过程中,学员将 STEM 教育理念和学习方法融入到了学校特色办学的战略思路中,将 STEM 与传统文化相结合,为传统文化在现代社会的传承和发展插上了翅膀。以北京十二中南站学校为例,依托十二中总校强大的教学资源和本校区独有的绢塑文化资源,南站学校积极开展 STEM 教育的校本化实践,与势动教育联合开发了《绢人动画》STEM 特色课程。本校的参训学员张阳老师利用培训所学,与学校美术、语文等多学科教师进行专业融合,结合传统文化与现代科技,赋予了绢人新的生命。《绢人动画》课程由全体初一年级的 80 名学生参与,分成 10 个项目组,运用绢塑艺术工艺制作动画人物、安排道具及场景,拍摄以成语故事为主题的定格动画作品。课程前期由语文教师负责组织选题、剧本创作、真人表演等专业环节的授课及指导,美术及信息技术老师负责绢人、场景的制作以及动画制作软件使用的指导和教学。在这一过程中还会利用到数学、物理等学科知识,并运用 3D 打印技术解决场景、道具和人物头模制作效果、效率问题。后期阶段,每个大组所有成员一起进行电影后期的剪辑、合成、特效、配音的处理,最终完成本组的动画作品。利用 STEM 的教学模式,改变了绢塑文化传统的枯燥无味学习方式,巧妙地为传统文化的传承开辟了新思路,更为校本课程建设提供指引。

3. 形成区域教育创新成果新亮点

丰台区 STEM 教师培训项目实践,拓宽了一线教师的专业发展路径,为创新型师资队伍培养和校本化课程改革提供素材和方法论,形成了丰台区区域教育创新成果新亮点。2019 年 12 月,受中国教育学会邀请,北京势动教育科技有限公司协同北京教育学院丰台分院在山东济南共同举办中国教育学会第 32 次年会微论坛——"STEM 教育中小学实践"。来自全国各地的 200 余位教育界同行听取了丰台分院党委副书记石群雄、丰台第七小学校长王莉,北京第二实验小学怡海分校副校长杨捷,北京市第十二中学南站校区执行校长王岭四位区域代表的发言,向全国教育同仁分享 STEM 教师培训经验,展示 STEM 教育成果。现场互动积极,观众反响热烈。教育部教育发展研究中心副主任陈如平、中国教育学会学术委员会委员方运加对丰台区 STEM 教师培训和学校教学、教师发展成果进行充分肯定与支持,活动取得了非常积极的效果。

案例开发档案

案例归属单位:北京势动教育科技有限公司

案例开发时间:2018 年—2020 年

案例开发团队:

姓 名	工 作 单 位	学科背景/职称	主要贡献
杨明亮	北京势动教育科技有限公司	教育学/CEO	项目规划 课程设计与实施
韩 冰	北京势动教育科技有限公司	人工智能与心理学/课程研发总监	课程设计 项目实施

姓　名	工　作　单　位	学科背景/职称	主要贡献
于芙丽	北京势动教育科技有限公司	项目管理/运营总监	组织实施
石群雄	北京教育学院丰台分院	中学地理/高级/党委副书记	项目管理 组织协调
崔志钢	北京教育学院丰台分院	小学数学/高级/教师发展中心副主任	项目管理
张海英	北京教育学院丰台分院	中学语文/高级/教师发展中心教师	组织实施

案例十六

黄浦区专业学习社群：
职初教师专业成长区域探索

上海市黄浦区教育学院

主题类别：教师培训模式创新

关　键　词：专业学习社群、职初教师、区域

背景与问题

通过一年规范化的培训，见习教师在职业感悟与师德修养、课堂经历与教学实践、班级工作与育德体验、教学研究与专业发展等方面都有了长足的进步。如果把一年见习教师规范化培训称之为培训密集期的话，那么一年后，就被有的学员称之为培训的真空期。由于基地校和聘任校在生源、文化内涵等诸多方面存在着差异，使得相当一部分学员在回到自己聘任校后遇到各种各样难以适应的情况。原先遇到问题可以随时随地请教身边的导师，可到了第二年，老师们却觉得问题越来越多，但是解决问题的方法却很少。

问题解决思路

一　文献起步，定位培训设计与实施起点

通过对中外文献检索，我们对职初教师的界定是：接受了完整的大学教育，拥有教师资格证，被引入教师工作岗位年限在 0—2 年，且在幼儿园、小学、中学学段担任相应教学或班主任工作，正在适应及胜任岗位要求的教师。

温格的实践共同体理论指出，当实践的核心是专业知识汇聚的场所时，全新的视野和发展就会在共同体的"边界"产生。"边界"这个词用来描述两个活动系统之间的一个地带，在这个地带中往往存有多种声音、多种背景，它常常会创造由

矛盾或者紧张而导致丰富学习机会的对话或者情境,也就是学习的"第三空间"。区域层面的职初教师培训,其根本的价值指向在于通过区域优质教育资源的整合,寻找一种帮助、支持新教师增长实际教育教学方法与技能的在职学习途径。通过分析职初教师的成长特征,在传统的"师徒带教"模式的基础上,黄浦区试图通过教师专业学习社群的打造,建构一种职初教师在团队中成长的行动发展模式,打造职初教师学习和成长的"第三空间"。

二　精心架构,打造职初教师专业学习社群的黄浦模式

1. 精准定位培训目标

为了支撑职初教师专业共同体(发展团队)的建设,我们会定期开展教师专业发展团队培训,设计了有针对性的培训目标。在培训目标的设计上,突出个人和团队两个维度:个人目标——培养一批卓越的创新型教师领导者。教师领导者是指在学科教学或学术研究等教育教学的某一方面具有专长,并在该领域拥有一定的话语权和影响力,能够在教育实践中致力于推动、深化、引领教育的改革与发展,并参与组织与决策的领导型教师。通过高端引领与自我研修,充分激发青年骨干教师自主发展的潜能,进一步提高教师的业务技能,切实提升教育实践能力与智慧,不断增强专业影响力,培养一批在教育、教学、科研、管理等领域创新发展的教师领导者。团队目标——构建一支顶尖的改革攻坚主力团队。通过同伴互助,加强青年骨干教师之间的交流与合作,打破学段、学科和专业之间的隔离状态,激励教师彼此学习,相互促进,增强青年骨干教师团队的凝聚力、行动力和向心力,构建一支为黄浦教育强区建设改革攻坚的意志共同体和先锋队。

2. 打造两类实践共同体

根据"第三空间"的理论,在进行职初教师培训的过程中,我们致力于构建两大类型的实践共同体,一个是由职初教师组成,另一个是由职初教师的指导老师

图 16-1 黄浦区教师专业发展论坛

和相关部门的领导专家组成,两个实践共同体通过组内互动和组间互动,跨越共同体边界,激发新的学习和成长。

一方面,各实践共同体的内部成员之间可以相互学习,主要是职初教师和有经验教师、名师同辈群体之间的学习;另一方面,两个实践共同体之间有个跨界学习,专家、领导和指导教师通过针对性的帮扶支持职初教师实现快速成长。这种多层次、多渠道的互动、交流和学习,打造了有利于职初教师成长的专业学习社群。

认知是一个真实的过程,是一个在行动、思维及与参与伙伴对话的过程中产生知识的过程。职初教师须投身于不同人员所组成的实践共同体中,须行走在多元的、跨界的背景中,方能成长。从"师徒带教"到"团队成长"之所以能成为促进职初教师专业成长的有效路径,恰恰印证了这一点。

3. 设计五大培训类型

基于上述目标,教师团队培训设计了五大类培训类型:第一,参与式讲座培训。通过高端讲座为教师提供前沿、系统的理论知识培训,采用"参与式"的讲座形式,提出具有开创性的观点,激发教师的思考,调动其学习积极性,促使教师主动对所传递的知识进行理解、选择、加工和创新;第二,合作式团队培训。根据学段、学科或其他特点分组,以小组或团队合作的形式共同参与每一项活动、完成每一个任务,通过任务驱动为教师提供基于实践操作的团队培训,促使教师通力协作、集聚智慧、共同进步,增强团队凝聚力;第三,临床式带教培训。通过为每组配备高校专家、学科名师和区域优秀青年教师3位导师,为教师提供临床式的带教培训,以导师小组工作坊的形式对教师进行具有针对性、前瞻性的个别化指导,拓展工作思路,提高教师思考的深度与广度;第四,体验式项目培训。通过项目引领为教师提供科研素质与能力的培训,对青年教师在项目设计、实施、管理等各个环节进行培训,使教师在"做"项目中"学",提高教科研能力和水平,推出一批具有推广价值的项目成果;第五,开放式研修培训。通过沙龙、论坛、阅读、参访、考察等为教师提供综合素养的培训,以符合青年教师特点的、内容丰富、形式开放的培训,增长教师见闻,开拓眼界,全面提升教师综合素养。

三　职初教师专业学习社群的实施载体

诚然,基于团队和学习社群的专业发展方式需要一个载体,从我们的实践来看,"双导师制""导师工作坊""职初教师微项目合作群"就是几个恰当的载体。

1. 双导师制

从2015年起,黄浦区在传统方式上新增了"聘任学校导师制",即在规培基地校为学员选派导师的基础上,再由聘用单位选派经验丰富的教师作为带教导师形成两所学校共同带教的"双导师"同步联动新模式。由于规培基地是各学段的品牌学校,学员能在一个优秀的团队里得到"浸润式培养",被悠久的校园文化、独特的学校特色、长期沿袭的教学范式等方面集中"浸润",点点滴滴细节的深入,从而在言谈举止、教学方法上产生潜移默化的影响,使年轻一辈终生受益;而聘用校则能根据实际岗位、学科任务让培训的实用匹配度更高。

"双导师制"的实施，可以让学员有机会走进不同的聘任校，加大了学习共同体内部成员之间的学习和交流。由于不同学校的生源等因素的差异，造成了对学情的把握，教材的处理诸多方面的不同，从而派生出了新的资源，激发了学员之间、学员与导师之间、导师与导师之间新的学习和成长。

曾在2016年获得上海市中小学（幼儿园）见习教师规范化培训展示活动一等奖的英语教师祝歆奕就是这套"双导师制"的受益者之一，当经过过去一年在上海市实验小学基地和聘任学校上外·黄浦外国语小学的培训，她说："实小基地的深厚文化深深地震撼了我，而更幸运的是，我遇到了实小发展最快、规模最壮大的时期，实小基地的导师从教师工作的常规拓展到实践细则，面面俱到，给了我家的温暖，而在上外黄浦，从校长到带教师傅的'高标准严要求'，锤炼了我的意志，学校还给我很多公开亮相的机会，让我不断在备课磨课的过程中纠正自己的错误，更难能可贵的是，通过'双导师制'，让我领略到了即便在一个教室，也要因材施教，做到心中要有学生。同时，也从不同导师的身上学到不同的优点，最终化为我自己的教学行为"。

黄浦区卢湾二中心小学规培基地负责人施颖琼说："为了让基地培训更贴合聘用校的实际需求，我们将见习活动直接安排在了聘用学校，双方师傅们都会在一起听课、评课，对学员所暴露的问题和改进方法进行头脑风暴，让他们'听百家言'。实际的效果非常显著，所以基地培训'走出去'是非常有必要的。"其实，这种形式的培训对于基地校和聘任校的导师来说要求更高，与其说是和学员之间的头脑风暴，还不如说是不同学校、不同导师之间的头脑风暴。每一次到其他聘任校培训前，导师们为了让培训更有实效和科学性，相互之间要进行教学业务上切磋，或赞同、或争论。我们发现，原先为了学员而设计的"双导师制"，最终使学员得到成长的同时，也使得导师专业得到了发展。

2. 导师工作坊

在黄浦区，导师工作坊就是为学员量身定制的跨越不同实践共同体的培训方式。导师从怎样制定适切的教学目标、如何备课、写详案、说课、撰写教学反思五个方面对学员进行临床式专业指导，为见习教师初上讲台把准方向。"导师工作坊"也是一次教研员与新老师"零距离"接触的机会，能及时发现优质的"潜力军"，在一年见习期培训结束后跟踪重点培养。

上外·黄浦外国语小学的语文教师葛骁峰就是其中之一，2014 年一堂小学四年级语文见习教师小组研究课上，他出众的语言表达能力给区语文教研员李海燕留下了深刻的印象，同时李老师也发现了葛骁峰上课过程中时不时微微下蹲的动作，为了改掉这个坏习惯，葛骁峰特别做了两块木板，用橡皮筋绑到膝盖后关节，边绑着边上课。当李海燕再度来到他的课堂时，葛骁峰良好的教态让李老师耳目一新。正是通过专家有针对性的帮扶，让葛骁峰和他的见习教师同伴们快速地成长。他们亮相在不同的区级、市级展示课的平台上，如今葛骁峰已被破格吸纳进市级研修团队"28 工程"项目，是其中年龄最小的成员。

由于不同实践共同体的互动交流，"导师工作坊"也在悄然发生在改变，由原

图 16-2　黄浦区举办职初教师教学展示会

先的一个导师对多个学员的模式慢慢转变为多对多的模式,那些经历过磨炼,逐步成长起来的青年教师也在逐渐加入"导师"的行列,他们在前进过程中所遇到的挫折、反思、感悟也变成一种新的资源,对于后续的见习教师们,或许这些才是他们最需要积累的经验。

3. 职初教师微项目合作群

为了将职初教师培养成在某一方面具有专长的、创新型的领军人才,黄浦区尝试采用职初教师微项目合作群的方式。通过同伴互助、自主研修、项目引领,从而达到共同成长的目的。

光明中学高三物理老师殷思源,这位在 2016 年见习教师规范化培训展示活动中拔得头筹的 90 后男孩,便是通过微项目合作群成长起来的典型代表。在一次听课中,殷思源将自己摸索的新技术手段运用到《机械能守恒》课堂上,他给学生出了 3 道练习题,每题结束就用 app 扫码,批改全班学生的作业,他依照实时反映的数据信息,向前两题失分的个别学生作了快速解答,而把整堂课的重心落在了错误率最高的第三题上,讲解后再配了一题作为巩固。这套基于真实的数据和学情的教学新方法让前去随堂旁听的专家眼前一亮。

经过了解后得知,殷思源在入职以后一直尝试将"互联网+"新技术融入到高中物理教学中。在初期阶段,主要应用一些简单的 iPad App 辅助教学。随着应用的深入,在教学实践中逐渐遇到瓶颈,有时会因为硬件设备的突发故障而手足无措,反倒降低了课堂效率。同时由于个人的能力和时间有限,每次课上都只局限于固定的几款 APP,没有发掘更多的应用价值,最后将新技术流于形式而忽视其对课堂效率的实际影响。我们鼓励殷思源和另外两位青年教师组成教学新技术应用的微项目研究团队,并将此研究项目成功申报了上海市青年教师课题。通过一年的研究,他们发挥团队作用,分工编制了一份新技术应用说明并在全区物理教学中分享和推广。一个人的力量或许是有限的,正是这种实践共同体形式的保障,才能使他们获得成功。

经验与创新

区域职初教师培训模式在实践中总结形成了"一二三"的操作经验：

一　突出一个发展导向

区域支持职初教师核心能力发展的培训模式，将培训的重心落脚在发展上，这源于教师对自身发展状态的把握和对未来发展路径的选择、发展可能性的预设。因此，在培训的过程中，我们强调教师根据自身情况制订专业发展计划，由专门的老师指导职初教师如何通过"SWOT"分析法分析自己在教学、管理和科研上的优势、劣势、机会和威胁，据此设计自身发展计划，并从项目、教学和培训三个维度设计针对性的提升策略和阶段性的发展任务。教师自主设计发展计划有助于引导教师科学思考自身的发展问题，凸显教师专业成长的主体价值。

二　设计两种评价手段

区域职初教师培训模式强调对教师参与培训的规范化管理和全过程记录，为了实现这样的目标，我们设计开发了《职初教师培训手册》，培训手册中明确了教师培训项目的实施方案和相关要求，也从培训记录、教学展示、读书活动、参观交流、学术论坛、所获荣誉等角度为教师记录参与培训的过程、感悟、收获等提供了专门的空间。同时我们对职初教师参与培训进行全过程的记录，设计了相应的评价量表，对关键信息进行及时地记录、修正，并以此作为判定职初教师培训成绩和给予其针对性帮扶的依据。两种评价手段的设计和使用是职初教师发展性培训开展的重要载体，也是再现和分析教师培训过程与成效的重要依据。

依托三大运行机制

区域职初教师培训模式在实践中主要依托三大运行机制：一是区域联动机制，由区域层面统筹青年教师培训，充分整合和利用培训资源，协调教育主管部门、学校、教育学院等各方力量，通过联席会议制度等及时讨论和解决培训过程中遇到的问题；第二，团队合作机制，强调个人发展与团队发展的结合，由职初教师根据项目研究需求组织团队，一方面通过团队力量集体攻关完成项目，另一方面通过项目研究实现教师集体成长；第三，跟踪帮扶机制，从项目的申报到实施，再到项目成果的取得，由师训处和科研处组织的专家团队对每一位职初教师进行跟踪式的全过程服务，确保教师项目的有效进行。

思考与展望

一 完善区域教育政策和制度

无论是着眼于区域支撑职初教师发展的教师培训模式创新，还是着眼于整个区域教师队伍的长远发展，都需要有完善的教育政策和制度进行外部的保障。应该说，在推进教育变革的过程中，我国各级政府和教育主管部门非常重视政策的制定和制度的完善，但是，根据我们的调查，依然有很多的教师感觉到在自己的专业发展过程中缺少足够的政策与制度保障，这充分说明我们当前的教育政策制定和制度的完善，没有很好地契合和满足教师的需要。因此，着眼于未来，要注重教育政策和制度制定范式的转型，从教师的现实需要出发推动政策和制度的完善，制定出台与教师职业待遇、教师专业成长、教师福利保障、教师权责划分、教师队伍优化管理、教师绩效评价等相关的制度，为职初教师的专业发展和教师队伍的长期建设提供保障。

二 唤醒职初教师个体专业自觉

当今时代最为重要的特征就是对人的生命的尊重,这种尊重落实到教师专业发展领域就是要求在设计教师专业发展策略的过程中充分考虑教师的现实需要,激发教师的内在发展动力,让教师成为自我发展的思考者、设计者和主要实施者。在这样的思路下,教师专业发展领域的研究也出现了很多新的突破,彰显了教师专业发展对教师本身的认可和尊重。这种突破主要体现在对教师专业发展研究思路的变革上,这样的变革集中体现在研究者越来越注重从微观的领域着眼于教师之间的差异和教师独特的生命成长需求开始教师专业发展的研究,不再把教师视作被动的发展者,而是视作主动的建构者,突出强调了教师专业发展的自发性、特殊性和差异性。应该指出的是,教师的专业成长本质上是教师的自我设计、自我选择、自我实施和自我达成过程,只有具备了高度的专业自觉,教师才能够真正将专业发展视作自己的生活方式和一生的追求,才能有效克服专业发展过程中的职业倦怠,才能自觉主动地参与教育变革,寻求突破教育困境的思路和方法,也只有如此,教师的专业发展才能够有持久的动力,任何外在的教师发展方式才能真正通过教师自我的主动建构实现消化、内化,最终展现为教师更加优质的专业素养和更完善的专业技能。

案例实践情况

该案例运用区域为上海市黄浦区,运用对象为 2016—2019 年期间入职的教师,约 1500 人。不同研究领域对"模式"有着不同的认识,在我们看来,所谓的模式就是一整套可复制的理论框架与实践体系。当代教育专业发展理论的变迁呼唤教师专业发展模式的不断创新,而区域支持职初教师专业成长行动研究最重要的实践贡献,或者说其所取得的最大成效就是建构了一套"区域整体谋划—研训

图 16 - 3　开展区域职初教师座谈会

专业支持—基地通力合作—教师自主发展”的新型教师培训模式,为职初教师专业发展提供了理念和路径保障。

案例开发档案

案例归属单位:上海市黄浦区教育学院

案例开发时间:2018 年—2020 年

案例开发团队:

姓　名	工　作　单　位	学科背景/职称	主　要　贡　献
冯　强	上海市黄浦区教育学院	数学/中学高级	区域职初教师培训整体设计

案例十七

差异化培训:"精准送教"帮扶民族乡村 "幼师脱贫"的实践探索

广西幼儿师范高等专科学校

主题类别：教师培训模式创新

关 键 词：差异化培训、"精准送教"、民族乡村、"幼师脱贫"

背景与问题

一　背景

2018 年 1 月中共中央国务院《关于全面深化新时代教师队伍建设改革的意见》作出"全面提高幼儿园教师质量,建设一支高素质善保教的教师队伍""创新幼儿园教师培训模式"等重要指示。同年 7 月广西出台相关实施意见,明确提出结合我区实际"建立幼儿园教师全员培训制度""重点加强乡村幼儿园教师的培训力度"等指导意见,对做好广西乡村幼教工作提出了新要求。

作为广西幼教培训的"龙头",我校勇担重任积极"应答",探索构建"差异化培训"模式,着力支持服务乡村幼教发展。在近五年实施的 136 项幼教培训中,送教指导覆盖广西 14 个地市 42 个贫困县,覆盖率 100%,其中贫困县占比 77.78%,惠及城乡幼儿园教师 14 344 名,其中乡村幼儿园教师 12 549 人,占比 87.5%,取得相关成果共计 25 项,为促进民族乡村幼儿园教师专业成长探索了新的培训模式,为培育良好环境支持农村学前教育发展提供了诸多有益经验。

二　问题

通过调研,我校对广西农村学前教育发展滞后的最薄弱因素——幼儿园教师科学保教能力低下、幼教质量不高、影响农村学前教育的良好生态等一系列问题进行思考研判，并深入究因、探索对策，着力解决最为突出的"三不足"和"三缺少"的问题：

一是，民族乡村幼儿园教师"真学习"不足，缺少学习机会和专业引领；二是，民族乡村幼儿园教师"真提高"不足，缺少跟进指导和成长陪伴；三是，民族乡村幼儿园教师"真自信"不足，缺少文化自信和发展内驱。

针对以上问题，研究团队开展了理论与实践结合的持续探索，通过近五年来更为深入研究，取得了显著成效。

问题解决思路

我校基于深耕乡村幼师培训的丰富经验，借鉴乡村振兴"打赢脱贫攻坚战""加强教育扶贫扶志"等指导思想，贯彻党的十九大以来国家提出"幼有所育"应加强"高素质善保教"幼儿教师队伍建设等重要精神，以"问题导向、明同异——精准送教、促真知——幼师脱贫、蓄后劲"为主要思路，以"广西学前教育帮扶工程""送教下乡"等一系列项目为依托，开展"差异化培训"，力求"精准送教"，通过"分层分类""菜单选学""领航＋续航"等策略，帮扶民族乡村幼儿园教师在原有基础上获得不同程度的自我成长及团队共进，使之科学保教能力由"赤贫"逐步"脱贫"，走向"小康"，有效纾解乡村幼儿园教师专业发展"三不足"和"三缺少"的问题。

问题解决的过程与方法、思路与策略主要体现在"探索阶段—形成阶段—深化阶段"三个阶段，各阶段有所侧重又相互嵌入。

1. 探索阶段（2012 年 1 月—2016 年 5 月）

基于问题导向，我们发现在常规培训中"同一化"的做法容易导致学员"无差别"参训，如学习同一课程、研修同一任务等，其结果是在一定程度上基本满足参训学员的一些需求，但未能有针对地满足参训学员的切实需求。尤其是乡村幼儿园教师的学情有其特殊性，主要如学历不同、素质不同、专业不同、背景不同等，

"同一化"培训可能导致"真学习"不足,即不论学员学历、知识背景、民族贫困地区实际情况,使用同一性的课程培训,导致学员听不懂、学不进、不适用。因此我们思考:如何从只重教师的同一性转向关注教师的差异化,从关注培训的增量到关注培训的提质,从忽略"假学习"到重视"真学习"等等。在这一阶段,我们加强对乡村幼儿园教师的学情分析及学习需求分析,明确其更迫切的需求,如学习幼教理论知识、掌握教学设计的思路策略、学习优秀教学示例、开发本土教育资源等。因而我们努力探索创建更适合乡村幼儿园教师的培训模式——"差异化培训",并通过"分层分类"设计培训方案,通过"菜单选学"提供多元服务,通过"领航+续航"助力持续发展等策略,为促进乡村幼师专业能力"真学习""真提高""真自信"奠定了坚实的基础。

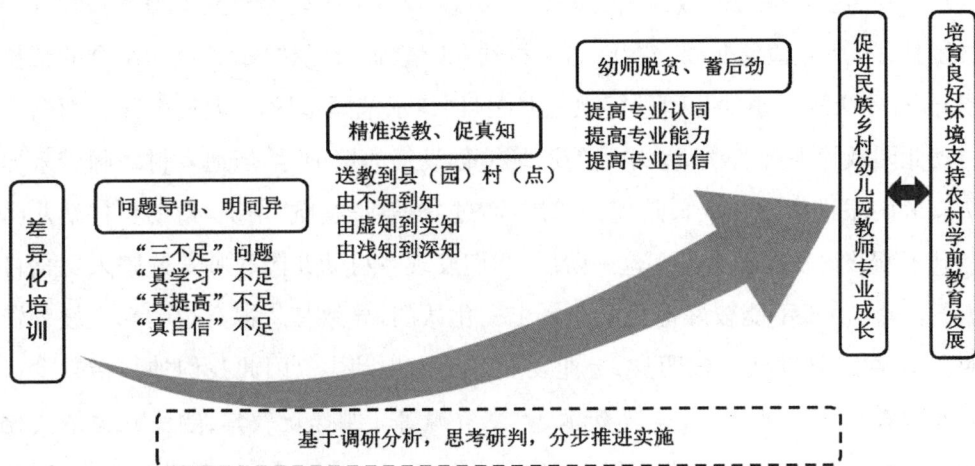

图 17-1 "差异化培训"行动路线

2. 形成阶段(2016 年 6 月—2018 年 12 月)

基于结果思维,我们力求本研究的产出是具体而有实效的。因此,不断思考研磨如何做好"差异化培训",对培训研发、培训实施、培训质量监控、培训成果推广等进行整体的部署和推进。这一阶段我校实施自治区、各地市统筹"国培计划"

项目以及教育厅专项等37个培训项目,培训幼儿园教师7419人,不断总结上一阶段的培训经验,进一步加强贫困地区乡村幼儿园教师的培训指导和服务管理,重点选取崇左市5个县(天等、宁明、龙州、大新、扶绥)为试点,结合实施"送教下乡"和"广西学前教育帮扶工程"项目,送教到园、到点、到人,力求精准施训。

主要做法有:一是,通过"扫盲式培训"帮助乡村幼儿园教师对幼教、儿童、儿童游戏、幼儿园环境创设以及五领域教育教学等方面增进了解,由不知到知。二是,通过"对标式培训"帮助乡村幼儿园教师对《幼儿园教师专业标准(试行)》的要求逐项研习与践行,结合实地指导,使之对幼儿教育的理论与实际有机联系由虚知、浅知到实知、深知。以崇左市天等县、宁明县2个县开展8天的分阶段精准送教下乡为例,通过现场诊断示范——研课磨课——成果展示——总结提升,使当地近250名乡村幼儿园教师大受裨益。实施"广西学前教育帮扶工程"送教30个贫困县、60所乡镇幼儿园、4 500名乡村幼儿园教师,开展"1+4"点面结合的帮扶指导,即1天到乡镇幼儿园进行规范办园,创建示范园指导,4天集中开展面向乡村幼儿园教师进行五领域教学、游戏、环境创设等的培训,给当地乡村幼师带来切实有效的跟进指导和成长陪伴。三是,通过"领航+续航"培训,帮助乡村幼儿园教师不断获得发展动力。在这一阶段,我们发现乡村幼儿园教师普遍陷入文化自卑的困境,由于不能较好地建立起乡土文化认同,导致其忽视身边的乡土教育资源,"等靠要"被动状况较明显,专业发展缺少内生动力。因此我们加强指导乡村幼儿园教师开发利用乡土自然资源、人文资源等。制作玩教具、融民族民俗文化于幼儿园教育过程中,帮助其树立文化自信,获得内生动力,从而树立专业自觉。"扶上马送一程"支持服务乡村幼师专业成长,推进民族地区幼师培训,为乡村幼教师资水平"真提高"提供持续助推力。

3. 深化阶段(2019年1月至今)

基于品质思维,我们对乡村幼儿园教师专业能力提升的培训指导进行深入研究,努力加强创新、极致、服务和共赢的思考和行动。这一阶段侧重做好经验梳理总结,凝练典型案例,以研究成果促培训品质。其中典型案例《分层分类访名园,学员为本促发展》《"7+3"菜单选学精准培训创新模式实践》先后获评为 2018 年、2019 年广西"国培计划"和"区培计划"优秀案例,《乡村幼儿教师"三阶五步四方"专业成长支持体系研究与创新实践》《贫困地区学前处境不利儿童非正规教育实践研究》分别荣获 2019 年广西基础教育自治区级教学成果特等奖、一等奖。

探索、形成和深入研究"差异化培训"模式的过程,是多方协作共进的过程,也是促进乡村幼师科学保教能力提高的过程,更是助力其幼教专业领域脱贫、为其扶智立志的过程,为提高民族地区乡村幼教质量作出了显著的贡献。

经验与创新

问题解决过程中的创新经验与成就主要表现在以下三方面:

1. 理实结合以"适"为"新"

借鉴理论指导实践,以适宜的理论支撑开展适切的培训。将差异化教学理论、选择性教育理论、人本主义教育理论等借鉴运用于乡村幼儿园教师培训指导服务的实践研究,采用"问题导向、明同异——精准送教、促真知——幼师脱贫、蓄后劲"工作路径,创建"差异化培训"模式及"分层分类""菜单选学""领航+续航"指导策略,切实促进"学深悟透践于行"。

2. 成果应用因"惠"而"欣"

差异化培训服务民族乡村幼师,亦惠及广大幼师群体。近五年对广西 5 个少数民族自治县且是国家级贫困县进行培训,分别是环江毛南族自治县、富川瑶族自治县、融水苗族自治县、三江侗族自治县、金秀瑶族自治县,共 750 人。此外,我校不断总结差异化培训经验,调整课程设置,将"分层分类""7+3"菜单选学等策略不仅用于民族地区、贫困地区幼教培训,还拓展应用于区内外各类培训班。如近三年开办的南宁市 17 个培训班、崇左市县 8 个培训班,培训对象从乡村幼儿园教师到市级幼儿园骨干教师全覆盖,培训人数共6 059人,同时进一步将我校在广西幼教的引领优势发挥,辐射区外培训,开办重庆培训班、镇江培训班等,成效显著,惠及更广泛群体,推动广西城乡及周边地区幼师专业化队伍建设呈现欣喜的局面。

3. 效益深远由"质"立"信"

我校实施民族乡村幼儿园教师培训,不仅是数量的增加,更重质量建设;不仅是完成任务,更重赋能过程;不仅是专业提升,更重自信建立。在党的十九大报告中,强调建设教育强国是中华民族伟大复兴的基础工程,要求全面贯彻党的教育方针,落实立德树人根本任务,发展素质教育,推进教育公平,培养德智体美劳全面发展的社会主义建设者和接班人。在乡村振兴战略中提到,要优先发展农村教育事业。对乡村来说,教育既承载着传播知识、塑造文明乡风的功能,更为乡村建设提供了人才支撑,在乡村振兴中具有不可替代的基础性作用。差异化培训,精准送教将传统民俗活动融入幼儿园生活和课程,拓展农村教育资源,提升乡村幼儿教师对本土文化资源的价值挖掘和运用能力,增强儿童对民族文化的传承、理解和认同,有利于乡村民族地区幼儿园建构具有本民族、本地区文化特色的课程。有利于民族乡村地区差异化培训,帮助乡村幼儿园教师树立文化自信、专业自信,符合国家乡村振兴战略实施精神,推动民族乡村振兴发展。

思考与展望

我校在探索"差异化培训"模式及其实施推进的过程中,成效是显著的,但仍有一些困惑亟待进一步深入思考和改进。主要存在的问题与未来设想如下:

(一)民族乡村幼师分类分层培训的设计与实施有待进一步加强

教师专业发展的阶段性和学情多样性,预示分层分类培训是今后施训的趋势之一,我校时刻关注分层分类培训在项目设计和实施中的效果。包括如何开发更符合教师专业成长的培训课程。如何建构与优化分层分类培训体系。如何建设满足分层分类培训需要的培训课程和研修基地。培训应如何加强为幼儿教师专业成长提供可持续性支持等,这些有待进一步探索。

分层分类培训项目设计有理论支撑,有实际需要,也有一定的理想化。我校在实施分层分类培训中遇到各种各样的问题,尤其在课程设置中既要综合考虑全体学员的共同需求,又要顾及不同层次学员的个性需求,就涉及培训课程的"合"与"分"。一方面,要研究课程的"合"要讲什么,课程的"分"要列选什么;另一方面,我们是否真正抓住了学员的共同需求,是否拎准了各层各类学员的个性需求。实践中我们更多地能够做到的是新手教师和骨干教师的个性需求,但城市与乡村的地域差异是否会影响新手教师和骨干教师的个性需求,影响的程度有多大,是值得我们深入思考和研究的。

(二)民族乡村幼师专业发展的共性规划与适性指导有待进一步加强

在加强《幼儿园教师专业标准(试行)》等"国策""国标"的研究与落实、促进民族乡村幼师专业发展的基本提升作共性规划的同时,还应重视民族乡村幼师特有的需求、成长规律及发展期待等,从而加强研究适性指导策略。如我校在国培项目中创新实践"7+3"菜单选学精准培训模式,取得了一定的成效和突破,收获了学员和专家的赞誉和期待。同时也引发了一些思考:一是菜单怎样更精准聚焦学员成长;二是学员怎样提高对菜单的主观能动性;三是如何提升菜单选学的管理成效等问题。这些更促进我们认真梳理、反思多年来培训项目的设计、实施和管理等,更需要加强深入调研,尽可能将学员、专家及当地教育行政部门的实际相结合,设计更精细的课程内容,不断完善机制、有效开展、扎实推进,从而进一步发挥我校幼儿教师培训中心的示范引领作用,助力广西幼教事业蓬勃发展,为全国同类地区幼教培训提供广西智慧。

案例实践情况

主要应用区域：

广西环江毛南族自治县、富川瑶族自治县、融水苗族自治县、三江侗族自治县及金秀瑶族自治县/广西学前教育帮扶工程(2016 年—2020 年)

广西天等县、龙州县、大新县、宁明县/2019 年"国培计划"崇左市级统筹项目送教下乡培训—乡村幼儿园教师保教能力提升培训

辐射应用区域：

广西北海市、桂林市、扶绥县/北海市——乡村教师访名园项目、2018 年崇左市"国培计划"幼师国培乡村教师访名校、崇左市 2018 年国培——扶绥县幼儿园教师送教下乡培训

案例开发档案

案例归属单位：广西幼儿师范高等专科学校

案例开发时间：2012 年—2020 年

案例开发团队：

姓 名	工 作 单 位	学科背景/职称	主 要 贡 献
杨 彦	广西幼儿师范高等专科学校	学前教育/教授	负责项目研制、专业统筹、组织总结凝练成果
蒙志勇	广西幼儿师范高等专科学校	思想政治/讲师	负责项目管理、行政统筹、组织宣传应用成果
覃小珊	广西幼儿师范高等专科学校	教育经济与管理/讲师	进行项目实施、资料收集、案例整理等

姓　名	工　作　单　位	学科背景/职称	主　要　贡　献
卢秀进	广西幼儿师范高等专科学校	学前教育/助讲	进行项目实施、资料收集、案例整理等
林小佩	广西幼儿师范高等专科学校	学前教育/讲师	进行项目实施、资料收集、案例整理等
刘晓燕	广西幼儿师范高等专科学校	学前教育/讲师	进行项目实施、资料收集、案例整理等
唐翊宣	广西幼儿师范高等专科学校	学前教育/副教授	为项目开展进行审议、提供专业支持等
李艳荣	广西幼儿师范高等专科学校	教师培训理论与实践/教授	为项目开展进行专业研判、全程督导等

案例十八

益心成长——医教结合推进普陀区
中小学教师心理健康教育能力提升项目

上海市普陀区教育学院

主题类别：教师培训体系创新

关　键　词：中小学教师培训、心理健康教
育能力

背景与问题

一　政策要求

习近平总书记在全国教育大会上明确要求,要把"培养德智体美劳全面发展的社会主义建设者和接班人"作为教育的首要任务,其中特别强调要树立健康第一的教育理念,着力培养学生的健全人格。心理健康是身心健康的重要内容,是立德树人的必然要求。抓好心理健康教育,直接关系到中小学生健全人格的培养,对学生学习成绩、道德养成、人际交往、社会融入等都有直接而深远的影响。要站在贯彻党的教育方针、落实立德树人根本任务、促进社会和谐稳定的高度,将心理健康教育作为一项基础性、战略性工作,纳入整个育人工作统筹谋划,关注每一名学生心理状况,帮助学生养成健全的人格。中小学校必须发挥全体教师的育人作用,为中小学生心理健康教育提供有力的人员保障。

《上海市中小学教师专业(专项)能力提升计划》(沪教委人〔2017〕23 号)的通知对全体中小学教师的心理辅导能力提出了要求,即"能遵循心理健康教育的规律,具有把适合学生特点的心理健康教育内容渗透到日常教育教学活动中的能力,了解学生心理适应不良的表现和性质,并掌握心理辅导的基本方法和技巧"。

《关于"十三五"期间加强中小学心理健康教育教师队伍建设的实施意见》(沪教委德〔2017〕12 号)指出中小学心理健康教育教师队伍建设的主要任务是配齐建

强中小学心理健康教育教师队伍,形成由政府主导、社会参与、市区校三级联动的中小学心理健康教育教师队伍的继续教育体系,全面促进中小学心理健康教育教师的成长。其中优化教育培训尤为重要,市、区两级教育行政部门要在中小学校长、班主任和其他学科教师等各类培训中增加心理健康教育的培训内容,切实提高全体教师的心理健康水平及开展心理健康教育的意识和能力。

《健康中国行动——儿童青少年心理健康行动方案(2019—2022 年)》具体行动之一"心理健康服务能力提升行动"要求各地教育部门要将心理健康教育内容纳入"国培计划"和地方各级教师培训计划,加强各级各类学校教师相关心理健康知识培训。中小学结合家长会等活动,每年对学生家长开展至少一次心理健康知识培训,提高家长预防、识别子女心理行为问题的能力。卫生健康部门要加大精神科医师培养培训力度,探索开展儿童青少年精神病学专科医师培训。

二 现实问题

1. 儿童青少年的疾病谱发生了明显变化

曾经常见的儿童青少年传染性疾病发病率显著下降,但伴随着社会工业化、都市化进程的推进,以及家庭结构、父母对子女教育方式等的改变,儿童青少年的心理压力日益加重,精神疾病发病率逐渐升高。我国多项地区性的儿童青少年精神疾病流行病学调查发现,中国儿童青少年精神疾病患病率约为 12.8%—16.2%。家庭学校社会往往更容易注意到儿童青少年的躯体疾病,而忽视儿童青少年的精神问题。

2. 儿童青少年各类精神疾病发病数值让人警醒

抑郁、焦虑、孤独症谱系,品行、精神分裂障碍都是目前常见的儿童青少年精神疾病。儿童青少年处于生理和心理发生巨大变化的阶段,易暴露于一系列危险因素之下,具体的发病数据如下：① 研究发现,超过24％的儿童青少年在18岁前曾有过符合临床诊断标准的抑郁症状,儿童青少年确诊为抑郁障碍患病率集中在1.2％—3.1％左右。② 焦虑障碍也是儿童常见的情绪障碍之一,我国部分地区5—17岁中小学生焦虑障碍总体患病率为3.63％,有24.4％—37％的儿童青少年发生过焦虑症状,且女童的发生率高于男童。③ 儿童注意缺陷多动障碍（ADHD）俗称多动症,总体患病率为5.7％,男童总发病率为7.5％,女童总发病率为3.4％。另外孤独症谱系障碍、双相情感障碍、进食障碍、酒精滥用、药物成瘾等在儿童青少年中的发病率也呈逐渐升高的趋势。电子产品（网络）依赖或过度使用、学习困难、睡眠障碍等在儿童青少年中的发病率也逐渐增加。

3. 学校心理健康教育需求急剧增大

首先,特殊学生病后需要辅导跟进。儿童青少年患病后仍要接受学校教育,学业任务、同伴比照都会是持续的压力源,患病学生对压力的感知要比常态学生敏感和强烈。因而每一个患病学生对学校来说是现实难题和挑战。另外,面向全员的发展性心理健康教育资源不足。目前,主要依靠心理教师通过心理健康教育课和活动完成,但1名心理教师无法满足全体学生心理健康发展的需要。

4. 学校教师对心理精神疾病的识别与应对能力欠缺

目前通过心理健康排摸调查中发现学生各类精神疾病患病人数的数字在增多,但中小学教师对于上述较为常见学生心理疾病与问题还比较生疏,了解、识别和应对能力更存在很大不足,心理教师对于危机事件的把控和跟踪辅导能力也不足。从教师日常就学生心理问题的发现与处理的反馈中也大量表明这方面的欠缺与需求,学生心理问题高发越来越显现,危机事件的发生也呈现上升状态,对每位每天和学生相处的一线教师是莫大的挑战。在学校实际工作中已对心理精神疾患学生投入了大量的人财物力,但对学生的康复帮助不显著,因此在基本人财物保障投入外,急需让在校教职工储备更多的专业知识、磨练更好的临时应变能力。

5. 教育系统内心理健康教育培训跟进乏力

师范专业和教师资格证考试对学生特殊心理问题的识别、辅导和干预的内容设置不够,教育系统内对中小学教师此类专题培训资源较为缺乏,培训形式相对陈旧,与教师专业发展需求和现实问题解决能力提升的需要存在很大的差距。

问题解决思路

针对全体中小学教师人数多、专业背景各异、对学生心理问题的认识和解决水平有差异的现实状况,要加强和提升全体教师心理健康教育与辅导能力,需采取点线面兼顾、聚合多方资源分对象、专注精准定位有序列的专题培训布局。

一　心理健康教育队伍点线面分层培训探索

"面"是指面向全体教师,通过与局人事科和院培训中心密切合作,依据上海市教育委员会关于印发《上海市中小学教师专业(专项)能力提升计划》的通知,中心制订《普陀区中小学教师心理辅导能力专项培训实施方案》以促进全体教师心理辅导能力的提升,并于 2018 年实施。

"线"是指面向心理工作一线教师。首先,加强心理见习教师规培力度。带教指导教师为见习教师提供个别化指导,从入职阶段人员起就踏准专业发展步伐。其次,加强职初教师培养,通过带教、随堂听课、专业督导等方式加强对职初教师的专业引导。如高级指导教师带教入职时间在 3 年内的青年心理教师,以成熟教师带职初教师快速入门心理健康教育领域,区心理中心为指导教师及其学员提供区级展示平台,从初始阶段逐渐推动心理骨干梯队的形成和成长;最后,是加强对面上所有教师培养、培育平台的搭建,通过心理学科教研课程、心理活动课评比、

"馨苑讲坛"等方式加大培训和支持的力度。

"点"是指心理骨干教师的专业发展。通过与区教师专业发展指导团队管理办公室合作,在普陀区教育系统教师专业发展指导团队(2016.9—2018.6)工作中坚持心理学科教师发展序列的推进。2018年新一轮区骨干教师团队建设中,确保区心理学科带头人工作室、区心理高级指导教师、学科能手序列的建立。同时选拔一批在课堂教学、个案辅导或课题研究等方面有所特长的教师作为重点培养对象,参与课题研究、课程研发,为他们提供更多市区学习和展示的机会与平台。

点线面分层培养的推进已初步显现成效,区内心理教师的课堂教学、科研意识和能力都在不断提高,部分教师在市级课程大赛、市级危机案例报告撰写、团体辅导案例等比赛和项目中脱颖而出,区域教师整体的业务水平和职称水平在不断提升中。近年来几乎每年都有一人获评心理高级教师职称,心理教师队伍的成熟度不断提高。

二　聚合多方资源,统筹推动队伍培训培养的尝试

首先是在区域"十三五"教师培训与干部培训方案中纳入对全体教师"心理辅导能力"的培训,对标《上海市中小学教师专业能力提升计划》要求,落实区级培训侧重点,制订了《普陀区中小学教师心理辅导能力专项培训实施方案》。在"实施方案"中明确培训目标为建立健全区域中小学教师心理辅导能力培训体系和培训制度,整体提升中小学教师的心理健康教育工作意识和心理健康知识的储备水平,在日常教育教学工作中自觉运用心理健康教育的知识理论和策略方法,注重学生良好心理素质的养成,不断提高自身的心育能力;区分培训对象主要为三类,即各学科教师、班主任、心理健康教育专兼职教师;聚焦培训内容为三层,即了解学生身心发展的规律和特点及心理健康教育的规律、培养学生积极心理品质,认识心理异常现象、注重预防和解决发展过程中的心理行为问题,调动学生的主体

性、引导学生积极主动关注自身心理健康,培养学生自主自助维护自身心理健康的意识和能力;扩展培训形式;依规纳入市区级培训考核。其次是在每一轮的区域教育系统教师专业发展指导团队工作中,将心理健康教育定为单列学科,享有完整的学科发展序列,铺就心理健康教育教师专业发展的台阶,明晰和稳固心理健康教育教师发展的趋势,形成以老带新,以优扶弱,共同进步的学科队伍发展基调。第三是在见习教师规范化培训中纳入学校心理健康教育工作的通识培训。因广义的学校心理健康教育的对象包括教师,所以培训专题中有教师自身心理调适能力的部分。除此之外占比更大的是作为一线教师如何做好学生心理健康维护与促进工作的专题,近年来这个专题的比重在见习教师规范化培训整体设置中的比重逐渐增多,具体内容也从心理健康教育面上知识的传授向教育教学工作中实际可遇的学生心理问题应对操作上深入。

| 三 | 心理健康教育队伍专业支持与规范管理的协同推进 |

管理上建立起区域心理健康教育专兼职队伍常态督查制度:每学期伊始通知学校,由学校明确本校心理健康教育专兼职教师,并布置其填报“心理教师基本情况调查表”,调查表对教师本学期的持证情况、专兼职岗位安排、周课时量、职称及职称晋升意向等基础信息采录基本数据。加强学科专业发展团队的管理:督促团队负责人带领团队成员的日常研讨活动、中期交流展示活动、年终总结汇报工作,关注团队经验的提炼与辐射,扩大专业发展团队的效益产出。严格教研考勤制度:在心理教师专职化趋向下,心理教师参加教研活动的权利与义务更为明确,确保教研活动的出席率既是心理健康教育达标校的指标要求更是心理教师保质做好日常心理健康教育工作的基础保障。专业指导上首先是学科教研课程开发与实施上的发力。心理健康教育专兼职教师依据中小学教师继续教育管理办法的规定,必须完成本学科的学科教研学分的修学,区域专业指导部门根据学科工作

的实际与变化,针对教师遇到的问题与困难开发设置了多门学科教研课程。如《心理活动课设计与实施》聚焦心理健康教育教师对课堂主阵地把控能力的提高,在确保普及心理健康基本知识的前提下,带动教师们充分认识和领会中小学心理课"活动作为外显形式,辅导作为本质内核"的课堂应该是怎样的,引导教师让自己成为课堂教学鲜活的一部分以配合自己所作的教学设计,从而在课堂上自然地释放出心灵电波,进而触动学生主动地关心自我的心理成长需求与困扰,学会自助也学会求助。其次是"馨苑讲坛"推进上的发力。"馨苑讲坛"不同于学科教研课程,这是一个引入外部专家资源和热点研究内容的平台。从最开始的单个话题的单次讲授到目前着重一个主题的长程多次讲授配合现实案例剖析互动,更直观地帮助教师打开辅导工作的视野,获得更为直接的辅导工作策略。举例来说,中小学生作为未成年人在解决其心理困扰及疾病的过程中无法回避家庭的存在和作用或者说必须改变家庭这一要素才有可能更快地明晰问题的本源,更有效更长效地解决当事学生的心理困扰。基于这一考量,讲坛引入了《家庭治疗技术在中小学个案辅导中的应用》主题学习,投入整个学年的时间聘请专家定期开讲,从基本理论讲授到技术模拟练习再到进行中案例的实例督导,教师们的理论功底得到充实,个案处置能力得到提升。

四　着眼队伍长远优质发展的思考

为实现队伍的长期稳步发展,需要设定贴合队伍实际发展需求又高于现在发展状态的定位。目前普陀区在心理健康教育工作基本队伍有保障的情况下,专注于提高队伍成员的反思力和研究力,进而激发每一个个体的内驱力,以此促进整体队伍高质长效的发展与壮大。

第一,提高队伍专业反思力。在学校心理健康教育基础工作之外,普陀区一直在探索和实践以项目为载体的工作发展路径,用每一个项目的推进来聚拢一批批队伍成员。周末公益咨询服务项目是纵观全年的项目,通过开放招募,让一批有志于接待心理辅导个案的心理健康教育专兼职教师加入到项目中来,在为来访学生提供辅导服务的同时,项目也为其提供随时的同伴督导和定期的专家督导,这批心理教师的专业反思力在一次次督导中被唤醒,被激发。医教结合项目也是一个长期的工作项目,与医疗系统联手制度化地举办儿童青少年讲师团选拔比赛、常见儿童青少年心理问题的宣讲微课比赛、精神卫生日宣传活动等,这些比赛活动都吸引了教师们的积极投入,因为需要跨界知识的融入,所以每次的参与都让老师们反思自己原有的认识,然后自发寻找新的知识补充,自觉更新调整认识和做法。参加项目的老师们都收获到了不断自我突破的喜悦。

图 18-1　普陀区儿童青少年心理健康教育微课选拔比赛颁奖

第二,提升队伍创新研究力。普陀区近年来申报并完成多个市级心理健康教育课题,也有区级立项的重点课题在研究进展中。区本人格课程《成长的力量》作为区级重点课题在团队分工合作之下形成了三个学段三套学生学习读本和教师教学参考,参与编写的老师们都经过了不少于十轮的大修小改,在经受磨砺的同时,研究的思维逐渐形成并激活,创新的想法也不断地被融入所开发的课程资源内。这个过程让老师们真切地意识到自己可以用研究的思路和方法来应对学生不断变化的心理问题和需求,以最佳的策略和方法贴近学生心理发展的需求。

图 18-2 普陀区心理健康教育学习资源

图 18-3　普陀区心理健康教育学习资源交流研讨活动

| 五 | 医教联合的心理教师专业提升实践 |

通过精神医学和心理教育的深度连接与合作,建立起价值统一、目标一致的发展共同体,在全面提升中小学教师的心育意识和能力的同时,也促进家庭社会对学生心理健康问题更多的重视。具体来说:

第一,建立医教结合工作机制,促进医教双方的常态化合作。医教牵手、找准定位,切实增强儿童青少年心理健康促进的责任感。转变教育观念。儿童青少年的心理问题要从小抓起,教育方式也要有所调整,从"早期教育"转变成"早期关注",从"学校单向教育"转变成"家—校—社多向教育"。未来,从卫生部门层面要注重培养更多的儿童精神科医生、心理医生,开展科普教育和疾病筛查,以帮助广大的患儿和家庭,促进社会和谐发展。区精神卫生中心和区教育学院在儿童青少年心理健康促进方面达成高度共识,结合当前工作需求,作为发展的靶点,汇聚智慧,做精做细,避免虚、空。医教联盟、突出重点,扎实推进儿童青少年心理健康促进的有序开展。预防胜于治疗。建立高危学生人群心理问题预警,在"医教结合""校社合作"开展学生心理健康服务,未成年人和重点学生心理干预能力,医疗机构特色心理健康服务等方面寻找拓展创新的空间。不断充实并整合医教领域儿童青少年心理健康服务人员、专业社会工作者和志愿者等心理健康服务力量,凝聚优势特色,提高服务可及性。医教融合、勇于实践,形成区儿童青少年心理健康促进长效工作模式。完善工作机制,强化师资培养。充分利用现有的工作基础和资源优势,争取做到扩展服务内涵、拉长服务周期、提升服务质量。双方进一步加大合作力度,制定医教共建工作方案,明确工作目标,建立和完善相关工作制度、规范和标准,有序推进落实,形成常态长效的工作新模式。

第二,实施医教结合的培训项目,通过"心理健康大讲堂""个案坐诊式互动学习""精卫中心跟岗实习项目""名医团辅式督导""中小学心理健康教育服务讲师团"项目为骨干心理教师搭建平台,提升专业能力。"心理健康大讲堂"为家长、医生、教师提供通识性和专业性并重的心理健康卫生教育的培训,近5年来已开展39讲,听众超过3 000人次;"个案坐诊式互动学习"是通过医生定期坐诊,让心理教师、骨干班主任直接参与坐诊,既是问诊对象,也是治疗助手,在一个个案例中锻炼和积累识别与应对处理的经验。"精卫中心跟岗实习项目"自2015年7月起试行,心理教师赴市精神卫生中心儿童青少年特需门诊跟岗学习,由精神卫生中心儿少科主任医生到岗带教,每位学员用两个半天的时间全程观摩50多个门诊个案咨询病例的看诊过程,体验医学心理治疗的特殊视角和技巧。心理精神科医师的专业知识与技能,对来访者病源的敏锐洞察和反应能力,让受训教师备受启发;2017年起跟岗实践项目进一步深化,时间从2—3个半天延长到5个全天;跟岗内容拓展,从门诊观察到病房会诊,涵盖普通门诊和特需门诊,实地观摩医生对每一个患者及家庭的临床诊治,让儿少科专家手把手指导心理教师掌握应对常见青少年心理障碍的诊疗技巧。"名医团辅式督导"缘起自区心理中心对志愿者队伍接案和处理个案的专业支持和督导,逐步固定为"相约馨苑 会心成长"心理健康教育工作个案督导支持培训项目,促进心理教师和骨干班主任的心理辅导能力的快速提升。"中小学心理健康教育服务讲师团"定期组织比赛交流,医生教师同台对话,提升教师心理健康教育的宣传意识和宣讲能力。

第三,开发心理健康教育资源,与区精卫中心合作,选定教师心理健康教育能力提升的若干专题,进行微课设计与录制,帮助教师掌握学生具体心理问题的基本观察识别要点,并能在教育教学工作中掌握简单的应对技巧。目前已完成中小学生抑郁障碍、精神分裂症、注意缺陷多动障碍三个专题九堂微课的制作,时长共计150余分钟。

图 18-4 普陀区教师心理辅导能力提升项目之区本开发课程被"学习强国"收录

经验与创新

案例在实践中不断修正、不断丰富、不断完善,对培训格局有突破有新建,结合心理健康教育尤其是心理辅导特殊案例的实际促进着培训形式的多样化,培训效应也因为培训有效性的不断提升转而衍生辐射到更为广泛的社群之中。

一 培训格局创新

通过医教结合,打破了教育培训内运转的格局,引入医生资源、医疗资源和各类社会资源,实现教育培训的多边互动。自 2014 年与区精卫中心建立合作共建关系,2015 年与市精卫中心建立起项目合作以来,不仅将卫生系统的医生资源引入,更通过医学专家联系到高校教授、社工等各类专业人士,参与普陀区教师心理健康教育培训项目。以"心理健康大讲堂"来说,2016 年以来的 39 讲,讲者有医生、高校教授、社会工作者、著作译者等,多元的视角和各自鲜活的经验让受训者打开了更广阔的认识空间,引导她们思考自己已有的专业知识和经验,重构更为适用的心理辅导知识体系,锻炼更适用的心理辅导技能。

二　培训形式创新

1. 实战观摩

教师赴"精卫中心跟岗实习项目",将骨干心理教师的培训地点从学校转向医院,教师跟随精神卫生中心儿少科的医生,观察门诊和巡查病房,使心理教师直接面对各类重度心理问题学生,在观察和记录医生问诊的实战过程中学习,了解不同心理问题类型的主要症状、问诊技巧、判断依据,大幅度提高了识别、早期干预和转介的能力。

2. 团辅式督导

心理老师在重性心理问题学生的辅导工作中,经常遇到专业知识与能力的局限,急需专业支持。我们每月邀请市精卫中心的名医对区骨干心理教师进行"名医团辅式督导",对困扰老师的问题个案进行专业督导,要求所有心理骨干老师参与督导,聚焦问题个案进行深度解剖,从成因、辅导方式、学校和家庭心理环境支持以及医生介入的可能性诊断进行逐一分析,现场为问题个案教师把脉、解惑的同时,更提高了全体骨干教师对同类问题的应对和辅导技能。

3. 浸入式实训

2019 年起,我们开展了医生进入中心的志愿者坐诊,让心理教师、骨干班主任直接参与坐诊,既是问诊对象也是治疗助手,使问诊过程称为浸入式的实训。"医院个案坐诊式互动学习"不仅解决了由于病耻感而不愿去医院的家庭治疗问题，更让教师在被问诊和参与问诊的过程中，体会识别问题的关键指标和询问技巧。在案例中锻炼和积累识别与应对处理的经验，变革了传统授课式培训形式，大幅度提高了培训的实操性。

4. 线上再培训

以防疫居家期间的在线培训为例，因疫情、生活、学习方式的改变带来多重压力，心理问题愈加突出，学生非常需要心理老师和心理志愿者的帮助，教师们也在采用语音咨询、视频咨询和留言咨询等多种形式做"线上心理咨询"。线上咨询带来与平时辅导室面对面咨询不一样的问题，即时的培训对于遇到问题急需解答的老师们十分必要且有益。我们突破传统培训耗时长、问题聚焦性弱的瓶颈，通过邀请著名医学和心理专家针对"线上心理咨询的伦理问题和咨询问题"做专题培训来及时解答并给予教师有效且专业的支持，使得培训形式更加灵活多变，培训的时效性和实效性更为显现。

三　培训效应延展

"中小学心理健康教育服务讲师团""心理健康教育微课"等医教结合项目实施，开发受益对象不仅是老师，而且拓展到了社区家庭，不仅提高了教师的能力，也使培训成果向社会辐射。

1. 回馈教育与卫生系统

"心理健康教育微课"开发，由专业医生和教师共同确定主题，将心理健康常识或常见话题进行梳理，通过各类媒体平台推送，供受众自行学习取用，在受众的反馈下，不断打磨精品专题课，学习对象覆盖教师和医生。

2. 服务社区和家庭

"中小学心理健康教育服务讲师团"选拔了优秀的医生和教师志愿者，向学校社区提供讲座菜单,并根据学校社区的实际需求定制菜谱,深入学校社区讲好每一场科普讲座,为学生、家长、教师等听众答疑解惑,极大地推动了区域青少年健康促进项目,也在选拔、宣讲的过程中培训了心理骨干团队。

思考与展望

提升全体中小学教师育心能力需要持续的投入,除了教师入职后的专题序列培训,可能要调整和加强师范专业学生在校学习期间心理教育类课程的学习内容和实操锻炼。

教师入职后,无论是班主任还是一般任课老师在见习期都应增加特殊心理问题学生识别与应对的培训和实操训练,每学年全体教师必需完成育心能力的专项研修,培训的专题除总体序列设计外,也要收集增补一线的现实突出问题。具体考虑从以下几个方面着手:

1. 医教结合的培训平台开发。继续与卫生系统合作,加强加深儿童青少年心理发展、儿童青少年常见心理问题等的通识类课程,汇整各方成熟好评的课程资源,分学段、分问题地进行梳理,借助各类网络学习平台推送,供教师随学随用,打破学习平台的局限。

2. 医教联手形成区域心理健康教育服务的资源库,开发更多中小学生常见心理疾病或心理问题识别和应对的专题课程,形成培训内容的专题序列。目前拟就儿童青少年焦虑障碍及其不同表现型、ADHD共病品行问题、电子产品使用过度等专题开发教师研学课程。

3. 网络课程和线下课程开发的同步化探索与实践。借助课程开发的过程,让参与研发工作的教师获得实操锻炼,在网络课程开发和设计上进行了有益探索。研发教师队伍可以成长为模拟实操督导师,为更多教师解决实际所面临的紧迫的学生心理问题提供持续的专业跟进与支持。

4. 案例模拟演练式学习方式探索。与医生合作,累积案例,探索案例模拟演练式学习,将典型性学生案例的发现、纵向的变化,持续的干预跟进,撰写成范例,并且形成一类多解的范例库,供一般教师学习,供心理教师参考实施。

案例实践情况

本案例实践应用秉持针对性强、灵活性足、常规性实的原则,应用于普陀区中小学教师培训、普陀国家级继续医学教育项目,应用人数超过 5 000 人。应用方式及成效综述如下:

首先,拓展时空的专题研修学习注重针对和契合工作实际,看重教师个人专业发展的灵活性,研学成效令人欣喜。"精卫中心跟岗实习项目"安排心理教师利用假期时间集中进入精卫中心门诊和病房学习,通过跟诊、与住院患儿接触互动,增强专业辅导能力。从跟岗老师的反馈可见,有老师以"换种方式来学习"为题来表达她的收获:"一见面,徐医生教会我使用医院诊疗系统,并让我坐在身边替她做病情记录。我不仅可以通过诊疗系统看到每位病患之前的就医史、用药史,更能够将病患及其家人的诉说和用自己双眼观察到的病患表现记录在案。徐医生会在与病人沟通过程中给我向病人提问的机会,也会在看完每个病患后为我介绍其病情,分析预后可能,使我对每个个案有更深层次的认识。"也有老师更深地思考"在我们的学生中,真正患有重性精神疾病并需要服药或住院治疗的只是相当少的一部分,而更多的情况会是这样:有的学生已经出现了相关的症状,但是父母不愿意配合治疗,甚至否认学生的问题;有些学生有轻度的情绪障碍,但或许还没有到需要服药或住院的程度;又或者有些学生在经过了精神科的治疗之后,又继续回到学校学习,等等。那么,对于这样的学生,作为一名心理辅导老师,我们可能要面对的就是一个长期的陪伴过程,如何才能够更好地帮助他们,或许是我们需要在今后的日子里不断学习的"。目前已让 30 余位心理教师对学生疑难杂症的处置有了更多的理解和准备,并能与医疗系统更好地配合,做好学生在校的心理辅导与支持。因此而受益的学生超过 300 余人。"名医团辅式督导"由市儿童青少年精神卫生专家每月对心理教师、班主任、特别个案学生及家庭进行团辅式指导和督导。目前有 150 个个案接受了督导,团辅式督导的受益教师群体更多于千余人次。"个案坐诊式互动学习"由精卫中心医生坐诊区中小学心理健康教育中心对个案学生及家庭进行一对一的预诊,个案相关教师也可获得与医生互动式深入的学习,积累对病例的心理关照与辅导经验。

其次,专项师训课程则属于确保常规性、基础性,坚持延续应用的范畴,成效扎实显见。校本研修心理专题培训。校本研修中结合《上海市教育委员会关于开展新一轮上海市中小学心理健康教育达标校和示范校评估工作的通知》(沪教委德〔2017〕37 号)评估指标中关于"每学期定期对班主任、全体教师开设心理健康教育专题讲座等宣传活动"的要求,确定围绕学生心理辅导的话题组织专题性互动式培训。区"馨苑讲坛"提供专题与专家资源。区内 50 余所学校都自行设置了心理专题培训,一校一案,切合校情,解决教师最紧迫的问题。市区级心理课程选修。教师可自主选择研修《普陀区"十三五"区级选修课程》中与心理辅导有关的课程;或可选择研修《上海市"十三五"市级共享课程》中与心理辅导有关的课程。区内近 50% 的教师自主选择了心理类课程,课程评价和学习评价均较好。心理学科指导团队专题研修。心理健康教育专兼职教师须完成心理学科教研课程的学习,熟练掌握学校心理健康教育工作操作实务和心理个案辅导的能力。心理学科各指导团队成员应加强课堂教学示范、案例报告与督导等专业能力的提升,纳入学分考核。专题网络课程《中小学生常见心理疾病的识别与应对》学习,除市区通识类心理健康教育课程研修外,拓展深入的专题学习,帮助中小学教师更多了解学生心理疾病的早期表现,能够辨识学生心理状态的健康与否,并对确诊在校学习的学生给予适度的关照和指导,帮助他们完成学业要求。

案例开发档案

案例归属单位：上海市普陀区教育学院

案例开发时间：2016 年—2020 年

案例开发团队：

姓　名	工 作 单 位	学科背景/职称	主 要 贡 献
王　萍	上海市普陀区教育学院	德育/高级教师	项目决策与设计、机制建构、资源协调
温　暖	上海市普陀区教育学院	心理/高级教师	目标设置、案例设计、案例执笔
田守花	上海市普陀区教育学院	心理/一级教师	分项目执行、项目实施与管理
周　婷	上海市普陀区教育学院	德育/一级教师	数据与资料分析处理，项目实施与管理
叶斓斓	上海市普陀区教育学院	心理/高级教师	分项目执行，项目实施与管理
张文渊	上海市晋元高级中学	心理/一级教师	课程研发
张　薇	华东师范大学第四附属中学	心理/一级教师	课程研发
齐　越	上海市江宁学校	心理/一级教师	课程研发

案例十九

以共同体实践促教师终身发展
——以"杨浦区中小学教师跨学科意识与能力提升"系列专题研修课程为例

上海市杨浦区教育学院

主题类别：教师培训项目创新

关 键 词：共同体、跨学科、教师发展

背景与问题

跨学科课程的开发与实施日益受到教育界的关注，自然也成为当今教师面临的巨大挑战之一。跨学科课程开展与实施的成效很大程度上取决于教师的跨学科知识与教学技能，由此中小学教师的跨学科素养与能力亟需获得规范指导与提升。

一　基础教育课程改革发展的要求

1. 教育政策导向

上海新中考改革较大的变化之一是增设了跨学科案例分析，这从根本上体现了进一步强化对初中学生实际问题解决能力培养和评价的重要导向。

最新制定的《普通高中课程方案》（2017 年版，2020 年修订）亦明确提出，"综合实践活动的 8 学分中有 6 学分为研究性学习（需以开展跨学科研究为主，完成 2 个课题研究和项目设计）"。这充分肯定了跨学科教学在学生综合素质培育中的独特价值与关键作用，也进一步明晰了跨学科教学与研究的必然趋势。

2. 区域改革方向

"知识杨浦"承担着上海市基础教育改革与探索的重要任务。杨浦区亦始终聚焦课程改革的关键环节和重点领域，开展课程与教学的创新实践。

跨学科学习作为当前新教育改革的亮点与热点，如何落地基础教育课堂，真正成为人才培养的发力点和着力点，需要区域主动寻找问题解决的切入点与突破点。

随着杨浦区成为新一轮"普通高中新课程新教材实施国家级示范区",区域更将积极回应改革发展要求,发挥引领示范作用,为实现上海教育现代化乃至全国教育现代化贡献应有力量。

二　社会发展对现代教学的需求

现代教育正以变革的姿态应对着社会发展对教育的需求和挑战。当下我们正从知识时代走向素养时代,单一课程已经不能满足时代的需求,这使得我们的教育教学目标,逐步从单科知识与技能走向综合能力与素养,以使学生真正地学会学习,做好适应未来社会发展的充分准备。

跨学科的学习利于最大程度地摆脱知识范式对个人能力发展的束缚,聚焦核心素养的凝炼,让深度学习真实发生。同时,跨学科教学超越单一学科视野,以现实问题的研究和解决为依托,关注复杂问题的全面认识与解构,关注研究方法与思维模式,引导教师与学生的学习更贴合社会发展的需求。

三　研修对象成就自我的诉求

教师们期望自己能从多年封闭的学科教学中走出来,从单一走向综合,从本体走向全面。很多教师自愿加入综合性课程建设,并以此为载体,提升课程意识、课程能力,实现专业化发展。

但综合课程开发与实施需要以跨学科思维方式为前提,如何理解跨学科学习;如何与不同学科的教师共同合作设计课程;如何通过跨学科教育教学活动,发挥学科间综合育人功能;如何提升系统规划学科课程的能力等,都是教师们迫切希望在研修中通过学习、讨论释疑的。由此跨学科教师研修活动正在成为教师研修中新的生长点。

问题解决思路

<table>
<tr><td>一</td><td>理念与目标</td></tr>
</table>

当今中学教育过早地分科教学和细化教学（如物理、化学、生命科学、地理等通识类课程），使学生的综合学习能力未能得到更好发挥。虽开设生涯教育（职业导向）、生命教育、安全教育、财经素养等综合实践课程，终究也是一种类"细化"与"分割"的处理方式。

而《中国学生发展核心素养》所提出的素养是融合性目标，必须在融合性学习中才能实现。因此跨学科教学既是教师研修中的"应然"要求，更是"实然"要求。

1. 变单学科共同体为跨学科共同体

理论和实践都证明，教师要实现专业成长，必须以合作研修为基础。而事实上，各级各校亦在长期发展中，形成了较为固定的教师团体，如学科教研组、年级备课组等。这样的团体由同一学校、相同学科的教师组成，重点关注学校教学中本年级学生及教师的共同性和个别性问题，其模式属于"同校同科"的范畴。

然而，在"跨学科"教学的新形势、新背景下，这一较为传统和常用的教师研修共同体，其适用性显然不尽人意。只有打破学科之间的屏障，才有可能"跨"出学科界域，真正走向学科融合。而"跨学科"教师研修共同体的构建，是转变研修方式、深化课程改革、促进教师发展的第一步，也是关键的一步。

为此，本项目在研修模式上，摒弃"同校同科"联动，采用"同校异科""异校同科"或"异校异科"的全新联动模式，由学习者与助学者在全区范围内共同形成跨学段、跨学校、跨学科的区域性学习型组织，以有效促进各学段、学校、学科间的交

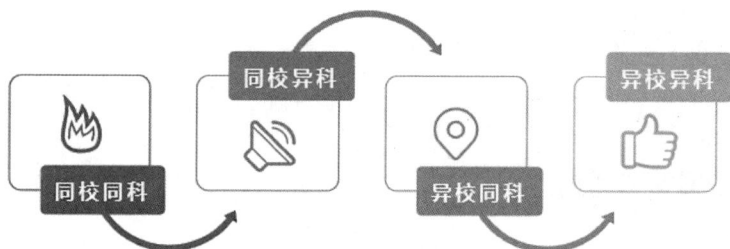

图 19-1　以创新跨学科共同体联动模式,丰富跨学科共同体建设内涵

叉、融合、渗透。只有教师的研修共同体超越学段、学校、学科之间的界限,才能在实际教学中做到"瞻前顾后""左顾右盼",才能充分适切"跨学科"教学的目标意涵,满足学生综合发展的需要。

2. 变被动接受为主动分享

当前,教师研修一直在提倡新观念,但是不少研修项目却仍然在实际中采取不符合新观念,甚至是与新观念相反的方式进行培训。例如,研修中提倡老师在课堂上鼓舞学生积极发言、发挥学习者的主观能动性,但是教师研修中却只有专家们在进行讲授,受培训的老师则很少有机会能够参与其中。显然,此类基于"任务完成式"的研修方式,忽略了教师自身在职业经验中积累的价值,很难激发研修对象本身的参与愿望和实践热情。

为扭转由教师"被动参与"所带来的不利影响,本项目采用一种基于问题的"订单式"教师研修模式。

所谓"订单",即完全以教师实际需求为导向。本项目中,教师的切实需求即为解决在"跨学科"教学中遇到的问题难点,更好实现自身专业发展。以此为出发点,使用"订单"模式规划研修内容,既能解决"被动"模式下,研修与实际需求游离的问题,又能有效提高研修的深度与广度。

同时,为使研修成为教师有意义的成长方式,除结合实际问题开展,还必须提供亲身体验场景,鼓励开放性交流,让教师从中学会倾听和反思,进行整合和总结,最终形成"个性化"的研修成果。

因此本项目采用以"研修"作为主要形式的多样化学习手段,强调受训老师自发参加、沟通交往、情景体会、深思分享,将受训老师已经拥有的经验、理论融合到研修当中。在研修的过程中,受训的老师不仅是受训者,更是积极的理论转化者和问题解决者。

专家们则更多成为聆听者、评价者、问题解决的共同参与者。只有在此种模式下,在民主、平等、合作的研修共同体中,教师才能真正挖掘自身价值,将学习过程变成自主寻找突破口的过程,将原本枯燥的学习过程变成思维碰撞的过程,将被动的听讲变成快乐的分享过程,将完成任务变成生命自我实现的过程。

在此理念的指导下,本项目主要采取以下研修模式:

(1)项目式研修

图 19-2　项目任务驱动促使教师主动成为问题解决的参与者

(2)四环节式研修

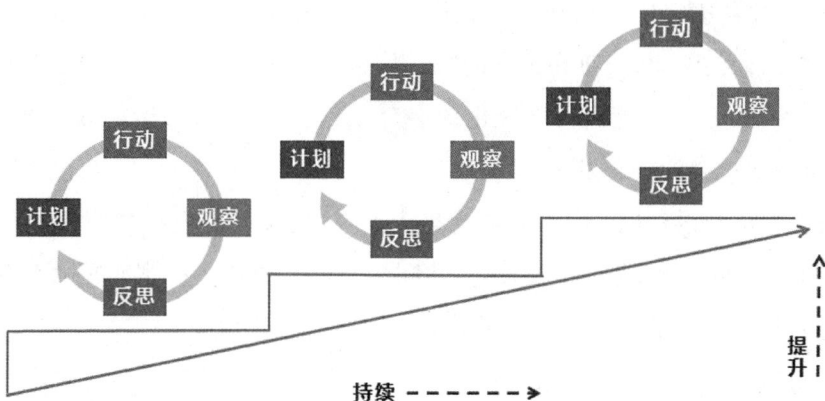

图 19-3　对研修问题的持续学习与深入探究使教师能力与素养不断提升

（3）快乐分享式研修

图 19-4　民主、平等、合作的研修共同体使
教师变被动听讲为快乐分享

3. 变学科跨界为文化跨界

当前，为适应"跨学科"教学的新挑战，各校虽也积极组织多学科共同备课、听课，甚至跨校组成跨学科研究团队，但范围始终囿于"教育"领域之内。

而跨学科教学从本质上只是育人的一种方式或途径，亦或为短期目标，其最终指向是学生用于解决实际问题的各项综合能力的总和。而实际问题必须是真实的、存在于实际生活的、源自于社会现实发展的。教师作为课堂与现实生活、学生与未来发展的关键链接点，势必要跳脱出当前学科局限，将眼光放到更大的、更加实际的文化环境之中。小到学科文化、校园文化、再到专业文化、区域文化，大到行业文化、社会文化，只有在更大的"视界"和"世界"之中，才有可能实现自身专业领域的突破，才有可能进行系统化的综合课程设计，才有可能将教育教学工作真正对接现实社会的动态发展。

因此，本项目设计以"文化跨界"为理念上位，在"教师"职业之外，邀请来自社会中不同行业、不同领域的专业人士，共同参与项目研修。以更高层次的跨文化共同体建设，为教师的"学科跨界"提供坚实支撑、有效助力。

4. 变单一目标为复合目标

任何一种有意义的学习都离不开目标的指引。对于教师研修课程设计而言，

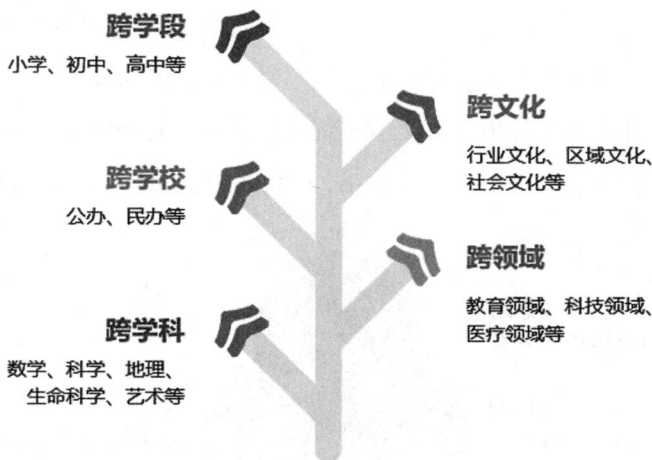

图 19-5 以"文化跨界"为理念上位,突破学术眼界,构建跨文化共同体

目标设计十分关键。好的研修课程目标不仅可以明确课程设计的方向,帮助研修内容的选择与组织,还可以作为课程实施的依据和课程评价的准则。

但相比教师研修课程的主题、内容与活动而言,目标设计一直以来易被忽略。究其原因,往往是因为项目设计者心里对要将研修对象"带到哪里"是模糊的。为避免课程目标"大而无当"或"形同虚设",本项目从"成人""成文""成事"三个维度对目标进行思考与设定。

首先,满足研修对象的需求是研修项目的核心愿景与目标。通过多学科背景的教师在一起研修,帮助教师实现理念转变、教学转型,持续提升课程意识、课程能力和课程建设水平,提升合作能力,实现教师专业发展,此为"成人"。

除了提高研修人员满意度之外,一个高水平、专业化的研修,亦应当最大程度生成有效研修资源,既为当下研修对象服务,也为后续研修提供可持续发展的资源。因此本项目中,通过任务驱动的方式,在提高研修人员主观能动性的同时,形成学习案例,成为研修的专业成果,此为"成文"。

通过多途径、多元素组合式的跨文化研修活动,项目参与人员围坐一起,探索共同聚焦的问题,能为国家课程校本化,校本课程特色化提供有实效的研究视角,从而提升学校综合实践活动类课程的内涵与品质,此为"成事"。

以上,三个维度的目标相辅相成,互相促进与达成。通过教师研修共同体建设,既尊重共同体中每一位成员的专业发展自由,又注重实现团队、资源、学校的协同发展。

图 19-6　以研修课程目标引领内容设计与实施评价

5. 变短时性触动启发为长程性系列支持

教师研修最忌的是思想上的"走过场",即教师在研修当下受到了"新视野""新理念"的触动,短时内自我审视后,对现存的某些问题有了一定的启发和改进的灵感,甚至能在"任务驱动"下落笔形成案例与反思。然而,在回到琐碎的日常工作中后,却依然沿用"旧思想""旧办法",并未将研修所学融入教育教学活动实际,实现研修活动的真正价值。

造成这一被动局面的原因有二:其一,教师研修成果的转化需要一定"机制激励",才能更好提升教师实践创新的积极性与主观能动性;其二,教师在课程结束后进行自主的研修成果转化的过程中,不免有新问题、新困境,若无有力指导或帮助,转化易停滞或终止。

因此,本研修项目以设计、组织相关"系列"课程与活动,为教师研修成果的持续转化提供有效协助及展示交流平台。通过在"后课程时期"持续发挥研修共同体作用,进一步激活教师潜能,实现合力共赢,为教师终身发展,提供长程性支持。

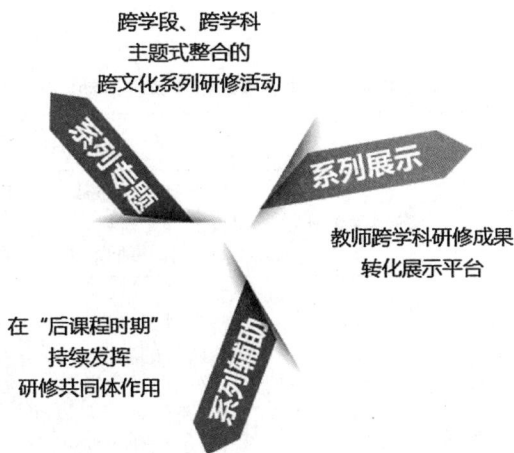

图 19 - 7　以相关"系列"课程与活动促进教师持续转化、分享研修成果

1. 板块架构

围绕"跨学科理念的学习与交流""跨学科活动的实践与体验""跨学科课程的设计与实施"进行整体设计。

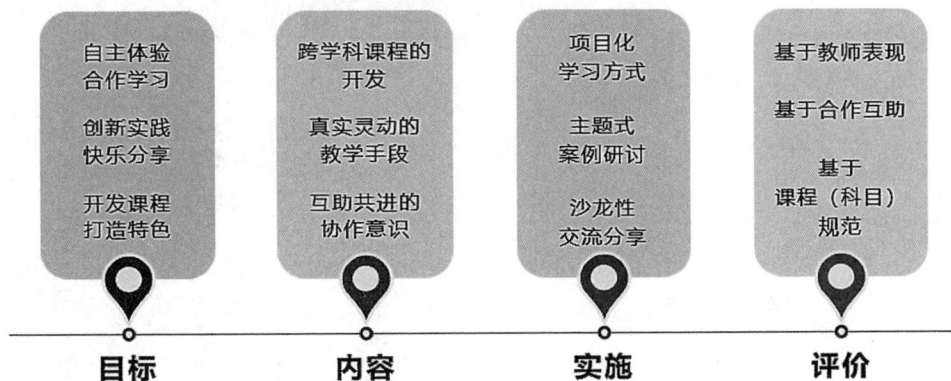

图 19 - 8　跨学科课程设计与实施专题研修课程整体设计

2. 内容安排

表 19-1 跨学科课程设计与实施专题研修课程活动内容与目标规划

研 修 内 容	研 修 目 标
√跨学科课程及建设理论； √跨学科课程在教师培养和学生综合活动中的应用。	1. 帮助教师进一步认识与理解跨学科概念及其课程建设的理论基础； 2. 了解跨学科理念、方法等在其他领域的实践应用。
√跨学科案例建设； √围绕跨学科课程建设与教师课程意识、能力提升之间的关联性展开现场研讨； √指导专家结合现场案例进行指导。	1. 在跨学科课程（案例）设计的分享与探讨中，发挥团队研修的功能，对跨学科课程设计与实施的方法、路径进行分析、总结与提炼； 2. 完成"跨学科课程设计与实施"的实践案例的撰写、展示与分享等过程； 3. 在主体参与中进一步提升教师个体和团队的课程意识与能力，进而提升校本跨学科课程的内涵与品质。
√学科融合的设计教学与实践； √围绕跨学科课程设计与实施的"课程目标的设计与确定""课程内容的选择与构建""课程实施的评价与反思"，展开交流分享活动； √专家进行指导性点评。	

3. 任务驱动

图 19-9 跨学科课程设计与实施专题研修课程相关驱动任务

| 三 | 评价与参考 |

教师发展促进课程建设，课程建设倒逼教师发展。两者同期互动，联动促进。

因此可以从教师在课程建设过程中的行为表现,观察、评价其专业化成长情况。

1. 教师在课程建设中专业化发展的标志

目标的驱动性　　监控的即时性　　改进的适切性　　**分享性**　　**教师专业化发展**　　**思想性**　　思想的前瞻性　　愿景的一致性　　文化的现代性

实践的效用性　　专业的支撑性　　资源的保障性　　**实践性**　　**设计性**　　方案的合规性　　规划的科学性　　策略的可行性

图 19-10　教师在课程建设过程中的专业化发展评价

2. 对课程建设的整体评价指标

表 19-2　跨学科课程设计与实施评价指标

观察维度	观察要素	具　体　描　述
课程基础 (1—20)	学校特色	1. 符合学校办学思想、办学理念; 2. 彰显区域特点,体现学校特色和文化底蕴。
	核心素养	1. 遵循教育规律,课程内容符合学生的兴趣爱好和个性特长的发挥; 2. 尊重学生个别差异,以培养学生核心素养与综合能力为导向。
	实施基础	课程有普及推广价值,且易于推广
课程设计 (1—30)	目标明确	1. 课程具有明确的针对性,可操作,可检测; 2. 目标之间有一定的逻辑关系,能够呈现递进与衔接关系; 3. 课程目标与学校办学目标、与教师自身特点、与学生学情相一致。
	内容适切	1. 课程内容丰富多样,有利于拓宽学生视野; 2. 课程学习方式多样,有利于丰富学生学习经历。
	实施逻辑	体现课程理念、课程目标、课程实施之间具有强烈的逻辑关系
	评价多元	1. 评价指标要具有可操作性,且适合该年龄段学生特点; 2. 能根据课程内容和学段特点,采用多种方法多样评价,根据课程特性设计评价工具; 3. 注重过程性评价,评价指标清晰,评价工具易操作; 4. 评价有利于学生个体发展。
	资源丰富	1. 课程资源科学、规范,分类清晰,易于查找; 2. 课程资源丰富,能满足本科目实施需要。

观察维度	观察要素	具　体　描　述
教学活动 （1—40）	经验拓展	活动的开展有利于拓展视野、增长知识、积累经验
	思维发展	活动开展有利于学生思维发展，特别是创造性思维及评判性思维的发展
	资源适配	能有效使用各类资源，媒体使用适切、有效
	交流互动	活动有序，可以观察到教师与学生有足够的交流和互动
	点拨引导	在活动过程中能恰当地给予学生点拨与指导
实施效果 （1—10）	档案积累	有良好的档案积累意识和习惯，课程不断完善，资源不断丰富
	个人特色	有较强的教育教学能力，个人特长有利于课程的良性发展

经验与创新

本研修项目以自我导向的、合作的、嵌入工作的学习方式为特点，以提供支架式帮助为教学方式，聚焦真实教学问题解决，帮助教师构建知识，实现专业发展。通过构建跨学科、跨学校、跨学段、跨领域、跨文化的研修共同体，打破职业、专业、行业壁垒与界限，以超越学科束缚的研修内容和研修方式，开辟了教师高水平专业发展、长远目标终身成长的新途径。项目实施过程具体有以下组织创新突破：

一　组团式合作

1. 校内不同学科教师组团合作：不同学科间互相启发，集思广益，寻找可相互融合、相互渗透之处。

2. 不同学校组团合作：各校有自身独特文化与育人经验，校本课程构建过程中的经验分享能给其他学校提供启发与灵感。

3. 不同学段组团合作：本课程中涉及小学、初中、高中三个学段，以关注基础教育整个过程中育人目标与方式的连续性与衔接性。

4. 与教育领域的专家组团：目前，普遍认为教师应该成为研究型、学者型或智慧型教师，一定的研究能力是中小学教师必备的素质。与高校或教育领域专家交流合作，可不断提升视野，有助于教学反思与改进。

5. 与不同行业的专业人士组团：教育领域之外，通过与其他行业的从业者交流，可层层打破学科、文化、意识、理念等多重壁垒，打开视界，寻求更深层次跨学科融合的可能。

项目通过组团式学习，形成实践共同体，有效促进教师从个体学习转向合作学习。

二　组合式活动

1. 活动主题的组合：研修涉及跨学科理念学习与交流、跨学科活动实践与体验、跨学科课程设计与实施等多个不同维度的主题，以帮助教师全面理解跨学科教学内涵，提升跨学科素养与能力。

2. 活动形式的组合：本研修课程中涉及多种活动形式，如现场教学、专家讲座、微论坛、课程体验、项目式学习、实地参观、头脑风暴、问卷调研等，为教师参与提供了丰富组织形式，提升参与的愉悦感与趣味性。

3. 活动地点的组合：研修活动以"走校"形式开展，使每一所参与研修的学校都能成为东道主，分享提供自身经验，并与兄弟学校切磋交流，取长补短，真正成为研修活动的主体、主办、主人。

项目以多维度"组合"为组织形式，通过在多个活动环节与流程，整体渗透学科与学科的无边界性，使教师理解、感悟跨学科的本质与内涵，从中获得实际跨学科教学问题的解决方案。通过"组合式"活动的"起点","融合性"参与的"过程",抵达"跨学科"目标的"终点"。

<h2>三　组建式成长</h2>

1. 以跨学科教学反哺专业素养：研修过程中,教师个人从多学科、多领域、多文化的高阶视角,重新审视本学科内的教学设计,重新组织构建教学活动、教学内容、教育策略,使专业素养实现深层突破。

2. 以跨学科实践提升综合能力：通过共同体实践,教师个人在提升自身跨学科意识与能力的同时,也将同时提升问题解决能力、研究能力、反思能力、合作能力、创新能力等,实现个人素养与能力的全面发展。

3. 以跨学科理念成就终身发展：跨文化之间的交流、合作、碰撞,使教师个体直面自己有限的学科知识与技能。在突破专业发展瓶颈的同时,实现学习方式的融合,从而转变固有的学习方式,在"互联网＋"时代,更新教学理念、找准个人优势、创新课堂形式、坚定终身学习意识。在适应学生全面发展需要的同时,成就自身的终身可持续发展。

通过将领域之外的知识、能力、素养作为组织模块,有助于教师全面构建个人成长与发展。

<h2>四　组网式发展</h2>

作为教师跨文化、跨领域的研训,本项目除教师外,亦有行业专家、企业人员、非营利性机构研修人员等的加入。通过项目研训,教师们在开拓高阶视野的同时,专家,企业、机构等校外人员,亦获得一个视角的切入点,以此洞悉一线教师在链接课堂与现实过程中的疑点、难点、痛点,从而了解该如何从自身专业出发,向

教师们提供更具针对性的指导与引领，以在未来更好为教育领域提供科学、有效的助力。

事实上，跨学科理念本不应仅仅停留于学科与学科之间的互跨，而是要走向更高的层次，即与更大范围的领域、文化进行跨界融合。因为校内所学与现实问题确有一定差距，必需牵涉企业、牵涉社会，而本研修项目即为这些资源，从"校外"进入"校内"，提供了一种全新的思路与可行的做法。利用教师研修这一契机，先将教师与现实社会进行链接，使领域之外的优势协同领域之内，使外部发展引领内部发展，真正将教育范畴之外的优势资源，对接到教育本身，由此打破长久以来教育领域自身的行业"壁垒"。

在研修过程中，通过同行组团、跨界组网，使单一行业中的个体化点式资源，延伸为线型资源，并以此为基础，进一步发展，形成立体架构的网络资源。各行业从业人员的资源组网，最终将共同助力教师提升综合实践能力，以惠及教育教学实际，实现学生、教师的可持续发展。这样的研修模式，在为教育领域找到借力点的同时，也为社会其他领域协助教育领域提供了助力点，促进了跨界融合过程中，边界问题的消除，是本项目的重要创新突破。

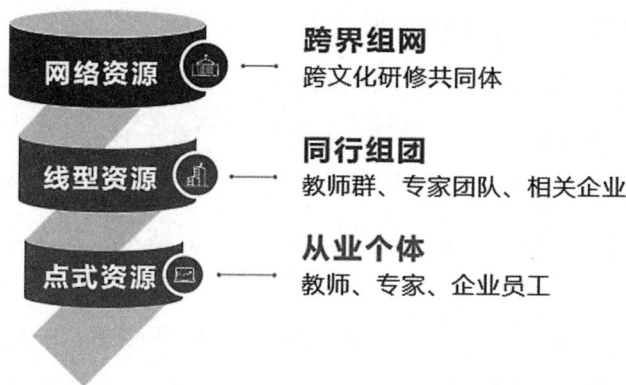

网络资源 ← **跨界组网**
跨文化研修共同体

线型资源 ← **同行组团**
教师群、专家团队、相关企业

点式资源 ← **从业个体**
教师、专家、企业员工

图 19-11　通过同行组团、跨界组网，形成跨文化研修
立体资源，切实助力跨学科教学

思考与展望

随着核心素养的提出,教师必须意识到自己应通过激发、促进学生学习来重新定位自己,同时通过终身学习来发展自身素养,通过与其他教师合作开展课程教学。

而多学科背景的教师在一起研修,最重要的途径和方式就是头脑风暴、集体沙龙等,这样的方式能够帮助教师实现教学转型,建立个人经验履历,并将这样的经历传递到自己的课程教学活动中去。

然而,这一教师共同体的构建终究没有脱开教师群体,这无疑会使得校内教学始终与现实社会发展存在一定脱节,进而造成育人目标上的滞后。要解决这一问题,教师势必要跨出校园,不仅要跨学科,更要走向跨领域、跨文化,通过更系统、更完善的社会资源网络,使教师成长与发展对接现实生活与真实问题,融入社会动态发展,从而带动、引领学生跨学科能力的形成与核心素养的培养。因此,本项目中,"跨文化"是"跨学科"的实施路径与行动目标。

实践表明,有效的跨学科共同体构建需符合以下策略:

1. 成员平等参与,奠基真实合作

共同体成员关系的平等性是共同体的基本特点之一。参与其中的每一位成员,无论职业、身份、地位,都是学习者与助学者的统一体,权责对等,愿景相同。只有每一位成员正确认识自身在团队中的价值、责任与义务,以包容、开放的心态,参与聆听与表达,才能使成员之间的深度分享、真诚协作成为可能。

2. 凝聚理念共识,创新组织活力

跨学科共同体需凝聚"和而不同"的理念,并使之成为共同体建设的精神核心。"和"代表成员在共同的文化中学术互补、提高专业,"不同"代表个性化认知与经验在实际问题解决中的独特价值和意义。只有共同体成员彼此尊重、认可,才能有效推动共同体文化的不断建构与创新,最终成为教师专业发展的坚实保障。

3. 统一愿景导向,服务终身发展

共同愿景应成为贯穿共同体存在与发展始终的目标导向。共同体成员在共同愿景的引领下,不断通过问题发现、实践探究、问题解决、形成反思等,形成问题解决的有效路径,并推动成员将终身学习理念转化为实践行动,使教师个人与群体都成为共同体文化的受益者。

案例实践情况

应用区域:杨浦区

应用人数:30 人

项目实施以"共同体实践促教师终身发展"为理念,以"中小学教师跨学科意识与能力提升"为目标,以系列研修为路径,包含"跨学科课程设计与实施""初中科学探究型课程的资源开发与活动设计""智能家居""动手做科学""听,科学的声音"等多项活动。目前项目已启动,未截止。

一	应用方式

1. 已完成的研修

"跨学科课程设计与实施"已于 2019 年 9 月至 12 月完成实施。该研修项目由涵盖区域高中、初中和小学在内的共 6 所学校不同学科,具有丰富的开发与实施校本课程经历与经验的骨干教师,以"同校异科"的团队协作形式参与。华东师范大学课程研究所安桂清博士、上海交通大学附属中学特级教师曾国光副校长、江苏九龙珠品牌管理股份有限公司副董事长兼 CEO 顾震亚先生和青年成就中国研编中心高级项目经理张岚女士等受邀担任讲师和指导专家。

研修历程如下：

表 19－3　跨学科课程设计与实施专题研修课程实施历程

时　间	地　点	内　　容	目　　标
2019 年 9 月 18 日	杨浦区 教育学院	1. 专题讲座：跨学科课程及建设理论； 2. 综合指导：跨学科课程在教师培养和学生综合活动中的应用等。	1. 帮助教师进一步认识与理解跨学科概念及其课程建设的理论基础； 2. 了解跨学科理念、方法等在其他领域的实践应用。
2019 年 10 月 9 日	控江中学	1. 现场观摩："跨学科案例（微课程）"建设； 2. 经验分享：学校代表谈"学校项目设计再优化与推进"，教师代表以"艺＋"文创课堂为题谈"跨学科深度学习"； 3. 主题探讨：围绕跨学科课程建设与教师课程意识、能力提升之间的关联性展开现场研讨； 4. 专家指导：指导专家结合现场案例以"区域强化素养的选择与解读"为主题进行指导。	1. 在跨学科课程（案例）设计的分享与探讨中，发挥团队研修的功能，对跨学科课程设计与实施的方法、路径进行分析、总结与提炼； 2. 完成"跨学科课程设计与实施"的实践案例的撰写、展示与分享等过程； 3. 在主体参与中进一步提升教师个体和团队的课程意识与能力，进而提升校本跨学科课程的内涵与品质。
2019 年 10 月 16 日	交大附中		
2019 年 10 月 30 日	存志中学		
2019 年 11 月 13 日	平三小学		
2019 年 12 月 18 日	上财附中	1. 专家讲座：学科融合的设计教学与实践； 2. 交流分享：六支研修团队分别围绕跨学科课程设计与实施的"目标设计与确定""内容选择与构建""实施评价与反思"，展开交流分享活动； 3. 专家点评：指导专家进行指导性点评。	

2. 已启动的研修

（1）初中科学探究型课程的资源开发与活动设计

依托"区域研修课程项目"，以"异校同科"为共同体模式建立学科中心组，结合理论与实践，深度挖掘科学探究课程中资源开发与活动设计的关键技术和基本路径，提炼经验，总结策略。力争以点带面引导不同学科背景、不同层面的科学学科教师参与探究型课程资源的开发和活动设计，从而助力跨学科活动在教学实践中的有效开展。

（2）动手做科学

通过任务驱动型实践研修，生成跨学科活动资源。以"杨浦科学"公众号为载体，推广科学探究，辐射区域的跨学科教学与研究。

（3）基于信息技术的"智能家居"

杨浦区教育学院理科综合实验室负责项目方案的整体设计，以"柴火创客"为合作伙伴，作为项目培训师团队，组建"跨领域共同体"，组织实验教学场地、组织实施培训，为教师的教学应用与实践提供指导与服务。

3. 策划中的研修

（1）基于文理联动的"听，科学的声音"

以异校异科（文、理）联动为共同体建构模式，聚焦科学人文。项目将以实践为重要研修路径，通过梳理科学发展历程中的人与事，在现代信息技术支持下，用"文学＋自媒体"方式呈现科学发展的重要历程，同时提升教师的跨学科实践能力。

（2）基于 DIS 的探究型活动方案设计

以初中理科青年教师的日常教学为起点，对教材进行 DIS 实验器材的合理渗透与应用，引导教师挖掘日常教学中实验的可探究点，加强对教材的深度分析与理解，提升教师项目化教学的意识与能力。

二	成效

1. 生成可应用的资源

通过"跨学科课程设计与实施"研修，各参与学校从多个维度对跨学科课程设计与实施进行了探索与实践，并初步形成具有校本特色的跨学科课程。如同济大学附属存志学校的《跨学科课程目标的设计与确定——以"杨浦滨江创意地图的绘制"为例》；上海财经大学附属中学的《跨学科课程目标的设计与确定：笔墨丹青绘珍禽——宋代花鸟画中的鸟类探究》;三门中学的《跨学科课程实施的评价与反思——以"我是创业家"课程为例》;上海交通大学附属中学《跨学科课程的评价与反思——斑马鱼系列课程之探究胚胎发育的影响因素》等。研修项目结束后,这些课程将在实践中不断丰富与提升。

2. 形成可推广的案例

各参与学校在"跨学科课程设计与实施"的研修过程中就课程开发与实施的关键技术、基本路径等不断反思与总结,形成极具推广价值的案例。如平凉路第三小学在进行跨科学课程设计时,将跨学科课程目标与学校育人发展目标整合,根据各年段学生的年龄特征和认知规律,按照"文化修养、创新意识、社会参与、自主发展"四个维度,制定了针对不同年段、不同维度目标的一体化、进阶性跨学科课程目标体系。这些探索为其他学校提供了跨学科课程校本化构建的创新思路。

3. 促成可发展的反思

"动手做科学"项目的实施充分结合了真实情境,采用"实践研修+资源推送"双轨并进方式,以"杨浦科学"微信公众号线上推送为载体,分享由共同体实践所形成的优质跨学科活动资源。与此同时,通过该平台征集、展示,在教师指导下,学生撰写的个人或小组实验探究活动与感悟,及教师撰写的个人、教研(备课)组或学校在资源利用过程的具体做法与成效,推动教师在资源开发与利用的实践过程中,积极形成有价值的反思,切实促成跨学科教学理念的更新与教学方式的转变和终身发展。

案例开发档案

案例归属单位:上海市杨浦区教育学院

案例开发时间:2019 年—2020 年

案例开发团队：

姓 名	工 作 单 位	学科背景/职称	主 要 贡 献
陈 琳	上海市杨浦区教育学院	高中物理/中学高级教师	培训项目设计与实施、案例撰写
成徐菲	上海外国语大学附属双语学校	初中科学/中学一级教师	案例撰写

案例二十

基于学习圈理论的一体化教师培训模式建构
——以遵义市中小学英语学科教学
领军人才五年提升计划为例

北京外国语大学外语教学与研究出版社

主题类别：教师培训模式创新

关 键 词：学习圈理论、教师培训、区域
联动

背景与问题

一　政策背景

中共中央"十三五"规划指出，要坚定地推动义务教育均衡发展，加强教师队伍特别是乡村教师队伍建设。根据"十三五"规划的重要指示，遵义市以"促进公平和提高质量"为主题，以办人民满意教育为目标，实施教育"9＋3"计划，着力推进"普十五"，走出了一条具有遵义特色的教育发展之路。教师队伍建设是全市教育发展的战略重心，遵义市教育主管部门一直致力于抓好教师队伍大培养、大培训、大提升工程。《遵义市中长期教育改革和发展规划纲要（2010—2020 年）》强调，加强教师继续教育，对中小学教师实行每五年一个周期的全员培训。遵义市中小学英语学科教学领军人才五年提升计划（以下简称"五年提升计划"）既是提升遵义市中小学英语学科教师专业素养的培训方案，也是推进遵义市英语教师队伍专业化发展的分层次、分阶段、一体化的一条龙提升计划。

二　理论框架

学习圈理论的起源是瑞典成人教育中要求参加学习的人围坐成一个圆圈进行共同学习的形式。之后，美国学者大卫·库伯（David Kolb）在约翰·杜威（John Dewey）、库尔特·勒温（Kurt Lewin）和皮亚杰（Jean Piaget）的经验学习模式基础之上提出了新的经验学习模式,即经验学习圈理论。后来,经过各国学者的深入研究与扩充,学习圈理论现在已发展为一套较为完善的理论体系。

在教师培训领域,旨在揭示成人教育内在规律的学习圈理论具备很强的指导意义。基于学习圈理论所构建的一体化教师培训模式以解决教师职业生涯中的现实性问题为出发点和导向,以提升教师多元化能力,保障教师适应课程改革的需求,满足教师和学生发展核心素养为目标,可以有效激发参训教师的学习动力,使教师培训工作得到有效落实。

三　问题分析

1. 专业英语教师补位需求凸显

遵义市普通小学共计1 321所,初中406所,高中81所(根据《遵义统计年鉴》2015年数据)。英语学科师生比与比较发达城市的相比仍有较大差距。近年来,为缓解"大班额"和"择校热"等情况,遵义市加快项目建设,据悉中心城区共新建、改扩建各级各类学校47所,由市委、市政府牵头融资,中建集团出资10亿元将在红花岗区、汇川区新建9所中小学。新学校数量提升,未来五年补位教师需求将凸显。

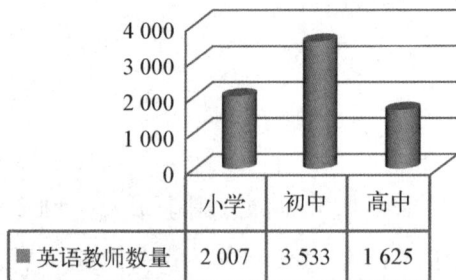

	小学	初中	高中
■英语教师数量	2 007	3 533	1 625

图 20-1　遵义市各学段英语教师数

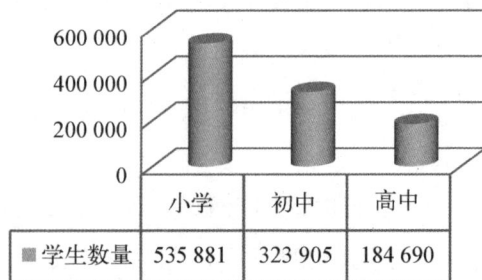

	小学	初中	高中
■学生数量	535 881	323 905	184 690

图 20-2　遵义市各学段在校学生数

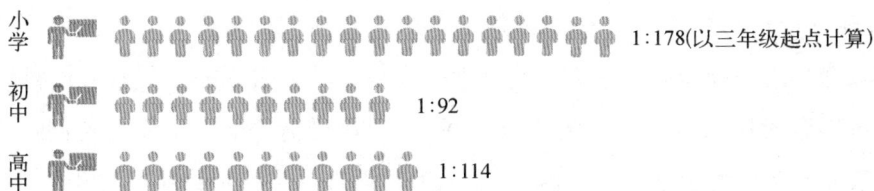

图 20-3　遵义市各学段英语学科师生比例

2. 需强化优质培训资源的整合设计,发挥联动效应

遵义市《市人民政府关于基本普及十五年教育的意见》中指出,要坚持多举措培养培训教师,在原有"国培""省培"基础上,"开门办学""借船出海",借助省内外知名高校优质资源,探索创新全员培训模式。五年提升计划正是把握这一契机,迎需而上,以期整合北京外国语大学、全国基础外语教育研究培训中心、外语教学与研究出版社的优质教育培训资源,与遵义市教育主管部门一道进行科学的顶层设计,坚持市县联动、辐射全员,通过基地校与普通校、骨干型教师与潜力型教师的分层学科培训规划,最大限度地激发基础阶段英语教师队伍活力。

3. 教师亟需有效激励,挖掘其专业发展潜力

根据项目组针对遵义市英语骨干教师群体抽样调研的结果,教师年龄与教龄结构良好。全市基础阶段英语教师的学历统计数据显示,各学段教师专业背景差异较大,其中高中教师队伍本科及以上学历占比高达 97.3%,相比之下,初中略低,小学英语教师本科及以上学历占比刚过半成。英语教育重在基础,学习兴趣和语言习惯的塑造主要在小学,巩固在初中,没有一定的教学积累,很难在高中拔高并提升高考英语平均成绩。故五年提升计划需进一步强化"一条龙"培养概念,挖掘各学段英语教师的巨大潜力。

4. 教师需进一步夯实专业素养,强化课堂教学成果的有效输出

遵义市英语教师有一定的教学经验和知识储备,但在与国内二线城市的横向对比中凸显出的薄弱方面在于教学理念得不到更新,老教师队伍坚持固有教学模式,无法适应新时期课程与考试改革的需要,逐渐显现职业倦怠。训前调研显示,参训教师英语阅读能力达到大学英语六级水平及以上的不足43%;新教师队伍专业发展实践无法得到充分交流与有效指导,职业热情缺乏展示平台与创新激励。因此五年提升计划在设计之初结合了先进教学理念,计划针对不同学段、层次教师进行专业素养和课堂教学技能的强化培训,通过实践与展示使培训成果有效输出。

简而言之,遵义市基础教育英语学科教师队伍结构良好,具备强大的可提升空间。经验型教师亟需理念更新,专业与教学素养需要进一步夯实,教师职业发展需要更好地通过体制和平台激励驱动。大批年轻教师需要有效的实践指导,使其专业知识与教育热情转化为课堂教学的效率和成果。

因此,五年提升计划面向遵义市全体中小学英语教师分层分段开展,培训主题紧紧围绕课堂教学技能的全面提升,结合多种方式力求解决实际问题,做出实质改善,协助遵义市教育主管部门创建先进教师培训模式。

问题解决思路

针对上一部分所述问题,项目组基于遵义市中小学英语教师队伍现状,引入学习圈理论,制定了为期五年的线上线下混合式一条龙培训计划,建构了一体化教师培训模式,拟通过五年时间,以教师培训和教师赛事为抓手,以英语特色基地校和名师工作坊为阵地,整体提升遵义市基础教育阶段英语学科教师队伍素质,从而引领全市基础英语教育教学持续、长足进步。

从辐射规模上看,本计划通过面向遵义市基础教育阶段全员英语教师(7165人)采取分层培训,分段辐射全部区县和全体中小学校(1808所),在遵义市营造良好的英语学科培训教研氛围,通过进京与落地的培训体验,通过专家与参训教师的交流互动,引导区域间、学校间、教师间建立良性互助学习机制,激发全市英语

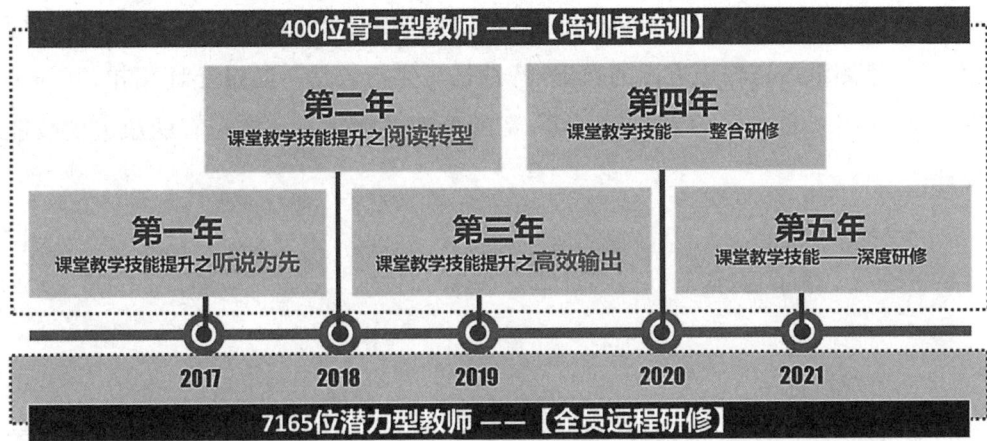

图 20 - 4　遵义市中小学英语学科教学领军人才五年提升计划设计思路

学科教学活力。

从实施步骤上看,本计划拟将五年时间分为两个阶段,第一至三年为第一阶段,第四、五年为第二阶段。第一阶段初期将全员教师分为两个层次,基础为潜力型教师(全员 7165 人),计划初期通过区域考核与推荐选拔其中的 400 人组成第二层骨干型教师,接受培训者培训。

同时,在全市中小学校中遴选出 80 所英语基地校(小学 32 所,初中 32 所,高中 16 所)。基地校不仅是本校骨干英语教师发挥作用的主阵地,同时也将作为区域辐射培训、指导、观摩、交流的根据地,打造英语特色学校,引领区域英语教研。

第一阶段培训结束后,选拔骨干型教师中表现优异者成立名师工作坊,参与后续二级培训和送教下县(乡)。第二阶段基于第一阶段培训成果进一步深化培训主题,开展专题研修,对前三年分课型培训进行巩固和升华。

从培训主题上看,培训将紧扣时代要求,紧扣课堂教学,在"以构建核心素养为指导,以解决教学困难为基础,以重塑教师能力为目标"的培训理念指导下进行。全部培训内容将围绕这一核心展开,每年有不同侧重点,以确保各级参训教师有针对性地学习,切实解决教学重难点问题。以第一阶段培训为例,第一年侧重听说课型的教学技能与实践应用,第二年侧重阅读课型的教学技能与实践应用,第三年侧重语言输出方面的教学,特别是写作与表达。通过环环相扣、互为补充、螺旋上升的课程内容和实践任务,帮助参训教师每一年实现有的放矢的技能提升。

一 培训目标

1. 宏观目标

通过线上线下混合式研修,使教师、学校、区县多层面的教育主体获得优质的教育培训与教师发展资源,并以教师赛事、基地校、工作坊为有力抓手,更好地惠及全市中小学生,提升全市英语教学质量。

2. 具体目标

(1) 教师层面

帮助骨干型、潜力型教师更新教学理念,巩固专业知识,修炼课堂教学基本功,提高将核心素养应用于课堂实践的能力;加强参训教师的教学设计与实施能力,丰富课堂活动、提升课堂效率,进而提升教学产出。

(2) 学校层面

着力打造80所中小学英语基地校,探索骨干教师带动学校学科建设、开发英语特色校本课程的模式,通过"走出去"和"引进来"的培训工作,改善学校英语教学面貌。加强校际交流,学校课程共建等,形成集团协同效应。

(3) 区县层面

通过选拔、培训、评价、实践的循环,在区县范围内建立教师队伍提升机制,分清层次、明确激励、辐射带动,营造区域英语教学教研特色,探索区域英语发展模式,辅以多维评价机制,有效拉动遵义市整体英语教学水平的提升。

根据对遵义市基础英语教育的现状分析,基础英语教师队伍的结构分析及培训需求分析,本次五年提升项目采取了混合式培训方式,将面授培训与远程培训相结合,将进京培训与落地指导相结合,将参训教师"请进来"和专家"走出去"相结合。按照培训媒介和形式划分,包含线下的专家面授和线上课程资源的自主学习;按照培训地点角度划分,包含参训教师"走出去"(进京参与集中培训)和专家"请进来"(专家送教落地指导)。通过科学的培训课程设置,丰富的培训形式设计,借助每年多次落地指导和二级培训展示交流平台,参训教师可切实获得可持续的专业成长。

二　学员分层

为了关注教师的不同特点和个性差异,发展每一个教师的优势和潜能,使培训更加科学有效,五年提升计划采用了分层培训的模式,将全体参训教师分为"骨干型教师"和"潜力型教师"两部分,两者比例约为1:17。

其中,骨干型教师是经遵义市各区县级教育主管部门推荐,市级教育主管部门统筹遴选出的小、初、高三个学段英语学科带头人、英语学科骨干教师等,或具备丰富教学教研经验、突出教学能力的在职教师共 400 名,包括小学教师 100 人、初中教师 200 人、高中教师 100 人。其他教师则为"潜力型教师"。

两种类型教师的区别为骨干型教师需要参加进京集中培训,以坊主的身份建立个人工作坊,组织区域教研并开展二级培训和在线研修;潜力型教师需要参加在线研修,以坊员身份参加骨干教师的工作坊,并自愿参与教师赛事。

三　评价机制

为了更有效地调动参训教师学习积极性,更直观地掌控培训进程,项目组与当地教育主管部门合作建立了培训评价机制。400 名骨干教师与 7 000 余名潜力型结成若干工作坊,相互负责,骨干教师(坊主)与潜力型教师(坊员)同步进行在线研修,并对其线上学习提供辅导,形成学习共同体,在每年研修期末开展坊主、坊员互评工作,评价结果可作为遵义市教师晋级的参考依据之一。

四　培训管理

1. 师资管理

五年提升计划的整体设计与实施由首席专家指导,还组建了由教授学者领头的学术委员会,主要负责培训方案的制定、监管,并在全国范围内选聘相关领域内具有较高学术声誉和成就的教授、学者、一线优秀教师和教研员进行授课。

2. 教学管理

为确保培训过程紧凑高效,培训目标落实到位,项目组建立了完善的教学监督和管理机制,包括对教师教学和参训教师学习两个方面的监督和管理。对教师教学的监督和管理措施包括:向参训教师发放和回收教学反馈问卷、随堂观察、参训教师访谈、班主任监督等。对教学过程进行实时管理和沟通,及时协调、解决教学中出现的各种情况和问题,保障教学过程顺利,落实教学效果。

经验与创新

一　采用分级+分层+分段的创新型培训模式

基于遵义市具体情况,确立了培训目标分级、参训教师分层、项目实施分阶段的培训规划。通过目标分级,帮助骨干教师在教学基本功逐步夯实的基础上,进一步提升培训技能,并进而成长为英语学科带头人;通过参训教师分层,辐射全部区县和全体中小学校,在全市营造良好的英语学科培训教研氛围,引导区域间、学校间、教师间建立良性互助学习机制，激发全市英语学科教学活力；通过项目实施分阶段开展，使整个培训循序渐进，前后呼应，步步为营，促进以学校为单位，以区域为单位的学科建设和教研工作，保证阶段性培训效果的落实和遵义市整体教师队伍的精进。

二　　采用集中+落地+远程的混合式培训方式

为实现最优培训效果，项目创新采取进京集中研修、全员在线研修和专家落地指导混合式培训方式。进京集中面授阶段综合采用专题讲座、课例分析、示范观摩、操作指导、实践演练、点评指导、总结反思、专题汇报等方式，更新参训教师教学理念、强化教学能力、提升培训技能。同时，为了使培训内容更加贴近遵义市实际教学情况，使优质专家及课程资源广泛辐射更多的遵义市小初高英语教师，项目每年开展两次专家落地遵义指导工作，以全员集中、课例诊断、现场答疑为主要形式，围绕针对不同主题的课程设计展开，着力为遵义英语教师提供全方位、立体化、点面结合的培训服务。另外，项目为 7 000 余名潜力型教师提供丰富的远程在线学习资源，通过配套远程培训，巩固集中面授，使集中阶段的培训成果最大化。

三　　采用螺旋递进式的课程主题设计

课程主题紧扣参训教师需求，全部培训内容围绕"课堂教学技能提升"这一核心主题展开，每年有不同侧重，以确保各级参训教师有针对性地学习。以第一阶段培训为例，第一年侧重听说课型的教学技能与实践应用，第二年侧重阅读课型的教学技能与实践应用，第三年侧重输出方面的教学（表演与写作）。通过环环相扣、互为补充、螺旋递进式的课程内容和实践任务，帮助参训教师在每年都能实现有的放矢的技能提升。

| 四 | 全方位构建多维学习环境 |

项目安排注重营造多维度、全方位的学习环境,为参训教师提供自由交流研讨的平台和多样化的学习体验。培训期间,参训教师有 1 天的时间自主研修,可以自由研讨、查阅资料,完成培训作业;成果展示前,参训教师通过与专家线上线下沟通,进一步打磨微格课;整个培训过程中,项目组通过微信群分享丰富的教育教学资源,引导、鼓励参训教师展开讨论;项目全程为参训教师开放自习室,并在参训教师房间内设置图书角,提供专业书籍,营造了全方位的学习环境,丰富参训教师的课余生活。

| 五 | 理论与实践相结合,个人与团队共成长 |

项目设计遵循理论与实践相结合的原则,既有高校专家及一线教师、教研员的理论引领,也有丰富多样的名校学习观摩体验。每年进京集中培训过程中,参训教师有 2 天时间走进北京各中小学名校,领略优秀教师的课堂风采,学习名校教研组的宝贵经验,体验北京优质教育资源,实现个人理论水平与实践能力的双提升。同时,为了进一步巩固项目成果,鼓励参训教师互相学习和团队成长,遵义市教育局自 2019 年起每年面向遵义市全体中小学在职在岗英语教师举办"教授能力、学习能力、科研能力"三项教学能力比武评选活动,进一步促进全市教师团队提升综合能力,推动教师教育改革发展。

| 六 | 激发任务驱动力,建构学习共同体 |

培训过程中,个人及小组任务贯穿始终,有效激发参训教师内在驱动力,提升

研修参与度,加强小组成员合作,建立高效的学习共同体。训前根据学段布置个人及小组任务,发放任务分工表,通过小组协商确定分工表的编制;训中通过专家指导、小组合作、互动研讨等方式完成各项任务,并在过程中引导小组成员深入交流、协同互助,从而实现学习共同体的建立。同时,通过举办非教学模块活动如文艺联欢等,促进参训教师间的情感沟通,加强跨班级、跨学段、跨地域的交流互动,从多方面刺激参训教师思维和情感,加深了参训教师之间的了解,建立了更加深厚的情感纽带,为参训教师研修结束后保持长期互动沟通、巩固学习共同体奠定基础。

七　　培育潜力种子教师,丰富专家资源储备

五年提升项目已实施的部分有效地丰富了遵义市教学人才及专家资源库。项目完成后,将累计培养 400 名英语学科骨干领军人才,他们将进入遵义市专家教师库。专家库成员将成为遵义市基础英语教学的中流砥柱,发挥引领示范的带头作用,为更多潜力型教师做出表率,分享经验,并通过个人工作坊和名师工作室开展二级培训,与校内及区域内的其他英语教师共享优质教学资源,促进教育资源均衡分布,发挥示范引领作用。

八　　研修成果汇编升级,培训成效示范引领

五年提升计划实施过程中,生成了大量优质成果,内容涵盖课程设计、学术论文、线上线下培训心得、参训教师二级培训项目设计方案等模块,基于外语教学与研究出版社在期刊发行方面的经验与优势,项目组对项目产出进行汇编整理,聚焦遵义市基础阶段英语教学近三年的收获与改变,发行了《英语学习》遵义增刊,这既是对已完成项目的集中总结与展示,也是对未来项目的指引与展望,在遵义市及贵州省产生了良好的示范引领效果。

思考与展望

五年提升计划启动四年以来,大量调研数据显示本项目对遵义市基础英语教育的整体水平提升已初见成效,特别是在区域内产生了辐射带动作用,形成了从培训到教师工作坊和从教师工作坊到二级培训的双向连环效应。部分老师通过五年提升计划的平台实现了职业发展,迈进了骨干教师、区域名师之列。同时,项目调研数据显示,基地校、工作坊建设成效显著。以基地校、工作坊为依托完成课题申报立项的县(市)级课题明显增多,英语教师教学观念明显改进,教学综合技能全面提升。从目前收集到的调研数据来看,整个培训机制已经产生了从强调学习结果到强调学习过程的转变,从被动输入到价值产出的转变,形成了可持续教师专业化发展路径。

通过对过往培训的总结和反思,项目组发现培训工作仍存在若干问题或不完善之处。未来,我们将从以下几个方面进一步优化培训设计,提升培训品质:

一　进一步推进"互联网＋"教育的尝试

混合式研修已被检验是符合信息化发展的新型培训方式,也是符合教师学习习惯,能够被教师广泛接受的培训方式,实现了教与学、学与用的有机结合。外语教学与研究出版社积极迎接教育信息化的挑战,全力探索教师培训的新思路和新方法,利用自主研发的 Unischool 在线研修平台为遵义市 7 000 余名中小学英语教师提供了涵盖课程辅导、跟踪、测试、反馈及数据报告在内的"一条龙"培训服务。

2020 年是在线教育飞速发展的一年。疫情期间"停课不停学"使传统教学方式发生巨大转变,在线教育常态化亦是大势所趋。在线教育视域下,课程资源的呈现方式、教学方式、教师角色、教育评价方式、学校定位、师生关系、教学管理机

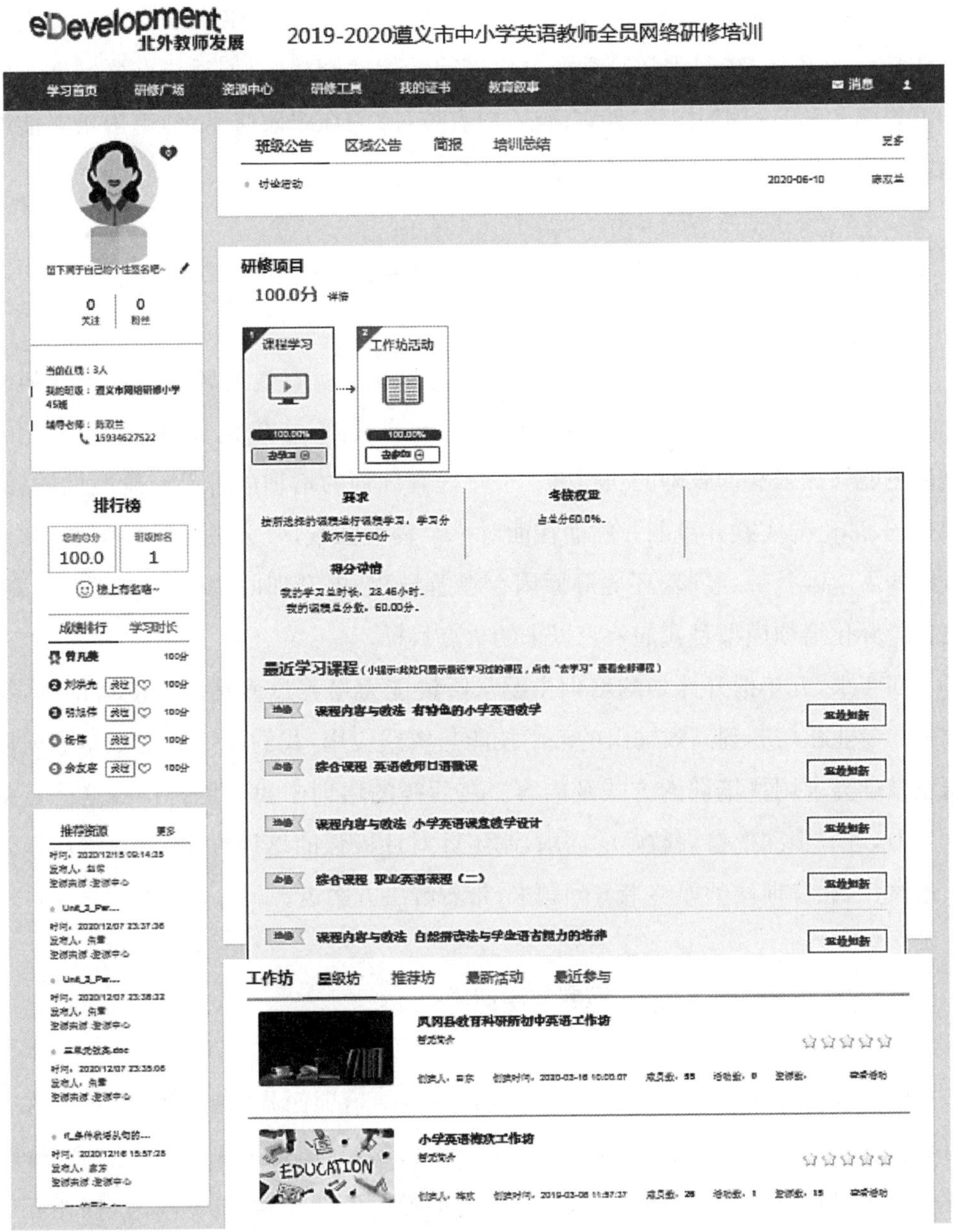

图 20－5　外语教学与研究出版社 Unischool 在线研修平台教师研修页面

制等方面都面临着新挑战。因此，在后续的培训中，我们的培训模式也需要吸取在线教育的经验，在课程和管理两方面进行结构性调整，以便适应互联网教学的学习规律和学习习惯，构建"外观简洁，内有乾坤"的在线研修平台，着力培养能够适应信息时代不断发展变化的教师。

二　深入挖掘教师需求，完善差异化培训模型

教师的职业发展与教师成长的内驱力息息相关。有效的教师培训是教师内驱力发展的有力抓手。相较于传统的学院式培训模式，小班化、定制化、主题化的培训更能够加强参训教师的获得感。五年提升计划的培训内容是有阶段性的、模块化的、理论与实践并重的。然而在面对一个较大区域，较大数量的教师群体时，教师的需求因教龄、经验、环境等原因存在差异化，提升训前调研的信度与效度、完善差异化培训模型是我们一直以来的重点目标。

四年来，五年提升计划的培训主题从听说能力培养过渡到读写能力训练，从教师的专业化培养到高效输出的教学技能与实践应用，我们在不断地根据训前调研及教学需求调整培训的方式及内容。在后续的培训中我们也将针对这一点持续发力，进一步深挖参训教师的需求，制定针对性极强的培训方案，力求将培训效果最大化，让参训教师能够带着问题来，带着解决方案走。

三　固化培训成果，积累教学资源

优质教学资源不足和缺乏普适性是我国教师培训面临的挑战。为解决这一问题，我们希望参训教师在培训中不仅能够担任学习者，也可以担任贡献者、分享者的角色，利用所学自主创作具有地区特征的教学资源。自2019年起，依托五年提升计划每年举办遵义市中小学英语学科教师"教、学、研"三项教学能力比武评

选活动（以下简称"三项比武活动"）。该活动旨在培养教师自主学习能力，检验并固化培训输入效果，鼓励参训教师"精于教学、善于学习、敏于钻研"，全方位提升自身专业素养。同时，通过该活动可选拔当地专家型骨干教师并丰富当地中小学教学资源。

取于师又用于师的生成性资源是教育教学的宝贵财富，而积累了海量的教育教学经验后，考验的是我们有效整合和加工这些资源的能力。在后续的培训中，我们也将重点关注生成性资源的积累，借助三项能力比武评选活动加工并整合生成性资源，为建设遵义地区中小学英语教学资源库提供有力的内容保障。

案例实践情况

五年提升计划自 2017 年启动以来，迄今已完成 6 次进京集中培训和 5 次落地跟踪指导，遴选了 80 所英语特色基地校，建立了 400 个线上线下同步工作坊，开展了 1 000 余场二级培训及坊内研修活动，连续两年开展在线研修和三项比武活动，辐射人员覆盖遵义市全部中小学英语教师。

| 一 | 集中研修 |

集中研修主要采取短期集中面授的方式，以更新教学理念、强化教学能力、提升培训技能为重点内容，旨在培养一批具备培训能力的专家型教师，并着重提升其教学、教研能力，从而能在本地区的教学工作中起到有力的示范和带动作用，为后续二级培训夯实基础。短期集中研修时间为 14 天/年，参训教师包含小、初、高三个学段共计 400 名骨干型教师。培训过程主要采取专题讲座、案例分析、示范观摩、方案展示等方式。培训以参训教师为中心，注重发展参训教师的主动性和参与性，切实做到理论与实践相结合，确保参训教师对培训内容学有所得、学以致用。

二　落地指导

为了使培训内容更加贴近遵义市实际教学情况,使优质专家及课程资源广泛辐射到更多的遵义市小、初、高英语教师,每年开展两次专家落地跟踪指导工作,每次指导时间为 3 天。专家落地指导以听评课、现场答疑、研讨会、走访基地校为主要形式,围绕针对不同主题的课程设计展开,着力为遵义市中小学英语教师提供全方位、立体化、点面结合的培训服务。

三　在线研修

外语教学与研究出版社 Unischool 在线研修平台为遵义市 7 000 余名中小学英语教师提供丰富的远程学习资源。在线学习资源包含多模块课程体系,从语言知识与技能、教学知识与技能、专业素养发展三个维度巩固集中面授,分享培训理念,提升参训教师对网络研修的认识层次,提高其参与线上活动的热情,使集中阶段的培训成果最大化。远程培训在研修功能上,贯穿训前、训中、训后多个环节,参训教师可完成网上学习、网上作业、网上答疑等教学过程,并发布系统公告和各类学习信息。

图 20 - 6　外语教学与研究出版社 Unischool 在线研修平台课程体系

四　　　基地校建设

五年提升计划启动之初,在遵义市遴选了 80 所英语基地校(小学 32 所,初中 32 所,高中 16 所),打造英语特色学校,引领区域英语教研。基地校是区域辐射培训、指导、观摩、交流的根据地,区域教研、落地指导等工作在各区县基地校轮流开展。

五　　　工作坊建设

为了使遵义市中小学英语教师形成学习共同体,有效建立学习圈,参与集中培训的 400 名骨干型教师建立了个人工作坊,结合遵义本地教学情况及自身教学经验,以二级培训的形式将集中培训的成果分享给本校或本区域内的其他英语教师,并根据每一年的培训主题定期组织开展校本或区域教研活动。这种教、研、训一体化的学习模式有利于激励遵义中小学英语教师探究校本教研途径,思考发展专业素养,进而提高自身的教学质量和专业水平。

六　　　教师赛事

为进一步巩固项目成果,有效提升遵义市英语教师理论和实践水平,自 2019 年起连续两年面向遵义市全体中小学在职在岗英语教师开展遵义市教授能力、学习能力、科研能力三项教学能力比武活动,旨在全面提升遵义市中小学在职在岗英语教师的综合素质,助力参赛教师成为"精于教授、善于学习、敏于钻研"的专家型教师,全方位提升教师的专业素养。两年来,共收到包含教学课例、教学微课、学术论文在内的教师参赛作品近 3 000 份。

许多参训教师在培训过程中记录自己的思考与感悟，通过总结培训收获、提炼实践经验形成了高质量的学术论文。参训教师所写论文经选拔审校后，每年都会集结成册，发表在《英语学习》遵义增刊上，形成了可分享、可借鉴的学术资源。

案例开发档案

案例归属单位：北京外国语大学外语教学与研究出版社

案例开发时间：2017 年—2020 年

案例开发团队：

姓　　名	工　作　单　位	学科背景	主要贡献
王本斌	遵义市教育局	机械制造	项目统筹
樊厚义	遵义市教科院	英语	方案规划
王文庆	遵义市教科院	英语	课程设计
李国辉	外语教学与研究出版社	传播学	项目统筹
王月锋	外语教学与研究出版社	教育技术	方案规划
陈　文	外语教学与研究出版社	英语教育	课程设计
曹昊辰	外语教学与研究出版社	英语教育	项目实施
高宇琛	外语教学与研究出版社	语言学	项目实施